모든 공부의 시작은 독해력입니다!

독해 기술로 기본을 다지고

다양한 지문에 적용하면 독해력 자신감이 쑥!

자신감

KB033523

독해력 자신감이 꼭 필요한 이유

전 과목 학습 능력 향상

초등학교 국어/사회/도덕/과학/실과/예체능 교과서를 분석하여 뽑아낸 주제로 지문을 구성하여 전 과목 학습 능력도 자연스럽게 향상됩니다.

6개 독해 기술 제시

꼭 알아야 할 6개의 독해 기술을 익히고 반복하다 보면 모든 지문을 빠르게 읽고 쉽게 이해하는 독해력이 자연스럽게 길러집니다.

다양한 주제와 폭넓은 배경지식

문학(시, 이야기)과 비문학(인문, 사회, 과학, 기술, 예술) 영역에서 다양한 주제를 선정하여 폭넓은 배경지식을 쌓는 데 도움이 됩니다.

'듣는 지문' 서비스 제공

아나운서의 정확한 발음과 성우의 다채로운 표현으로 독해력을 향상시켜 주는 지문듣기 서비스를 제공합니다.

◇ 사용법 ◇

❶ 학습한 날짜를 적는다.
❷ 맞은 개수를 적는다.
❸ 자신감 스티커를 붙인다.

◇ 독해 일지 ◇

독해 일지는 벽에 붙여 놓고 독해력 자신감을 만날 때마다 꼭 기록하세요.

독해 기술

1회 월 일	2회 월 일	3회 월 일	4회 월 일	5회 월 일	6회 월 일
맞은 개수 개	맞은 개수 개	맞은 개수 개	맞은 개수 개	맞은 개수 개	맞은 개수 개
스티커	스티커	스티커	스티커	스티커	스티커

독해 적용

1회 월 일	2회 월 일	3회 월 일	4회 월 일	5회 월 일	6회 월 일
맞은 개수 개	맞은 개수 개	맞은 개수 개	맞은 개수 개	맞은 개수 개	맞은 개수 개
스티커	스티커	스티커	스티커	스티커	스티커

7회 월 일	8회 월 일	9회 월 일	10회 월 일	11회 월 일	12회 월 일
맞은 개수 개	맞은 개수 개	맞은 개수 개	맞은 개수 개	맞은 개수 개	맞은 개수 개
스티커	스티커	스티커	스티커	스티커	스티커

13회 월 일	14회 월 일	15회 월 일	16회 월 일	17회 월 일	18회 월 일
맞은 개수 개	맞은 개수 개	맞은 개수 개	맞은 개수 개	맞은 개수 개	맞은 개수 개
스티커	스티커	스티커	스티커	스티커	스티커

19회 월 일	20회 월 일	21회 월 일	22회 월 일	23회 월 일	24회 월 일
맞은 개수 개	맞은 개수 개	맞은 개수 개	맞은 개수 개	맞은 개수 개	맞은 개수 개
스티커	스티커	스티커	스티커	스티커	스티커

25회 월 일	26회 월 일	27회 월 일	28회 월 일	29회 월 일	30회 월 일
맞은 개수 개	맞은 개수 개	맞은 개수 개	맞은 개수 개	맞은 개수 개	맞은 개수 개
스티커	스티커	스티커	스티커	스티커	스티커

독해력 자신감

초등 국어

5 단계

독해력 자신감

구성과 특징

학습 능력을 키우는 친절한 독해 훈련서

독해 기술 + 독해 적용

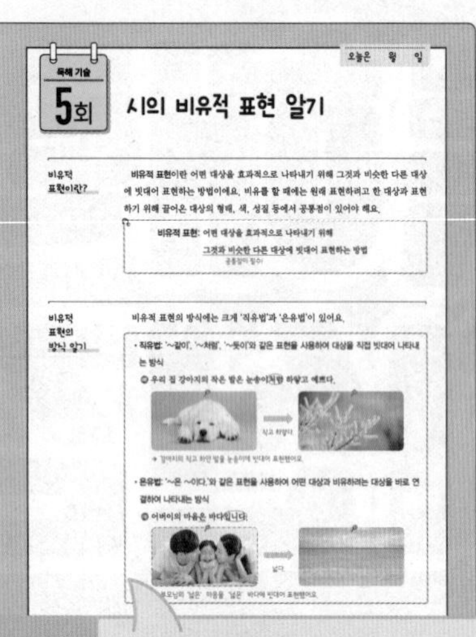
독해 기술 5회 시의 비유적 표현 알기

1 독해 기술

- 교과 과정을 분석하여 뽑아낸 독해 기술을 익히며 기본을 다져요.
- 독해 원리를 예로 들어 가며 알기 쉽게 설명했어요.

3 독해가 쉬워지는 낱말

- 지문을 읽기 전에 핵심 낱말을 먼저 공부하면 내용을 좀 더 쉽게 이해할 수 있어요.

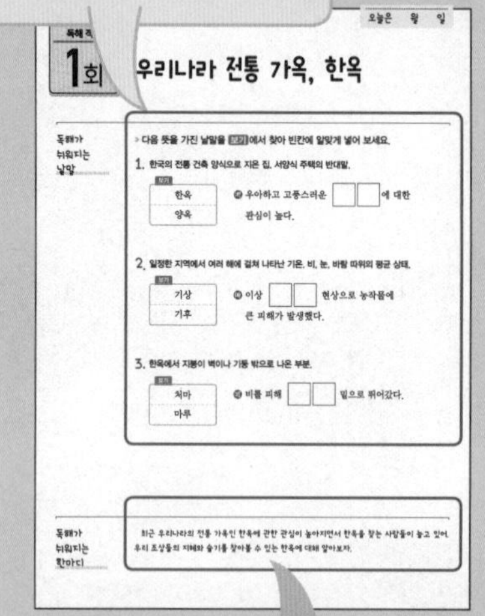
1회 우리나라 전통 가옥, 한옥

4 독해가 쉬워지는 한마디

- 지문과 관련된 배경지식을 통해 글을 읽을 때 주의할 점을 알아보아요.

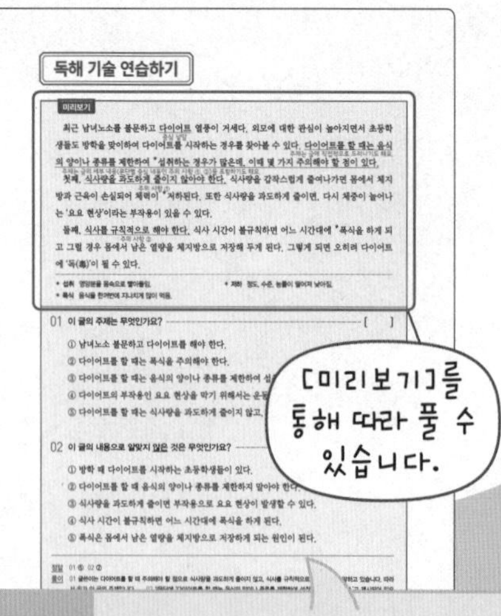
독해 기술 연습하기

[미리보기]를 통해 따라 풀 수 있습니다.

2 독해 기술 연습하기

- 독해 기술이 어떻게 적용되는지 '미리보기'를 통해 확인해 보세요.
- 독해 기술을 익히며 연습 문제를 풀어 보세요.

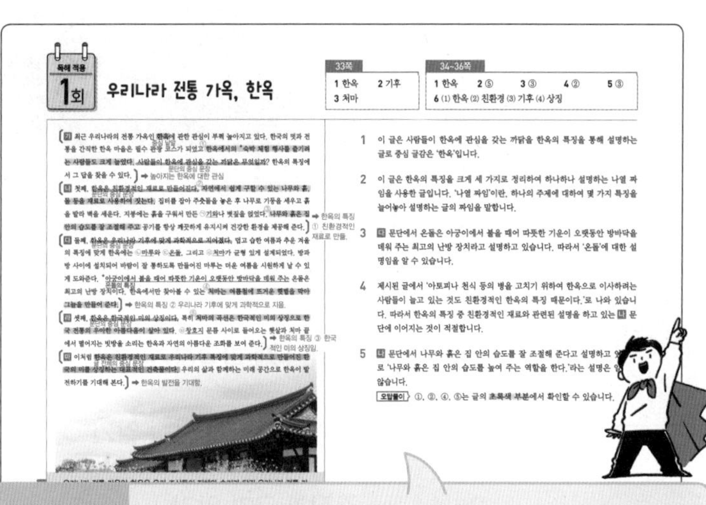

7 정답과 해설

- 글의 주제, 중심 낱말, 중심 문장, 문단별 요약, 보충 내용 등 지문을 이해하기 쉽도록 완벽하게 분석했어요.
- 문제를 자세하게 풀이하고, 틀리기 쉬운 문제에 '오답풀이'를 제공했어요.

5 독해 완성하기 (지문)

- 초등 전 과목에서 뽑아낸 주제로 구성했어요.
- 문학, 비문학(사회, 과학, 예술 등) 작품을 골고루 담았어요.
- 설명문, 논설문, 기행문, 보고서, 기사문, 안내문, 전기문 등 다양한 문종으로 구성했어요.

6 독해 완성하기(문제)

- 단계별로 문제를 선별하여 제공했어요.
- 6개 독해 기술을 적용하여 풀어 보세요.
- 짜임에 따라 중심 내용을 요약해 보세요.

✶ 독해력 자신감 ✶
차례

독해 기술

독해 적용

독해 기술

: 기본 다지기

회차	제목
1회	글의 주제 파악하기
2회	설명의 대상과 방식 알기
3회	주장과 근거 알기
4회	다양한 자료가 있는 글 읽기
5회	시의 비유적 표현 알기
6회	이야기의 3요소 알기

오늘은 월 일

독해 기술 1회

글의 주제 파악하기

주제란?

주제는 글쓴이가 글을 통해서 나타내려는 가장 중심적인 생각이에요. 그래서 글을 읽을 때에는 '글쓴이가 나에게 가장 알려 주고 싶은 생각은 무엇일까?'를 스스로에게 질문해 보는 것이 중요해요.

> **주제**: 글에서 가장 중심이 되는 글쓴이의 생각

주제를 찾는 방법

주제는 문장으로 표현되기도 하지만, 글 속에 숨어 있기도 해요. 주제를 찾기 위한 몇 가지 방법을 알아보아요.

- **글의 첫 문단과 끝 문단 확인하기**: 글쓴이는 주로 글의 첫 문단에서 자신의 생각을 드러내며 주제를 제시하는 경우가 많아요. 또한 글의 끝 문단에서는 자신의 생각을 정리하거나 강조하기 위해 주제를 다시 제시하기도 해요.
- **특정 단어 뒤에 따라오는 문장 확인하기**: '따라서', '그러므로', '정리하면', '끝으로' 등과 같은 말 뒤에 주제가 나올 가능성이 높으니 잘 살펴보아야 해요.
- **문단의 중심 내용을 간추려 보기**: 글 속에 숨겨진 주제를 찾기 위해서는 먼저 여러 개의 문단별 중심 내용을 간추려 봐야 해요. 그런 다음 각 중심 내용을 한데 모아서 생각해 보면, 글쓴이가 말하고자 하는 하나의 주제를 파악할 수 있어요.

잠깐! 글의 중심 낱말

> 제목에 쓰인 낱말이나 자주 반복되는 낱말은 글의 중심 낱말일 가능성이 높아요. 글에서 중심 낱말을 찾으면 주제를 잘 파악할 수 있어요.

독해 기술 연습하기

미리보기

최근 남녀노소를 불문하고 다이어트 열풍이 거세다. 외모에 대한 관심이 높아지면서 초등학생들도 방학을 맞이하여 다이어트를 시작하는 경우를 찾아볼 수 있다. 다이어트를 할 때는 음식의 양이나 종류를 제한하여 ◆섭취하는 경우가 많은데, 이때 몇 가지 주의해야 할 점이 있다.

중심 낱말

주제는 글에 직접적으로 드러나기도 해요.

주제는 글의 세부 내용(문단별 중심 내용인 주의 사항 ①, ②)을 포함하기도 해요.

첫째, 식사량을 과도하게 줄이지 않아야 한다. 식사량을 갑작스럽게 줄여나가면 몸에서 체지방과 근육이 손실되어 체력이 ◆저하된다. 또한 식사량을 과도하게 줄이면, 다시 체중이 늘어나는 '요요 현상'이라는 부작용이 있을 수 있다.

주의 사항 ①

둘째, 식사를 규칙적으로 해야 한다. 식사 시간이 불규칙하면 어느 시간대에 ◆폭식을 하게 되고 그럴 경우 몸에서 남은 열량을 체지방으로 저장해 두게 된다. 그렇게 되면 오히려 다이어트에 '독(毒)'이 될 수 있다.

주의 사항 ②

◆ **섭취** 영양분을 몸속으로 빨아들임.

◆ **저하** 정도, 수준, 능률이 떨어져 낮아짐.

◆ **폭식** 음식을 한꺼번에 지나치게 많이 먹음.

01 이 글의 주제는 무엇인가요? [ ]

① 남녀노소 불문하고 다이어트를 해야 한다.

② 다이어트를 할 때는 폭식을 주의해야 한다.

③ 다이어트를 할 때는 음식의 양이나 종류를 제한하여 섭취해야 한다.

④ 다이어트의 부작용인 요요 현상을 막기 위해서는 운동을 열심히 해야 한다.

⑤ 다이어트를 할 때는 식사량을 과도하게 줄이지 않고, 규칙적으로 식사해야 한다.

02 이 글의 내용으로 알맞지 않은 것은 무엇인가요? [ ]

① 방학 때 다이어트를 시작하는 초등학생들이 있다.

② 다이어트를 할 때 음식의 양이나 종류를 제한하지 말아야 한다.

③ 식사량을 과도하게 줄이면 부작용으로 요요 현상이 발생할 수 있다.

④ 식사 시간이 불규칙하면 어느 시간대에 폭식을 하게 된다.

⑤ 폭식은 몸에서 남은 열량을 체지방으로 저장하게 되는 원인이 된다.

정답 01 ⑤ 02 ②

풀이 01 글쓴이는 다이어트를 할 때 주의해야 할 점으로 식사량을 과도하게 줄이지 않고, 식사를 규칙적으로 해야 한다고 말하고 있습니다. 따라서 ⑤가 이 글의 주제입니다. 02 2문단에 '다이어트를 할 때는 음식의 양이나 종류를 제한하여 성취하는 경우가 많다.'고 제시되어 있으므로 ②가 알맞지 않은 내용입니다.

| 01-02 |

인터넷에서 물건을 ◆구매해 본 적 있나요? 저렴한 가격에 시간과 장소에 구애받지 않고 물품을 구매할 수 있어 인터넷 쇼핑은 많은 사람들에게 편리함을 선물하고 있습니다. 하지만 인터넷 쇼핑을 할 때에는 주의할 점이 있습니다.

물건을 구매하기 전 물건에 대한 구매자들의 평가를 확인해야 한다는 것입니다. 인터넷으로 물건을 살 때는 물건을 직접 보고 살 수 없기 때문에 물건의 품질을 확인할 수가 없습니다. 따라서 이미 구매를 했던 사람들의 평가가 없는 경우에는 품질에 대해 의심을 해 보아야 합니다.

◆ **구매** 물건 따위를 사들임.

01 이 글의 주제는 무엇인가요? [ ]

① 인터넷 쇼핑에서 판매하는 물품은 저렴하다.
② 인터넷 쇼핑을 할 때는 구매자들의 평가를 확인해야 한다.
③ 인터넷 쇼핑을 할 때는 물건의 품질을 의심해 보아야 한다.
④ 인터넷으로 물건을 살 때는 물건의 품질을 확인할 수가 없다.
⑤ 인터넷으로 물건을 구매하는 것은 오프라인에서 구매하는 것보다 편리하다.

02 이 글의 내용과 일치하는 것은 무엇인가요? [ ]

① 인터넷 쇼핑은 시간과 장소에 구애받지 않고 물건을 구매할 수 있다.
② 물건을 구매하기 전 물건에 대한 판매자의 평가를 확인해야 한다.
③ 인터넷으로 물건을 살 때는 물건을 직접 보고 살 수 있다.
④ 인터넷 쇼핑은 가격이 비싸지만 좋은 질의 물품을 보장한다.
⑤ 다른 쇼핑몰에 비해 지나치게 가격이 저렴하면 품절되기 전에 서둘러 구매해야 한다.

| 03 - 04 |

우리의 꿈은 성장하는 과정에서 끊임없이 변합니다. 안타까운 사실은 우리가 꿈을 바꾸거나 잃게 되는 가장 큰 까닭이 '성적'이라는 점입니다. 하지만 앞으로의 나의 직업을 선택하는 데에는 성적 말고도 고려하고 준비해야 할 것들이 있습니다.

먼저, 다양한 직업의 성격을 이해해야 합니다. 시대의 흐름에 따라 직업의 종류는 변화하고 다양해지고 있습니다. 다양한 직업의 특성을 이해하고 탐색해 보는 것은 직업에 대한 시야를 넓히는 데 도움이 될 수 있습니다. 직업을 간접적으로 체험해 볼 수 있는 공간도 있으니 경험해 보는 것도 좋겠습니다.

다음으로, 나의 재능을 찾아 발전시켜야 합니다. 공부가 아니라도 우리는 모두 각자의 능력이 있기 마련입니다. 나와는 다른 능력을 가진 타인을 ◆좇기보다는 '◆구슬이 서 말이라도 꿰어야 보배'라는 말처럼 나의 재능을 살려 키워 나가는 것이 중요합니다.

◆ **좇다** 남의 말이나 뜻을 따름.
◆ **구슬이 서 말이라도 꿰어야 보배** 아무리 뛰어난 재능이 있다고 해도 제대로 발휘하지 못하면 소용이 없다는 뜻의 속담.

03 이 글의 주제는 무엇인가요? [ ]

① 재능을 발견하는 것은 어려운 일이므로 노력이 필요하다.
② 성적으로 관리하는 것은 학생의 본분으로서 중요한 일이다.
③ 직업을 선택할 때는 다양한 직업의 성격을 이해하고, 나의 재능을 찾아 발전시켜야 한다.
④ 우리는 모두 각자의 능력이 있으므로 타인을 좇기보다는 나의 재능을 찾아 발전시켜 나가야 한다.
⑤ 다양한 직업의 특성을 이해하기 위해 직업을 간접적으로 체험할 수 있는 공간을 찾아가 보아야 한다.

04 이 글의 독자가 보일 반응으로 적절하지 <u>않은</u> 것은 무엇인가요? [ ]

① 나영: 성적 때문에 자신의 꿈을 버리는 사람들이 많구나.
② 미희: 직업을 선택할 때 고려해야 할 점이 무엇인지 생각해 보게 되었어.
③ 다정: 직업의 다양성을 알기 위해 직업 체험을 해 보는 것도 좋겠다.
④ 희영: 학생에게는 재능을 찾는 것보다 성적을 잘 받는 것이 더 중요하군.
⑤ 나현: 글쓴이는 성적보다는 나 자신의 재능에 대해 생각해 보기를 권하고 있어.

독해 기술

2회 설명의 대상과 방식 알기

오늘은 월 일

설명문이란?

설명문이란 어떤 것에 관하여 설명하는 글이에요. 따라서 설명문을 읽을 때에는 가장 먼저 '무엇'에 관한 설명을 하고 있는 것인지 설명 대상을 찾는 것이 중요해요.

설명문: 어떤 것에 관하여 설명하는 글
(어떤 것: 설명 대상)

설명의 방식

설명문은 어떤 것에 관하여 정보를 전달하려는 목적을 가진 글이에요. 그래서 정보를 '어떻게' 전달하는지도 중요해요. 설명의 방식은 크게 '정의, 예시, 분류, 분석, 비교와 대조' 등이 있어요.

- **정의**: 어떤 말이나 사물의 뜻을 분명하게 정하여 밝히는 것
  - 예 파충류는 몸이 비늘로 덮여 있는 변온 척추동물을 일컫는 말입니다. (파충류의 정의)
- **예시**: 구체적인 본보기가 되는 예를 들어 설명하는 것
  - 예 예를 들어, 파충류에는 뱀, 이구아나, 악어, 도마뱀 등이 있습니다. (파충류의 예시)
- **분류**: 일정한 기준에 따라 종류별로 나누는 것
  - 예 동굴은 생기게 된 원인에 따라 석회 동굴, 용암 동굴, 파식 동굴로 나뉜다. (동굴을 기준에 따라 분류)
- **분석**: 하나의 대상을 개별적인 요소나 성질로 나누어 설명하는 것
  - 예 곤충의 몸은 머리, 가슴, 배의 세 부분으로 구성되어 있다. (곤충의 몸을 세 부분으로 분석)
- **비교와 대조**: 두 가지 이상의 대상에서 공통점(비교)이나 차이점(대조)을 찾아 설명하는 것
  - 예 파충류와 양서류는 모두 알을 낳아 번식하며, 변온 동물입니다. (공통점(비교)) 하지만 파충류는 몸이 단단한 비늘로 덮여 있고 폐로 호흡하는데, 양서류는 대부분 축축한 피부로 호흡하는 것이 다릅니다. (차이점(대조))

독해 기술 연습하기

미리보기

오늘은 우리의 전통 놀이인 달집태우기에 대하여 알아보겠습니다.

중심 낱말

㉠달집태우기란 정월 대보름날 밤 달이 떠오를 때 짚이나 솔잎, 대나무 등을 쌓아 올린 ◆무더기에 불을 질러 태우며 노는 ◆세시 풍속을 일컫는 말입니다. 달집이 잘 타올라야만 그해 마을 농사가 잘 된다고 믿었습니다.

'~(이)란 ~을/를 일컫는 말입니다.'는 설명 대상을 정의할 때 자주 나와요.

◆ **무더기** 한 곳에 수북이 쌓였거나 뭉쳐 있는 더미나 무리.
◆ **세시 풍속** 일상생활에서 계절에 맞추어 관습적으로 되풀이하는 풍속.

01 **이 글은 무엇을 설명하고 있나요?** [ ]

① 짚 ② 농사 ③ 솔잎 ④ 달집태우기 ⑤ 정월 대보름

02 **㉠에 사용된 설명 방식은 무엇인가요?** [ ]

① 정의 ② 예시 ③ 분류 ④ 분석 ⑤ 비교와 대조

정답 01 ④ 02 ①
풀이 01 이 글은 '달집태우기'를 설명하는 글입니다. 02 '달집태우기란 ~ 세시 풍속을 일컫는 말입니다.'라는 문장으로 보아 이 글은 달집태우기라는 대상의 의미를 분명하게 밝히는 '정의'의 방식으로 설명하고 있습니다.

| 01-02 |

'그린컨슈머'란, 자연을 상징하는 그린(Green)과 소비자인 컨슈머(Consumer)가 합쳐져서 만들어진 용어로, 친환경적인 제품을 구입하는 소비자를 일컫는 말이다. ㉠그들은 제조 과정에서 환경 오염을 적게 일으키는 제품을 구매하고, 일회용품보다는 다회용품을 구매한다. 또한, 가능한 한 집에서 직접 필요한 물건을 만들어 사용한다.

01 **이 글은 무엇을 설명하고 있나요?** [ ]

① 소비 ② 자연 ③ 일회용품 ④ 환경 오염 ⑤ 그린컨슈머

02 **㉠에 사용된 설명 방식은 무엇인가요?** [ ]

① 정의 ② 예시 ③ 분류 ④ 분석 ⑤ 비교와 대조

| 03-04 |

'하늘', '친구', '빵', '쉐프'와 같이 일상에서 쉽게 사용되고 있는 말들은 어떻게 만들어지게 되었을까요? 네 개의 낱말은 모두 같은 우리말일까요? 오늘 이 시간에는 우리말을 어원에 따라 고유어, 한자어, 외래어로 나누어 살펴보겠습니다.

첫째, 고유어는 우리말에 본래부터 있던 낱말이나 그것을 바탕으로 하여 새로 만들어진 낱말입니다. 그 예로는 어머니, 아버지, 하늘 등이 있습니다.

둘째, 한자어는 한자를 바탕으로 하여 만들어진 낱말입니다. 그 예로는 교실(教室), 친구(親舊), 인간(人間) 등이 있습니다.

셋째, 외래어는 다른 나라의 말이 들어와서 우리말처럼 쓰이는 낱말입니다. 외래어는 외국에서 들어온 말이지만, 우리말로 ◆정착되어 대체할 수 없는 낱말입니다. 예를 들어 빵(Pão), 라디오(Radio), 스케치북(Sketchbook), 택시(Taxi) 등이 있습니다.

그렇다면 쉐프(Chef)나 무비(Movie)는 우리말일까요? 쉐프는 '주방장'으로, 무비는 '영화'로 대체가 가능하다는 점에서 외래어가 아닌 외국어라고 할 수 있습니다. 외국어는 우리말이 아닌 낱말이므로 ◆무분별하게 사용하지 않도록 주의해야 합니다.

지금까지 우리말을 어원에 따라 고유어, 한자어, 외래어로 [㉠]하여 살펴보았습니다. 지나치기 쉬운 우리말에 관심을 가지고 사용한다면 더 풍요로운 언어생활을 할 수 있지 않을까요?

◆ **정착** 새로운 문화 현상 등이 당연한 것으로 사회에 받아들여짐.

◆ **무분별하게** 분별이 없게. 옳고 그른 판단 없이.

03 이 글은 무엇을 설명하고 있나요? [ ]

① 우리말의 분류
② 외래어와 외국어
③ 외래어 표기 방법
④ 일상 언어의 특징
⑤ 풍요로운 언어생활

04 이 글에 전체적으로 사용된 설명 방식으로 보아 ㉠에 들어갈 말은 무엇인가요? [ ]

① 정의 ② 예시 ③ 분류 ④ 분석 ⑤ 비교와 대조

| 05-06 |

나보다 운동이나 공부를 잘 하는 친구를 볼 때 우울한 감정이 들었던 경험이 있습니까? 혹은 그리기 대회에서 그림을 잘 그리는 친구를 보며 나는 아무리 노력해도 저 친구보다 잘할 수 없다는 생각에 그리기를 포기한 적이 있나요? 이런 감정을 흔히 열등감이라고 합니다. 지금부터 열등감을 정의, 원인, 증세로 나누어 알아보겠습니다.

열등감이란 다른 사람과 비교하여 자신은 능력이 없기 때문에 뒤떨어진다고 생각하는 감정을 뜻합니다. 어떤 부분에서 열등감을 가지고 있는 사람은 항상 경쟁에서 실패할 것이라는 두려움을 느끼기도 합니다.

열등감의 원인은 다음과 같습니다. 먼저 신체적인 원인으로는 장애로 인하여 몸이 불편한 경우가 있습니다. 정신적인 원인으로는 성적이나 운동과 같은 기능의 ◆부진으로 인한 경우가 있습니다. 이 외에도 인종이나 신분의 차별에 의해 열등감을 느끼기도 합니다.

열등감의 증세는 다음과 같이 나타납니다. 열등감을 가진 사람은 자신의 단점이 드러날 때 그 상황을 피하거나, 심한 경우 불안함과 공포감을 느끼기도 합니다. 예를 들어 노래를 잘 부르지 못하는 학생이 열등감을 느끼고 있다면, 음악 시간에 얼굴이 붉어지거나 손에 땀이 날 수 있습니다. 또한 노래 부르기를 거부하거나 누군가 나의 노래 실력에 대해 나쁜 이야기를 하지 않을까 하는 불안감을 느끼기도 합니다.

인간은 누구나 다른 사람과 비교하여 부족한 점을 발견할 수 있고, 열등감을 느낄 수 있습니다. 하지만 누군가에게는 내가 가진 장점이 그들에게 열등감의 원인이 될 수도 있습니다. 즉, 나는 누군가에게 부러움의 대상이 될 수도 있습니다.

◆ **부진** 어떤 일이 이루어지는 기세나 힘 따위가 활발하지 않음.

05 **이 글은 무엇을 설명하고 있나요?** [ ]

① 운동 ② 능력 ③ 증세 ④ 원인 ⑤ 열등감

06 **이 글에서 전체적으로 사용된 설명 방식은 무엇인가요?** [ ]

① 정의 ② 예시 ③ 분류 ④ 분석 ⑤ 비교와 대조

오늘은 월 일

독해 기술 3회

주장과 근거 알기

논설문이란?

논설문이란 어떤 상황에 대한 문제점을 제기하거나 그 문제를 해결하기 위해 독자를 설득하기 위한 글이에요. 논설문은 일반적으로 '서론 – 본론 – 결론'의 짜임으로 구성되어요. 논설문의 각 단계에는 어떤 내용이 들어가는지 알아보아요.

서론	본론	결론
• 글쓴이가 주장하려는 문제 • 글을 쓰게 된 상황이나 동기 • 글쓴이의 주장	글쓴이의 주장에 대한 근거	• 주장을 강조하거나 정리 • 독자에 대한 당부 또는 앞으로의 상황 제시

논설문의 주장과 근거 알기

글쓴이의 '주장'과 그 주장에 대한 '근거'는 무엇인지, 그 '근거'가 '주장'을 적절하게 뒷받침하는지 생각하며 읽으면 논설문을 더 잘 파악할 수 있어요.

주장	근거
• 사람들의 관심을 끌 만한 주제 • 문제 상황에 대한 글쓴이의 의견	• 주장을 독자에게 설득하기 위해 뒷받침하는 내용 • 일반적으로 본문에서 2~3개의 근거가 나타남. • 구체적인 예시, 전문가 의견 ◆인용, 통계 자료 등 구체적인 사실을 제시하여 ◆신뢰성을 높임. ◆ **인용** 남의 말이나 글 가운데서 필요한 부분을 끌어다 씀. ◆ **신뢰성** 믿을 만한 정보인가에 대한 수준.

잠깐! 사실과 의견

사실은 실제로 있었던 일이나 현재 일어나는 일이고, 의견은 사실에 대한 글쓴이의 생각을 말해요.

독해 기술 연습하기

미리보기

글의 '서론'에서 일반적으로 문제 상황과 글쓴이의 주장이 드러나요.

교통 약자를 위한 캠페인 중 하나로 대중교통에 임산부 배려석이 마련되어 있다. 하지만 임산부 배려석을 빈자리라고 생각하고 자리를 차지하고 있는 사람들이 많다.

중심 낱말

임산부 배려석을 비워 두는 것은 반드시 지켜야 할 의무는 아니지만, ㉠임산부를 위해 양보하는 것이 바람직하다. 왜냐하면 ㉡임산부들은 신체적 변화로 인한 고통을 겪기 때문이다. 산모의 배가 불러오면서 임산부들은 입덧, 구토, 피로감을 느끼기도 한다.

'본론'에서는 주장에 대한 근거를 제시하고 있어요.

01 글쓴이는 어떤 상황에 대한 문제점을 제기하고 있나요? [ ]

① 대중교통의 종류가 다양한 것

② 임산부 배려석 캠페인이 있다는 것

③ 임산부 배려석을 비워 두지 않는 것

④ 교통 약자를 위한 캠페인이 부족한 것

⑤ 임산부에게 신체적 변화가 일어나는 것

02 빈칸에 들어갈 알맞은 말은 무엇인지 쓰세요.

㉠은 글쓴이의 (1) [ ] 이고, ㉡은 ㉠에 대한 (2) [ ] 입니다.

정답 01 ③ 02 (1) 주장 (2) 근거

풀이 01 이 글은 '임산부 배려석을 비워 두지 않는 것'에 대한 문제를 제기하고 있습니다. 02 ㉠은 글쓴이가 내세우는 '주장'이고, ㉡은 주장에 대한 '근거'입니다.

| 01-02 |

"미희, 나 오늘 지름신 오셨다.", "지갑 지못미…… 얼른 사러 가자." 여러분은 이 대화를 이해할 수 있습니까? 최근 인터넷 문화가 급격하게 발전하면서 인터넷 사용자 간에 사용하는 신조어가 급증하고 있습니다. '지름신'은 충동구매를 하게 만드는 신(神)을, '지못미'는 '지켜 주지 못해 미안해'를 줄여 나타낸, 신조어의 예입니다. 신조어를 사용하는 것은 장점도 있지만, 단점도 많기 때문에 우리는 신조어 사용을 줄여야 합니다.

01 글쓴이는 어떤 상황에 대한 문제점을 제기하고 있나요? [ ]

① 언어폭력
② 대화의 부족
③ 인터넷 문화의 확산
④ 신조어의 사용 급증
⑤ 인터넷 사용자 간 갈등

02 이 글에 나타난 글쓴이의 주장은 무엇인가요? [ ]

① 신조어 사용을 줄여야 한다.
② 충동구매를 하지 말아야 한다.
③ 인터넷 문화를 발전시켜야 한다.
④ 인터넷 사용자 간 에티켓을 지켜야 한다.
⑤ 신조어는 인터넷상에서만 사용해야 한다.

| 03-05 |

가 게임 셧다운(Shut Down) 제도에 대하여 알고 계십니까? 컴퓨터와 스마트폰이 어린 학생들 사이에서도 널리 사용되면서 청소년 게임 중독이 사회 문제로 떠올랐습니다. 이를 해결하기 위해 ㉠청소년 보호법 개정안에서는 16세 미만의 청소년에게 심야 시간 동안 인터넷 게임 접근을 제한하는 '게임 셧다운 제도'를 실시하였습니다. 이 제도에 대하여 많은 청소년들은 부정적인 입장을 보이고 있지만, ㉡게임 셧다운 제도는 실시되어야 합니다. 게임 셧다운 제도를 실시해야 하는 까닭은 다음과 같습니다.

나 첫째, 청소년들은 게임을 계속하고 싶은 욕구로부터 스스로를 조절하기 어렵습니다. ㉢통계청이 발표한 「한국의 사회 동향 2017」 자료에 따르면 초등학생 고학년(4~6학년)의 91.1퍼센트가 게임을 하고, 전체의 2.5퍼센트가 게임 상황에서 스스로를 제어하지 못하는 상태인 것으로 나타났습니다.

다 둘째, 건강이 나빠질 위험이 있습니다. 게임에 중독된 청소년들은 일반적으로 게임에 몰입한 상태로 끼니를 거르거나, 늦은 시간까지 게임을 하게 되어 충분한 수면을 취하지 못하게 됩니다. 또한 야외 활동이 줄어들어 건강에 나쁜 영향을 줄 수 있습니다.

라 ㉣게임 셧다운 제도는 스스로를 통제하기 어려운 청소년들이 일상생활에 적응하고 건강한 삶을 살아갈 수 있도록 이끌기 위해 반드시 실시되어야 합니다. 혹시 여러분도 지금, 게임에 중독되어 빠져나오지 못하고 있지는 않나요?

03 글의 짜임상 가~라 문단은 어느 단계에 해당하는지 써 보세요.

(1) 서론	(2) 본론	(3) 결론

04 ㉠~㉣을 사실과 의견으로 바르게 구분한 것은 무엇인가요? [ ]

	㉠		㉡		㉢		㉣
①	사실	–	사실	–	의견	–	사실
②	사실	–	사실	–	의견	–	의견
③	사실	–	의견	–	사실	–	의견
④	의견	–	의견	–	의견	–	사실
⑤	의견	–	의견	–	사실	–	사실

05 이 글에 대하여 잘못 말한 친구는 누구인가요? [ ]

① 태현: 가 문단은 문제 상황과 글쓴이의 주장을 드러내고 있어.

② 지애: 나 문단은 통계 자료를 사용하여 근거의 신뢰성을 높이고 있어.

③ 은경: 다 문단은 요즘 청소년들이 끼니를 거르는 현상에 대한 해결 방안을 제시하고 있어.

④ 여준: 라 문단은 글쓴이의 주장을 다시 이야기하며 강조하고 있어.

⑤ 혜진: 이 글을 읽은 사람은 게임 셧다운 제도를 실시해야 한다는 생각을 하게 될 것 같아.

오늘은 월 일

독해 기술 4회

다양한 자료가 있는 글 읽기

다양한 자료가 있는 글이란?

어떤 글에는 도표나 그래프와 같은 **다양한 자료**가 함께 있기도 해요. 글에 다양한 자료가 사용되는 까닭은 글의 사실성을 높이거나, 글에 나타난 정보를 한눈에 잘 보이게 하기 위해서예요.

다양한 자료를 읽는 방법

- **표제 확인하기:** 표제는 신문 기사에서 가장 중심이 되는 내용을 축약하여 보여 주는 문구나 문장이에요.
- **그림이나 사진 분석하기:** 기사에 포함된 사진은 기사 내용을 한눈에 보여 주는 역할을 해요.

지학초등학교 축구부 우승!
지역 예선에서 승리하다!

표제와 사진만 봐도 지학초등학교가 축구 경기에서 우승했음을 알 수 있어요.

- **도표 살펴보기:** 도표는 구체적인 수치를 제시하는 데 많이 이용되므로, 도표 속 정보를 잘 살펴보면 글에 나타난 정보를 더 잘 이해할 수 있어요.

학교명	승점
지학초	2승 1패
꽃샘초	무승 1패
두루초	1승 무패
나리초	1승 2패

도표를 살펴보니, 가장 많은 승리를 한 초등학교는 지학초임을 알 수 있어요.

- **그래프 해석하기:** 그래프는 구체적인 수치를 한눈에 보기 좋게 시각적으로 나타낸 자료예요. 원그래프, 막대그래프, 선 그래프 등이 있어요.

남학생들이 좋아하는 과목

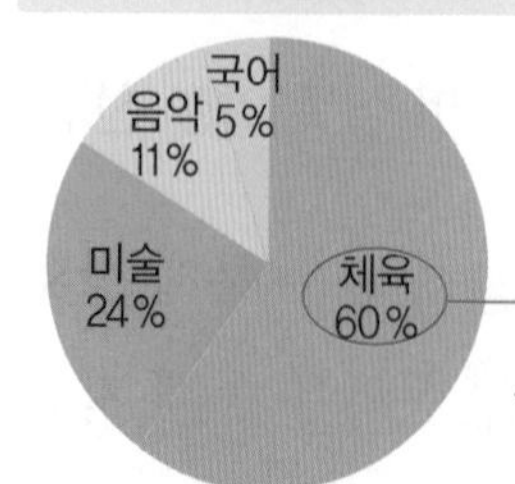

그래프를 살펴보니, 남학생들은 과목 중 체육을 가장 좋아함을 알 수 있어요.

독해 기술 연습하기

미리보기

㉠지진 대피 훈련, 적극 참여 요망

신문 기사의 표제를 보면, 기사의 중심 내용을 알 수 있어요.

㉡20○○.05.16.(수)

㉢행정안전부에서 다음 달 2일 오후 1시부터 30분 동안 실시될 전국 지진 대피 훈련 계획을 공시하였다. ㉣대한민국은 지진 가능성이 있는 국가로, 지진에 대한 국민들의 관심이 필요하다. ㉤행정안전부는 공공기관뿐 아니라 학교 학생들의 적극적인 참여를 촉구하였다.

01 이 글은 무엇에 대해 쓴 글인가요? [ ]

① 행정안전부의 변화 ② 공공기관의 참여 요망 ③ 대한민국의 지진 빈도
④ 지진 대피 훈련 참여 요망 ⑤ 지진 피해 복구에 대한 참여 요망

02 ㉠~㉤ 중 기사의 가장 중심이 되는 내용을 축약하여 보여 주는 것은 무엇인가요? [ ]

① ㉠ ② ㉡ ③ ㉢ ④ ㉣ ⑤ ㉤

정답 01 ④ 02 ①
풀이 01 이 글은 지진 대피 훈련에 참여를 요망하는 내용입니다. 02 ㉠은 이 글의 표제로, 신문 기사의 주요 내용을 제시하고 있습니다.

| 01-02 |

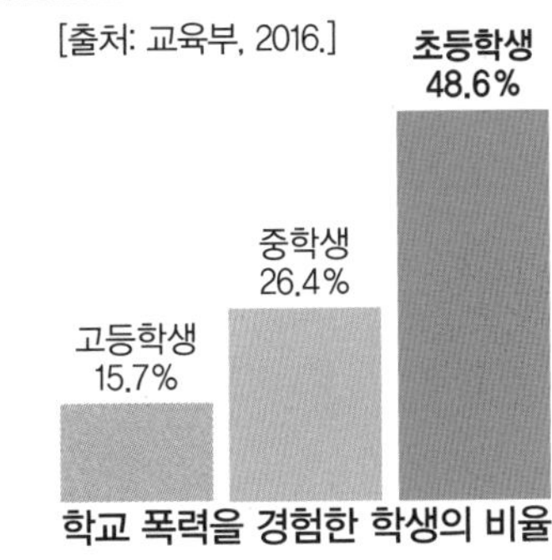

초등학생, 학교 폭력 위험에 놓여 있어

교육부에서 초등학교 4학년부터 고등학교 2학년 학생을 대상으로 실시한 「학교 폭력 실태 조사」 결과에 따르면, 학교 폭력을 경험한 학생들 중 초등학교 학생이 절반에 가까운 것으로 나타났다. 이에 따라 초등학교에서는 연간 학교 폭력 예방 교육을 실시할 예정이다.

01 이 글은 무엇에 대해 쓴 글인가요? [ ]

① 교육부의 역할 ② 상담 센터 운영 절차 ③ 학교 폭력 예방 교육
④ 초등학생의 학교 폭력 위험 ⑤ 초등학생과 중학생의 학력 차이

02 기사에 따르면, 학교 폭력을 경험한 초등학생의 비율은 몇 퍼센트인가요? [ ]

① 15.7퍼센트 ② 26.4퍼센트 ③ 48.6퍼센트 ④ 52.6퍼센트 ⑤ 73.6퍼센트

20○○.10.16.(화)

지학초등학교 어린이 알뜰 바자회 수익 보고서

20○○년도 1학기와 2학기 지학초등학교 어린이 알뜰 바자회가 성황리에 마무리되었다. 어린이 알뜰 바자회는 지학초등학교 학생들이 사용하던 물건을 내놓거나 학부모가 직접 만든 수공예품이나 음식을 판매하는 형식으로 이루어졌다. 알뜰 바자회 수익 현황은 아래 표와 같다.

(단위: 원)

	지출	수입	수익(수입−지출)
1학기	125,000	457,000	332,000
2학기	130,400	523,000	392,600
계	255,400	980,000	724,600

바자회에 참여한 김지희 학생은 "알뜰 바자회를 통해 이웃을 돕는 뜻깊은 경험을 하였다."라고 답하였다. 지학초등학교의 알뜰 바자회 수익은 총 724,600원으로 전액 어려운 이웃을 돕기 위한 기금으로 사용된다.

03 이 글은 무엇에 대해 쓴 글인가요? [ ]

① 기부의 장점
② 지학초등학교의 역사
③ 알뜰 바자회 주최 학교
④ 알뜰 바자회 판매 물품
⑤ 지학초등학교의 알뜰 바자회 수익

04 이 글의 표에 대한 설명으로 적절한 것은 무엇인가요? [ ]

① 1학기의 지출은 125,000원, 수입은 332,000원이다.
② 1학기의 수입은 2학기 수입보다 크다.
③ 1학기에는 2학기보다 바자회 준비에 지출한 금액이 크다.
④ 1학기와 2학기의 총 수익은 724,600원이다.
⑤ 알뜰 바자회에서는 수입보다 지출이 컸다.

| 05-06 |

속력의 과학

'기차는 빨라, 빠른 것은 비행기?'

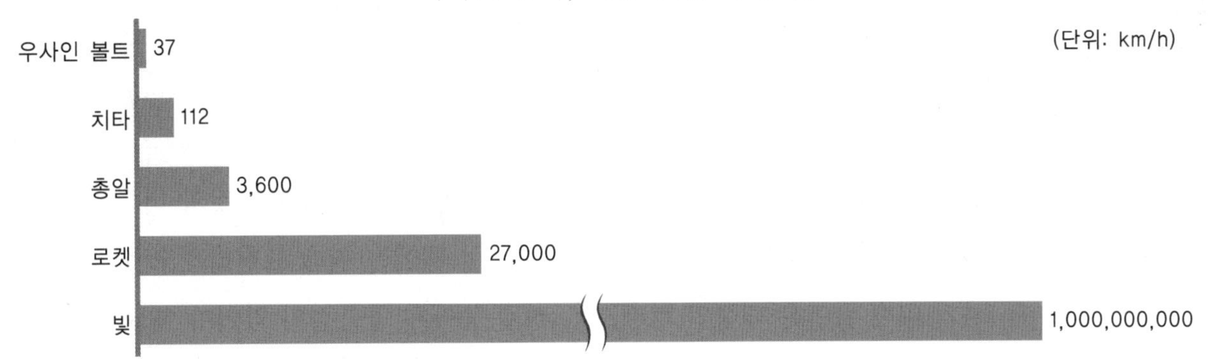

KTX, 비행기와 같은 운송 수단으로 일상생활에서 빠른 속력을 누리고 있는 오늘날, 속력에 대해 생각해 보는 것은 어떨까요?

지구상의 지배자로 알려진 인간의 속력을 알아보겠습니다. 인간 중에서 가장 빠른 사나이로 알려진 우사인 볼트는 시속 37킬로미터 정도입니다. 환경의 제약을 극복하고 첨단 산업을 발전시킨 인간이지만, 속력에 있어서는 동물을 이기지는 못했습니다. 지상 동물 중 치타는 시속 112킬로미터로 인간의 약 4배에 달하는 속력을 가지고 있습니다.

영화 속에서 나오는 총알은 시속 3,600킬로미터, 로켓은 시속 27,000킬로미터로 살아 있는 대상이 낼 수 있는 속력을 초월한 속력을 가지고 있습니다. 그러나 가장 빠른 것은 빛입니다. 빛의 속력은 시속 10억 킬로미터로 상상을 초월하는 속력을 지녔습니다. 기차와 비행기보다 빠른 것, 참 많죠?

05 이 글은 무엇을 설명하고 있나요? [ ]

① 빛 ② 인간 ③ 치타 ④ 속력 ⑤ 비행기

06 이 글을 <u>잘못</u> 이해한 친구는 누구인가요? [ ]

① 지우: 이 글은 다양한 대상의 속력을 설명하고 있어.
② 연우: 그래프를 보니 가장 느린 것은 인간, 가장 빠른 것은 로켓이네.
③ 희정: 치타의 속력이 인간의 속력보다 약 4배 정도 빠르구나.
④ 동희: 기차와 비행기보다 훨씬 빠른 것이 정말 많군.
⑤ 용태: 로켓은 시속 27,000킬로미터로 총알보다 빠르구나.

오늘은 월 일

독해 기술 5회

시의 비유적 표현 알기

비유적 표현이란?

비유적 표현이란 어떤 대상을 효과적으로 나타내기 위해 그것과 비슷한 다른 대상에 빗대어 표현하는 방법이에요. 비유를 할 때에는 원래 표현하려고 한 대상과 표현하기 위해 끌어온 대상의 형태, 색, 성질 등에서 공통점이 있어야 해요.

비유적 표현: 어떤 대상을 효과적으로 나타내기 위해 그것과 비슷한 다른 대상에 빗대어 표현하는 방법

공통점이 필수!

비유적 표현의 방식 알기

비유적 표현의 방식에는 크게 '직유법'과 '은유법'이 있어요.

- **직유법**: '~같이', '~처럼', '~듯이'와 같은 표현을 사용하여 대상을 직접 빗대어 나타내는 방식

예 우리 집 강아지의 작은 발은 눈송이처럼 하얗고 예쁘다.

→ 강아지의 작고 하얀 발을 눈송이에 빗대어 표현했어요.

- **은유법**: '~은 ~이다.'와 같은 표현을 사용하여 어떤 대상과 비유하려는 대상을 바로 연결하여 나타내는 방식

예 어버이의 마음은 바다입니다.

→ 부모님의 '넓은' 마음을 '넓은' 바다에 빗대어 표현했어요.

독해 기술 연습하기

미리보기

눈

윤동주

지난밤에 눈이 소복이 왔네
지붕이랑 길이랑 밭이랑
추워한다고 덮어 주는 이불인가 봐
그러기에 추운 겨울에만 내리지

'눈' 을 추위를 막기 위해 덮는 '이불' 에 빗대어 표현하고 있어요.

- 이 시에서 표현하려는 대상과 빗대어 나타낸 대상을 바르게 연결한 것은 무엇인가요? [ ]

① 눈 – 길
② 눈 – 지붕
③ 눈 – 이불
④ 겨울 – 눈
⑤ 겨울 – 이불

정답 ③
풀이 이 시는 '눈'을 표현하는 시이며, 표현하려는 대상인 '눈'을 지붕, 길, 밭을 덮어 주는 '이불'에 빗대어 나타내는 은유법을 사용하였습니다.

새싹과 나무

강현호

–안녕하세요?
–안녕하세요?
㉠봄 뜰 한가운데 쏘옥 고개를 내민 새싹들이
1학년 아이처럼
키 큰 나무들에게 공손히 인사했다.

–고놈 참 기특하군.
–고놈 참 인사도 잘하네.
키 큰 나무들이
선생님처럼
새싹을 내려다보며 빙그레 웃었다.

01 ㉠에서 표현하려는 대상은 무엇이고, 어떤 방식으로 비유하고 있나요? [ ]

① 새싹 – 은유법
② 새싹 – 직유법
③ 나무 – 은유법
④ 나무 – 직유법
⑤ 봄 – 직유법

엄마의 초록 풍선

김미영

어젯밤, 나는
목욕을 하다가
깜짝 놀라고 말았어.

㉠배에 달린 풍선 꼭지!

그래, ㉡나는
엄마의 풍선이었어.

터질까 봐
쪼끔씩 아주 쪼끔씩 부는
엄마의 초록 풍선

02 ㉠에 빗대어 표현하려는 대상은 무엇인가요? [ ]

① 목욕 ② 풍선 ③ 엄마 ④ 배꼽 ⑤ 초록

03 이 시에 대하여 잘못 이해하고 있는 친구는 누구인가요? (정답 2개) [,]

① 나리: 이 시의 '나'는 아이를 떠올리고 있는 어머니라고 할 수 있어.
② 기호: ㉠은 은유법을 사용해서 대상을 비유하여 표현하고 있네.
③ 은경: ㉡은 '나'가 어린 시절 풍선을 좋아했던 경험을 비유적으로 표현하고 있어.
④ 상훈: ㉡은 엄마의 배 속에 있던 '나'를 엄마의 풍선으로 표현한 거야.
⑤ 혜진: ㉡은 은유법을 사용해서 대상을 빗대어 설명하였어.

| 04-05 |

지구 굴렁쇠

김진광

하느님도
㉠아이들처럼
굴렁쇠를 돌리신다.
㉡-해, 굴렁쇠다.

하느님도
밤에 이따금
굴렁쇠를 돌리신다.
㉢-보름달, 굴렁쇠다.

우주의 별나라로
지구의 아이들을
데려가고 싶다.

04 ㉠과 ㉡에 나타난 비유적 표현의 방식이 무엇인지 쓰세요.

(1) ㉠	(2) ㉡

05 ㉢에서 표현하려는 대상은 무엇인가요? [ ]

① 밤 ② 우주 ③ 하느님 ④ 보름달 ⑤ 굴렁쇠

오늘은 월 일

독해 기술 6회

이야기의 3요소 알기

이야기를 구성하는 3요소는?

이야기는 한 명 이상의 인물들이 어떤 환경(배경) 속에서 겪는 사건들이 연결되어 만들어진답니다. 즉, 이야기는 **인물, 사건, 배경의 3요소**로 구성되어 있어요.

이야기의 3요소: 인물, 사건, 배경

인물, 사건, 배경에 대하여 알기

인물, 사건, 배경을 찾아가며 읽으면 이야기의 흐름과 전체 주제를 파악하는 데 도움이 돼요.

- **인물**: 이야기에 등장하여 사건을 끌어가는 사람 혹은 동물이에요. 인물의 말과 행동을 통해 인물의 성격을 파악하는 것이 중요해요.
- **사건**: 이야기 속에서 발생하는 모든 상황이에요. 여러 사건들이 모여서 하나의 이야기가 만들어져요.
- **배경**: 이야기에서 인물이 행동하거나 사건이 벌어지는 시간(때), 공간(장소), 사회적인 상황 등을 나타내요. 배경의 변화에 따라 인물의 심리가 변하기도 해요.

시간적 배경	낮과 밤, 계절, 시대와 같이 사건이 발생하는 때
공간적 배경	집, 마을, 지역, 자연, 국가와 같이 사건이 발생하는 장소

예시

어느 봄날, 토끼와 거북이가 마을에서 경주를 하기로 했다.
(시간적) 배경 인물 (공간적) 배경 사건

토끼가 말했다.

"잠시 쉬어가도 괜찮아. 어차피 거북이는 나를 이길 수 없어!"
→ 토끼의 말을 통해 다른 사람을 쉽게 무시하고 자만하는 성격을 알 수 있어요.

쉬지 않고 달리던 거북이는 결국 토끼를 이겼다.
사건

독해 기술 연습하기

미리보기

아직도 들바람이 쌀쌀한 이른 봄.
보리밭 골 마른풀 둥지 안에서 종달새가 새끼를 깠습니다.

이야기의 시간적 배경과 공간적 배경, 사건이 제시되어 있어요.

새끼는 모두 다섯 마리였는데 그중 막내 종달새가 아무래도 이상했습니다. 머리나 다리는 다 멀쩡한데 한쪽 날개가 다른 종달새보다 눈에 띄게 짧았습니다.

'쯔쯔, 어쩌다가 저런 아기가 나왔을까. 아무려나, 커서 잘 날기나 했으면 다행이련만.'

엄마 종달새는 은근히 걱정이 되었지만 그래도 열심히 풀씨를 물어다가 아기들을 먹였습니다.

다섯 마리의 새끼 중에서 '막내 종달새'는 특이한 점이 있는 것으로 보아 이야기의 주요 인물일 가능성이 높아요.

– 조대현, 「종달새와 소년」

01 이 이야기의 시간적 배경은 언제인가요? [ ]

① 이른 봄
② 이른 여름
③ 이른 가을
④ 늦은 가을
⑤ 늦은 겨울

02 이 이야기에 등장하는 인물은 누구인지 쓰세요.

정답 01 ① 02 종달새

풀이 01 이 이야기의 시간적 배경은 '아직도 들바람이 쌀쌀한 이른 봄'입니다. 02 이 이야기의 등장인물은 엄마와 새끼 종달새입니다.

| 01-02 |

민호는 오만 원이 생기면 게임 아이템을 사고 싶다고 했다. 우리는 하늘을 보며 중얼거렸다.

"정말로 하늘에서 돈이 떨어지면 얼마나 좋을까?"

그런데 돈이 나타났다!

정말이다. 하늘에서 떨어진 건 아니지만, 길 한복판에 지갑과 누런 지폐가 떡하니 누워 있었다. 지갑에서 반쯤 몸을 내민 지폐가 어서 가져가라는 듯이 바람에 사락사락 날렸다. 여자의 얼굴이 그려진 돈이었다. 우리는 그 여자를 알고 있었다. 3학년이 되자마자 선생님이 가르쳐 주었기 때문이다.

바로 신사임당! 맞다. 지갑에서 삐져나온 건 오만 원짜리 지폐였다!

그 사건은 그렇게 일어났다.

민호가 '돈이다!' 하고 소리쳤고, 내가 얼른 달려가서 주웠다.

– 이지훈, 「거짓말 경연대회」

01 이 이야기의 공간적 배경은 어디인가요? [ ]

① 은행

② 학교

③ 길 한복판

④ 문방구 앞

⑤ 민호의 집

02 이 이야기의 등장인물과 주요 사건을 바르게 연결한 것은 무엇인가요? [ ]

	등장인물	주요 사건
①	'나'와 민호	민호는 오만 원이 생기면 게임 아이템을 사기로 했다.
②	'나'와 민호	하늘을 보며 중얼거렸다.
③	'나'와 민호	길 한복판에서 오만 원을 발견하고 주웠다.
④	'나'와 신사임당	민호는 오만 원이 생기면 게임 아이템을 사기로 했다.
⑤	민호와 신사임당	길 한복판에서 오만 원을 발견하고 주웠다.

| 03-04 |

노루는 덫에 걸려 있었다. 헌이를 본 노루는 흠칫 놀랐다. 헌이가 서서히 다가가자 노루는 달아나려고 바둥거렸다.

"보리 싹을 뜯어 먹다 걸렸구나. 쯔……쯔……."

왼쪽 뒷발이 걸려 새빨간 피가 흐르고 있었다. 노루는 배가 몹시 불렀다. 새끼를 밴 암노루였다. 슬슬이가 겁을 먹고 짖어 대었다. 헌이는 상덕이 아버지가 올라오기 전에 노루를 덫에서 풀어 주어야겠다고 생각을 했다.

"시끄러워!"

으르렁거리고 있는 슬슬이를 손짓으로 내쫓았다. 그리고는 조심조심 노루 옆으로 다가갔다. 노루는 신음을 하고 있었다. 노루의 몸에 앉은 흙과 눈을 털어 주었다.

노루의 목을 안았다.

"겁내지 마. 내가 구해 줄게."

따뜻하고 부드러운 노루의 목덜미를 쓰다듬어 주었다. 노루는 두어 번 몸을 뒤채이다 가만히 서 있었다. 왼쪽 뒷발에 걸린 덫을 애써 풀기 시작했다. 헌이는 우람하게 눈을 이고 선 소나무 밑으로 갔다. 날카로운 돌멩이로 소나무 껍질을 갈아 가루를 만들었다. 가루를 노루의 상처에 발라 주고는 코 묻은 손수건으로 싸잡아 매 주었다. 겨우, 겨우 덫을 풀어 주었다.

– 임신행, 「까치네 집」

03 이 이야기에서 사건을 끌어가는 중심 인물은 누구인가요? [ ]

① 노루
② 헌이
③ 슬슬이
④ 상덕이
⑤ 상덕이 아버지

04 이 이야기에서 일어난 가장 중요한 사건은 무엇인가요? [ ]

① 헌이가 노루에게 서서히 다가갔다.
② 노루가 보리 싹을 뜯어 먹다가 덫에 걸렸다.
③ 노루의 왼쪽 발에 새빨간 피가 흘렀다.
④ 슬슬이가 겁을 먹고 짖어 댔다.
⑤ 헌이가 덫에 걸린 노루를 구해 주었다.

독해 적용

: 다양하게 읽기

회차	제목
1회	우리나라 전통 가옥, 한옥
2회	보호받지 못하는 어린이보호구역
3회	범죄자의 신상을 공개해야 할까?
4회	세계 3대 박물관
5회	완두콩_이원수
6회	잠과 생활 방식
7회	전열 기구 사용 시 안전 수칙
8회	청소년의 팬클럽 활동
9회	우리나라 전통 악기
10회	간서치전_이덕무
11회	사이버 폭력 없는 학교
12회	생태계의 보고, 갯벌
13회	무역을 하는 까닭
14회	천년 고도를 다녀와서
15회	병아리와 메추리_이준섭

회차	제목
16회	우리나라 해안의 특징
17회	닮았지만 다른 황사와 미세 먼지
18회	포장 문화의 원형, 달걀 꾸러미
19회	역경을 극복한 작곡가, 베토벤
20회	마지막 수업_알퐁스 도데
21회	언어의 다섯 가지 특성
22회	약 또는 독, 항생제
23회	알에서 태어난 주몽
24회	고흐의 노란 해바라기
25회	이른 봄_최춘해
26회	모두를 위한 착한 여행
27회	음식은 적당히, 운동은 열심히
28회	주목해야 할 해양 에너지
29회	비는 신의 영역? 인공 강우 기술
30회	국경을 넘는 아이들_박현숙

오늘은 월 일

독해 적용 1회

우리나라 전통 가옥, 한옥

독해가 쉬워지는 낱말

» 다음 뜻을 가진 낱말을 보기 에서 찾아 빈칸에 알맞게 넣어 보세요.

1. 한국의 전통 건축 양식으로 지은 집. 서양식 주택의 반대말.

예 우아하고 고풍스러운 □□에 대한 관심이 높다.

2. 일정한 지역에서 여러 해에 걸쳐 나타난 기온. 비, 눈, 바람 따위의 평균 상태.

예 이상 □□ 현상으로 농작물에 큰 피해가 발생했다.

3. 한옥에서 지붕이 벽이나 기둥 밖으로 나온 부분.

보기

처마
마루

예 비를 피해 □□ 밑으로 뛰어갔다.

독해가 쉬워지는 한마디

최근 우리나라의 전통 가옥인 한옥에 관한 관심이 높아지면서 한옥을 찾는 사람들이 늘고 있어. 우리 조상들의 지혜와 슬기를 찾아볼 수 있는 한옥에 대해 알아보자.

독해 완성하기

독해력을 올리는 **지문 듣기**

QR코드를 찍어서 지문을 들어 보세요.

» **다음 글을 읽고 물음에 답하세요.**

가 최근 우리나라의 전통 가옥인 한옥에 관한 관심이 부쩍 높아지고 있다. 한국의 멋과 전통을 간직한 한옥 마을은 필수 관광 코스가 되었고 한옥에서의 ◆숙박 체험 행사를 즐기려는 사람들도 크게 늘었다. 사람들이 한옥에 관심을 갖는 까닭은 무엇일까? 한옥의 특징에서 그 답을 찾을 수 있다.

나 첫째, 한옥은 친환경적인 재료로 만들어진다. 자연에서 쉽게 구할 수 있는 나무와 흙, 돌 등을 재료로 사용하여 짓는다. 집터를 잡아 주춧돌을 놓은 후 나무로 기둥을 세우고 흙을 발라 벽을 세운다. 지붕에는 흙을 구워서 만든 ㉠기와나 볏짚을 얹었다. 나무와 흙은 집 안의 습도를 잘 조절해 주고 공기를 항상 깨끗하게 유지시켜 건강한 환경을 제공해 준다.

다 둘째, 한옥은 우리나라 기후에 맞게 과학적으로 지어졌다. 덥고 습한 여름과 추운 겨울의 특징에 맞게 한옥에는 ㉡마루와 ㉢온돌, 그리고 ㉣처마가 균형 있게 설계되었다. 방과 방 사이에 설치되어 바람이 잘 통하도록 만들어진 마루는 더운 여름을 시원하게 날 수 있게 도와준다. ◆아궁이에서 불을 때어 따뜻한 기운이 오랫동안 방바닥을 데워 주는 온돌은 최고의 난방 장치이다. 한옥에서만 찾아볼 수 있는 처마는 여름철에 뜨거운 햇볕을 막아 그늘을 만들어 준다.

라 셋째, 한옥은 한국적인 미의 상징이다. 특히 처마의 곡선은 한국적인 미의 상징으로 한국 전통의 우아한 아름다움이 살아 있다. ㉤창호지 문틈 사이로 들어오는 햇살과 처마 끝에서 떨어지는 빗방울 소리는 한옥과 자연의 아름다운 조화를 보여 준다.

마 이처럼 한옥은 친환경적인 재료로 우리나라 기후 특징에 맞게 과학적으로 만들어진 한국의 미를 상징하는 대표적인 건축물이다. 우리의 삶과 함께하는 미래 공간으로 한옥이 발전하기를 기대해 본다.

◆ **숙박** 여관이나 호텔 따위에서 잠을 자고 머무름.

◆ **아궁이** 방이나 솥 따위에 불을 때기 위하여 만든 구멍.

1 이 글에서 설명하는 대상이 무엇인지 찾아 쓰세요.

□□

2 이 글에서 대상을 설명하기 위해 사용한 설명 방식은 무엇인가요? [ ]

① 두 대상의 공통점을 설명했다.
② 공간의 변화에 따라 설명했다.
③ 시간의 순서에 따라 설명했다.
④ 대상의 뜻을 분명하게 정하여 밝혔다.
⑤ 하나의 주제에 대해 대상의 특징을 나열했다.

3 ㉠~㉤ 중 다음에서 설명하는 것은 무엇인가요? [ ]

- 추운 겨울을 따뜻하게 이겨 내기 위한 조상들의 과학적 지혜이다.
- 한옥에 설치된 우리나라 고유의 난방 장치로, 세계적으로 인정받고 있다.
- 부엌에 있는 아궁이에서 불을 때면 따뜻한 기운이 방바닥 전체를 달궈 따뜻하게 유지시켜 준다.

① ㉠ ② ㉡ ③ ㉢ ④ ㉣ ⑤ ㉤

4 가~마 중 다음 글이 이어지기에 적절한 문단은 어디인가요? [ ]

아토피나 천식 등의 병을 고치기 위하여 한옥으로 이사하려는 사람들이 늘고 있는 것도 친환경적인 한옥의 특징 때문이다.

① 가 ② 나 ③ 다 ④ 라 ⑤ 마

5 **이 글의 내용으로 알맞지 않은 것은 무엇인가요?** [ ]

① 최근 한옥에서의 숙박 체험 행사를 즐기려는 사람들이 늘었다.
② 한옥은 자연에서 쉽게 구할 수 있는 재료를 사용하여 짓는다.
③ 나무와 흙은 집 안의 습도를 높여 주는 역할을 한다.
④ 처마는 여름철에 뜨거운 햇볕을 막아 그늘을 만들어 준다.
⑤ 처마의 곡선은 한국적인 미의 상징이다.

6 **다음은 이 글을 요약한 것입니다. 빈칸에 알맞은 말을 써넣으세요.**

가 문단	우리나라의 전통 가옥인 (1) ______ 에 대한 관심이 높아지고 있다.
나 문단	한옥은 (2) ______ 적인 재료로 만들어진다.
다 문단	한옥은 우리나라 (3) ______ 에 맞게 과학적으로 지어졌다.
라 문단	한옥은 한국적인 미의 (4) ______ 이다.
마 문단	한옥이 우리의 삶과 함께하는 미래 공간으로 발전하기를 기대한다.

오늘은 월 일

독해 적용

2회

보호받지 못하는 어린이보호구역

독해가 쉬워지는 낱말

» 다음 뜻을 가진 낱말을 보기 에서 찾아 빈칸에 알맞게 넣어 보세요.

1. 한 가지 일에 마음을 집중하여 나가는 힘.

보기
주의력
실천력

예 어린이들은 활동량이 많아 어른에 비해 □□□이/가 부족하다.

2. 자동차나 열차 등의 속도를 너무 빠르게 함.

보기
과속
급속

예 빗길에서 □□은/는 매우 위험하다.

3. 자동차나 철도 차량에 정해져 있는 최고 또는 최저 속도.

보기
제한 속도
평균 속도

예 □□ □□을/를 위반할 경우 벌금을 물어야 한다.

독해가 쉬워지는 한마디

어린이를 교통사고로부터 보호하기 위해 유치원 및 초등학교 등의 주변 도로에는 어린이보호구역이 지정되어 있어. 어린이보호구역 내에서 제한 속도를 지켜야 하는 까닭은 무엇인지 이 기사문을 읽으며 생각해 보자.

독해 완성하기

독해력을 올리는 **지문 듣기**

QR코드를 찍어서 지문을 들어 보세요.

» 다음 글을 읽고 물음에 답하세요.

진행자 최근 어린이보호구역 내에서 안전사고가 끊임없이 발생하여 학생들의 안전을 위협하고 있습니다. 김지수 기자의 보도입니다.

기자 어린이보호구역이란 유치원, 학원, 초등학교, 특수학교, 어린이집 등의 주변 도로에 교통사고의 위험으로부터 어린이를 보호하기 위하여 「도로교통법」에 의해 지정된 구역으로 스쿨존(School Zone)이라고도 불립니다. 상대적으로 주의력이 부족하고 돌발 행동이 많은 어린이를 보호하기 위한 장치입니다.

경찰관 어린이보호구역 내에 안전사고의 주된 원인 중 하나는 바로 어린이보호구역 내 과속입니다. 현행법상 어린이보호구역 내에서는 운행 속도를 최대 시속 30킬로미터 이하로 제한하고 있지만 제대로 지켜지지 않고 있습니다.

기자 어린이보호구역 최대 제한 속도인 시속 30킬로미터를 지켰을 때와 초과한 경우 보행자와 충돌했을 때 부상 정도를 비교한 실험이 있어 눈길을 끕니다.

연구원 시속 30킬로미터와 시속 60킬로미터의 속도로 달리는 두 차량이 보행자와 충돌했을 때 보행자가 다치는 정도를 비교하는 실험을 하였습니다. 실험은 각각의 차량과 마네킹 모형을 충돌시키는 방식으로 진행되었습니다. 같은 교통사고였지만 [㉠]에 따라 결과는 매우 달랐습니다.

실험 결과, 시속 60킬로미터의 차량이 마네킹과 충돌한 경우 마네킹은 공중에서 360도 회전한 뒤, 땅에 떨어졌습니다. 마네킹은 무릎 아래가 부서졌고 차량의 ◆보닛은 찌그러지고 앞 유리는 마네킹의 머리와 충돌하면서 완전히 깨졌습니다. [㉡] 앞 실험과 같은 조건에 차량의 속도만 시속 30킬로미터로 줄여 충돌한 경우에는 마네킹은 공중에 떠오르지 않고 차량의 보닛 위에 올라탔습니다. 마네킹의 다리도 부서지지 않았으며 자동차의 앞 유리와도 충돌하지 않았습니다.

기자 미래의 꿈나무이자 희망인 전국의 어린이들을 교통사고로부터 보호하기 위해 어린이보호구역 내 제한 속도 ◆준수가 꼭 필요한 시점입니다. 김지수 기자였습니다.

◆ **보닛** 차량 앞쪽의 엔진룸을 덮고 있는 덮개.

◆ **준수** 규칙이나 명령 등을 그대로 따라서 지킴.

1 빈칸에 들어갈 문장으로 알맞은 것은 무엇인가요? [ ]

은하: 이 글은 어린이보호구역 내에서 발생하는 교통사고를 막기 위해 '________________'고 주장하는 기사문이야.

① 횡단보도에서는 뛰지 말고 걸어야 한다.
② 어린이보호구역을 더 많이 지정해야 한다.
③ 미래의 꿈나무인 어린이들을 보호해야 한다.
④ 최대 제한 속도를 시속 10킬로미터 줄여야 한다.
⑤ 어린이보호구역 내에서 제한 속도를 준수해야 한다.

2 어린이보호구역에 대해 <u>잘못</u> 이해한 친구는 누구인가요? [ ]

① 지혜: 어린이보호구역에서 과속으로 인해 사고가 많이 발생해.
② 혜진: 교통사고로부터 어린이를 보호하기 위해 지정되었어.
③ 예서: 유치원 주변 도로에는 어린이보호구역이 없어.
④ 인석: 스쿨존으로 불리기도 해.
⑤ 형강: 어린이보호구역 내 최고 제한 속도는 시속 30킬로미터야.

3 ㉠에 들어갈 말로 적절한 것은 무엇인가요? [ ]

① 차량의 속도
② 차량의 크기
③ 도로의 상태
④ 마네킹의 종류
⑤ 마네킹의 크기

4 ㉡에 들어갈 말로 가장 적절한 것은 무엇인가요? [ ]

① 그래서
② 그러나
③ 그러므로
④ 그리하여
⑤ 왜냐하면

5 (가)~(다)에 들어갈 알맞은 말은 무엇인가요? ………… [ ]

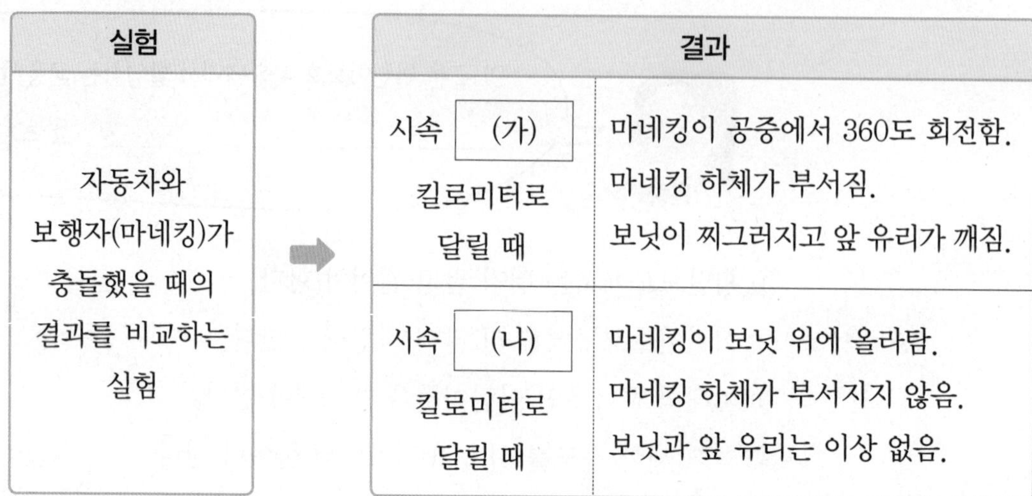

실험	결과	
자동차와 보행자(마네킹)가 충돌했을 때의 결과를 비교하는 실험	시속 (가) 킬로미터로 달릴 때	마네킹이 공중에서 360도 회전함. 마네킹 하체가 부서짐. 보닛이 찌그러지고 앞 유리가 깨짐.
	시속 (나) 킬로미터로 달릴 때	마네킹이 보닛 위에 올라탐. 마네킹 하체가 부서지지 않음. 보닛과 앞 유리는 이상 없음.

차량이 시속 (가) 킬로미터로 달릴 때보다 시속 (나) 킬로미터로 달릴 때 보행자(마네킹)와 충돌한 경우 자동차와 보행자(마네킹) 모두 피해가 훨씬 (다).

	(가)		(나)		(다)
①	30	–	60	–	늘어남
②	30	–	60	–	줄어듦
③	60	–	30	–	늘어남
④	60	–	30	–	줄어듦
⑤	90	–	60	–	늘어남

6 다음은 이 글을 요약한 것입니다. 빈칸에 들어갈 알맞은 말을 써넣으세요.

어린이보호구역이란 교통사고의 위험으로부터 어린이를 (1) 하기 위하여 지정된 구역이다. 어린이보호구역 내에서 안전사고가 계속 발생하고 있는데, 주된 까닭은 어린이보호구역 내 (2) 때문이다. 따라서 어린이보호구역 내에서는 (3) 인 시속 30킬로미터 이내로 주행해야 한다.

오늘은 월 일

독해 적용

3회

범죄자의 신상을 공개해야 할까?

독해가 쉬워지는 낱말

» 다음 뜻을 가진 낱말을 보기 에서 찾아 빈칸에 알맞게 넣어 보세요.

1. 한 사람의 몸, 또는 그 사람의 개인적인 사정이나 형편.

보기
신상
전신

예 회원 가입을 원하시면 이 □□ 기록 카드를 써 주십시오.

2. 어떤 곳에 있음. 또는 있는 곳.

보기
지위
소재

예 친구의 □□ 을/를 알 수 없어요. 대체 어디 간거죠?

3. 정신을 차리고 주의 깊게 살피어 경계하는 마음.

보기
경각심
애국심

예 뉴스의 화재 기사는 불에 대한 □□□ 을/를 일깨워 준다.

독해가 쉬워지는 한마디

뉴스에 나오는 범인 대부분은 모자를 쓰거나 마스크 또는 옷으로 얼굴을 가리고 있어서 우리는 그들의 신상을 알 수 없어. 범죄자의 얼굴이나 이름 등의 신상을 공개하는 것이 옳을지 생각해 보자.

독해 완성하기

QR코드를 찍어서 지문을 들어 보세요.

» 다음 글을 읽고 물음에 답하세요.

뉴스에 나오는 범죄자들의 모습을 본 적이 있나요? 하나같이 모자와 마스크를 쓴 채 고개를 푹 숙이고 있는 것을 볼 수 있어요. 한 번도 범죄자의 얼굴을 제대로 본 적이 없죠. 하지만 ⓐ범죄자의 신상을 감춰 주는 것은 옳지 않아요. 왜 그런지 지금부터 범죄자의 신상 공개를 찬성하는 입장의 까닭을 알아보도록 해요.

첫째, 국민의 알 권리를 존중해야 해요. 특히 안전을 위해 꼭 필요한 정보의 경우, 더욱 더 알 권리를 존중해야 합니다. 국민들은 국가를 위해 세금을 내요. 세금을 받는 국가가 국민에게 필요한 정보를 주는 것은 당연한 일이지요. 범죄자의 권리보다 범죄자로부터 피해를 입은 사람들의 권리, 그리고 혹시 피해를 볼지 모르는 많은 사람들의 권리가 더 중요해요. 따라서 [㉠]

유럽과 미국 등 여러 선진국은 범죄자의 신상을 공개하는 데 있어 우리보다 훨씬 더 적극적이에요. ⓑ영국, 프랑스에서는 범죄자의 이름과 얼굴을 공개하지요. 독일 역시 여러 사람을 위해 필요하다고 생각된다면 방송국, 신문사에서 범죄자의 이름과 얼굴 등의 정보를 공개해도 법적인 책임을 묻지 않는다고 해요. 미국에서도 범죄자의 이름과 얼굴이 텔레비전 뉴스에 자세히 나오지요. 우리나라에서 모자이크 효과나 마스크, 모자 등으로 범죄자의 얼굴을 가리는 것과 비교되지요. 이처럼 많은 나라에서 국민의 알 권리, 범죄 피해를 입지 않도록 보호받을 권리를 위해 범죄자의 신상을 공개하고 있어요.

둘째, 범죄자의 소재를 파악하여 관리하기 쉬워요. 범죄자의 신상을 공개하는 것은 그 사람이 어느 지역에 살고 있는지 감시할 수 있고, 인근에 유사한 범죄가 발생하였을 때 ◆용의자를 가려내는 데 유용한 자료로 쓸 수 있어요.

셋째, ⓒ사람들이 범죄자의 정보를 알게 되면 범죄를 예방할 수 있어요. 만약 친하게 지내는 사람이 큰 죄를 지은 범죄자라는 사실을 알게 된다면 어떨까요? 범죄자인지 몰랐다면 내가 제2의 피해자가 될 수도 있을 거예요. 이런 사실을 알게 되면 그를 멀리하고 조심하여 범죄의 그늘에서 벗어날 수 있어요. 또한 ㉡범죄자의 신상 공개는 사람들에게 '죄를 짓지 말아야겠다.'는 경각심을 갖게 하여 범죄를 저지르지 못하도록 ◆억제하는 효과가 있어요.

이처럼 ⓓ범죄자의 신상을 공개하는 것은 여러 가지 장점과 까닭이 있어요. 국민의 알 권리와 범죄자의 관리, 더 큰 범죄의 예방을 위해 범죄자의 신상 정보를 공개해야 해요.

– 김지은, 「범죄자의 신상을 공개해야 할까?」

◆ **용의자** 범죄의 혐의가 뚜렷하지 않아 내부적으로 조사의 대상이 된 사람.

◆ **억제** 감정이나 욕망, 충동적 행동 등을 눌러서 그치게 함.

1 **이 글이 주장하는 내용은 무엇인가요?** [ ]

① 범죄를 저지르지 말자.
② 범죄자를 늘 감시하자.
③ 범죄자의 신상을 공개하자.
④ 범죄자의 얼굴을 공개하지 말자.
⑤ 범죄자의 이름과 얼굴을 알아두자.

2 **이 글의 내용과 관련하여 다음 밑줄 친 내용에 해당하는 것은 무엇인가요?** [ ]

국민들은 범죄자의 신상을 알 권리가 있다.

① 범죄자의 취미를 아는 것
② 범죄의 심각함을 아는 것
③ 범죄자의 이름과 얼굴을 아는 것
④ 다른 나라의 범죄자들을 아는 것
⑤ 범죄자들로부터 피해를 본 사람들을 아는 것

3 **㉠에 들어갈 알맞은 문장은 무엇인가요?** [ ]

① 국민들은 국가에 세금을 내야 해요.
② 다른 나라의 사례를 살펴봐야 해요.
③ 국가는 국민들에게 정보를 제공하지 않아도 돼요.
④ 범죄자들의 이름과 사는 곳은 공개하지 못하게 해야 해요.
⑤ 죄를 지은 사람이 누구인지, 어디에 사는지 공개해야 해요.

4 ㉡에 관한 내용을 가장 바르게 이해한 친구는 누구인가요? [ ]

① 수애: 난 죄를 지어도 당당하게 얼굴을 공개할 수 있어!
② 오성: 세금을 더 많이 내게 될 테니 범죄를 저지르지 말아야 해.
③ 예리: 피해자들이 범죄자의 얼굴을 알게 될 테니 불안할 것 같아.
④ 태화: 모자와 마스크를 쓰게 될 테니 범죄를 저지르지 말아야 해.
⑤ 희선: 다른 사람들이 나의 범죄 사실과 얼굴, 이름을 알게 되면 너무 수치스러울 거야.

5 ⓐ~ⓓ를 사실과 의견으로 구분하여 기호를 써 보세요.

(1) 사실	
(2) 의견	

6 다음은 이 글을 요약한 것입니다. 빈칸에 알맞은 말을 써넣으세요.

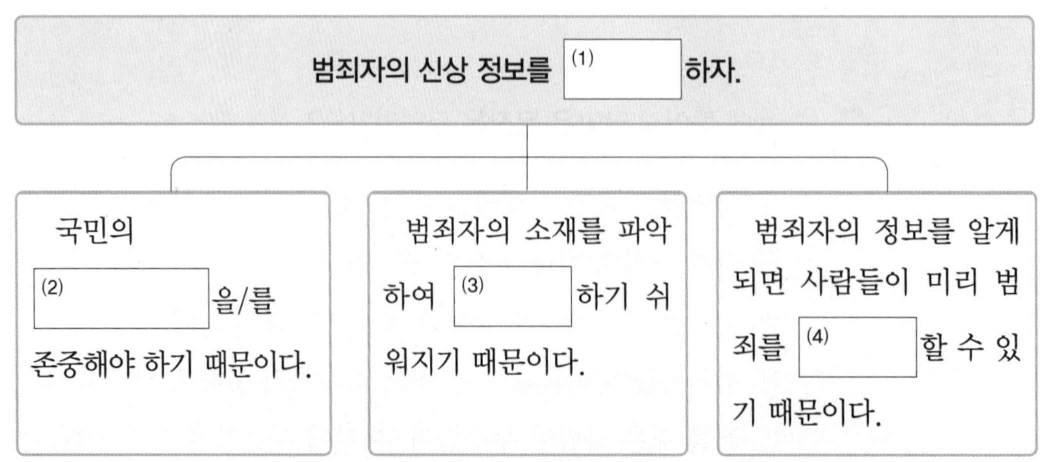

독해 적용

4회 세계 3대 박물관

독해가 쉬워지는 낱말

» 다음 뜻을 가진 낱말을 보기 에서 찾아 빈칸에 알맞게 넣어 보세요.

1. 고고학적 자료, 역사적 유물, 예술품, 그 밖의 학술 자료를 수집 · 보존 · 진열하고 일반에게 전시하여 학술 연구와 사회 교육에 기여할 목적으로 만든 시설.

보기
박물관
미술관

예 나는 국립 ☐☐☐에 소장되어 있는 유물을 구경하였다.

2. 자신의 것으로 만들어 간직함.

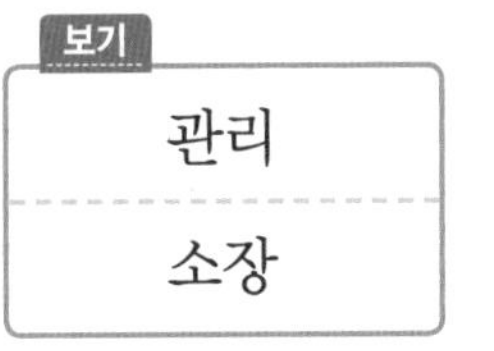
보기
관리
소장

예 레오나르도 다빈치의 「모나리자」는 루브르 박물관에 ☐☐되어 있다.

3. 드물어서 특이하거나 매우 귀한.

보기
희귀한
독특한

예 그 보석은 좀처럼 보기 힘든 ☐☐☐ 것이다.

독해가 쉬워지는 한마디

온화한 미소를 지닌, 레오나르도 다빈치가 그린 그림 「모나리자」는 어디에 있을까? 직접 가 본 친구라면 바로 루브르 박물관이라고 말하겠지. 하늘이의 삼촌이 하늘이에게 보낸 메일을 통해 세계 3대 박물관에 대해 알아보자!

독해 완성하기

QR코드를 찍어서 지문을 들어 보세요.

» 다음 글을 읽고 물음에 답하세요.

제목: 하늘이에게

보낸 사람 사랑하는 삼촌 *******@********.net

받는 사람 조카 김하늘 kimhaneul@********.com

가 하늘아, 잘 지내고 있지? 삼촌은 지금 유럽의 여러 나라를 여행 중이란다. 삼촌이 여행한 곳 중 꼭 너에게 소개해 줄 것이 있어 이렇게 메일을 쓴단다. 바로 세계 3대 박물관이야. 박물관이 무엇을 하는 곳이라는 것은 너도 잘 알고 있지? 박물관은 여러 나라의 문화유산을 소개함과 동시에 그 유산들을 보존하고 관리하는 역할을 해. 자, 그럼 먼저 루브르 박물관을 소개해 볼게.

나 루브르 박물관은 프랑스 파리에 있어. 이 박물관은 세계에서 가장 많은 미술품을 소장하고 있지. 유명한 화가나 조각가에서부터 ◆거장들의 작품을 직접 접할 수 있는 곳으로 전 세계의 미술가나 연구가들이 끊임없이 관람하러 오고 있단다. 삼촌이 방문했을 때도 관람객들이 어마어마했어. 가장 유명한 대표작에는 레오나르도 다빈치의 「모나리자」, 들라크루아의 「민중을 이끄는 자유의 여신」 등이 있어.

다 다음은 바티칸 박물관이야. 세계에서 가장 작은 나라인 바티칸 교황국 내에 있는 곳이지. 이곳에는 역대 로마 ◆교황들이 수집한 방대한 미술품 자료들이 있단다. 특히 건물의 안쪽 벽에는 벽화들이 그려져 있는데, 눈으로 보고도 믿을 수 없을 만큼 찬란하고 아름답단다. 삼촌이 이 벽화 중 꼭 하나 소개하고 싶은 그림이 있어. 그것은 바로 미켈란젤로의 「아담의 창조」야. 사람과 신이 손가락을 맞대고 있는 그림으로 예배당 천장에 그려 놓은 총 9장의 그림 중 ㉠이 그림은 네 번째 그림에 해당한단다. 건물의 벽마저도 유명한 작품으로 구성되어 있으니 참 대단하지 않니?

라 마지막으로 소개할 곳은 영국 런던에 있는 영국 박물관이야. 이곳은 세계적으로 희귀한 ◆고고학 수집품들을 소장하고 있어. 주로 이집트, 아시리아, 바빌로니아, 인도, 그리스, 로마, 중국 등 각국 각 시대의 문화를 대표하는 작품들을 전시하고 있고 인류 역사의 중요한 증거가 되는 유물들이 많이 있다는 것이 특징이야. 예를 들면 로제타 지방에서 발견된 로제타석이라는 유물이 있는데, ㉡이것은 이집트 상형 문자의 수수께끼를 푸는 열쇠가 되었단다. 음, 그런데 이 영국 박물관에는 소장품 대다수가 약탈한 유물이라는 점이 참 아쉬웠어.

마 하늘이 너도 세계의 여러 문화유산과 박물관에 관심이 많은 것으로 알고 있는데 도움이 되었으면 좋겠구나. 직접 정리한 대표작 파일을 첨부하였으니 읽어보렴. 기회가 되면 직접 가보는 것도 좋을 것 같아. 하늘아, 다음 주 한국에 도착하면 꼭 집에 들를게. 안녕.

일반 파일 1개 (4.59MB) 모두 저장
세계 3대 박물관 대표작 정리.hwp 4.59MB | 미리보기

- **거장** 어느 일정 분야에서 특히 뛰어난 사람.
- **교황** 세계 가톨릭교회의 우두머리.
- **고고학** 유물과 유적을 통하여 옛 인간의 생활, 문화를 연구하는 학문.

1 이 글에서 세계 3대 박물관에 대하여 공통으로 소개하고 있는 내용은 무엇인가요? [ ]

① 위치
② 전시 방법
③ 건물의 특징
④ 벽화의 모습
⑤ 관람객의 수

2 이 글의 내용으로 맞지 않은 것은 무엇인가요? [ ]

① 하늘이의 삼촌은 현재 유럽 여행 중이다.
② 하늘이의 삼촌은 세계 3대 박물관을 모두 관람하였다.
③ 하늘이의 삼촌이 루브르 박물관을 관람했을 당시에 관람객이 많이 있었다.
④ 바티칸 박물관 안쪽 벽에는 벽화들이 그려져 있다.
⑤ 영국 박물관에는 주로 유럽을 대표하는 작품들을 전시하고 있다.

3 ㉠과 ㉡이 가리키는 대상을 바르게 짝지은 것은 무엇인가요? [ ]

	㉠		㉡
①	예배당 천장	–	상형 문자
②	「아담의 창조」	–	로제타석
③	「아담의 창조」	–	상형 문자
④	예배당 천장	–	로제타석
⑤	벽화들	–	수수께끼

4 라 문단에 나타난 주요 설명 방식은 무엇인가요? [ ]

① 기준에 따라 분류하여 설명하고 있다.

② 특정한 요소에 따라 분석하여 설명하고 있다.

③ 특징을 잘 알 수 있는 예를 들어 설명하고 있다.

④ 어려운 단어들을 쉽게 정의해 가며 설명하고 있다.

⑤ 공통점과 차이점을 비교 및 대조하며 설명하고 있다.

5 이 글을 잘못 이해한 친구는 누구인가요? [ ]

① 기찬: 박물관은 유명한 작품, 유물들을 소개하고 보관하는 곳이야.

② 진영: 루브르 박물관의 「모나리자」를 꼭 직접 보고 싶어!

③ 민호: 바티칸 박물관 예배당의 천장은 정말 아름다울 거야.

④ 신지: 영국 박물관의 유물들은 모두 다 훔친 것들이군.

⑤ 지원: 첨부 파일을 보면 좀 더 자세한 유물과 작품들을 알 수 있을 거야.

6 다음은 이 글을 요약한 것입니다. 빈칸에 알맞은 말을 써넣으세요.

박물관 이름	위치	특징 및 대표작
(1)	프랑스 파리	• 세계에서 가장 많은 미술품들을 소장하고 있음. • 레오나르도 다빈치의 「모나리자」, 들라크루아의 「민중을 이끄는 자유의 여신」
바티칸 박물관	바티칸 교황국	• 건물의 안쪽 벽에 찬란하고 아름다운 (2) 이/가 그려져 있음. • (3) 의 「아담의 창조」
영국 박물관	영국 (4)	• 세계적으로 희귀한 고고학 수집품들을 소장하고 있는데, 대다수가 약탈한 유물임. • 로제타석

독해 적용

5회 완두콩 _ 이원수

오늘은 월 일

독해가 쉬워지는 낱말

» 다음 뜻을 가진 낱말을 보기에서 찾아 빈칸에 알맞게 넣어 보세요.

1. 콩과(科) 식물의 열매를 싸고 있는 껍질.

보기
꼬투리
까투리

예 콩 ☐☐☐ 안에 콩알이 잘 자라서 올해는 풍성한 수확을 얻을 수 있을 것이라 기대한다.

2. 수량을 셀 수 없이 많게.

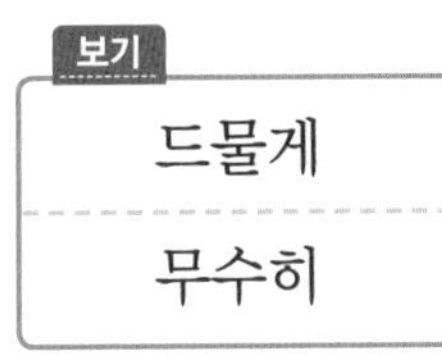

예 공기가 맑은 날 밤하늘을 올려다보면 별이 금방이라도 쏟아질 듯 ☐☐☐ 많다.

3. 나무나 풀이 열매나 꽃망울 따위를 이룸.

보기
맺다
풀다

예 정성을 다해 키운 방울토마토가 드디어 열매를 ☐☐.

독해가 쉬워지는 한마디

집 베란다나 집 앞 마당에서 식물을 키워 본 적이 있니? 작은 씨앗이었던 식물이 꽃을 피워 내고 열매를 맺는 과정을 보고 있으면 뿌듯함이 느껴진단다. 식물을 키워 본 경험을 떠올리며 이 시를 읽어 보자.

독해 완성하기

QR코드를 찍어서 지문을 들어 보세요.

» 다음 시를 읽고 물음에 답하세요.

완두콩

이원수

㉮ 완두콩 하얀 꽃 피었다고
좋아했더니
어느새 콩이 열렸네.
㉯ 연둣빛 고운 콩꼬투리

㉰ 햇볕에 비쳐
속이 환히 보이네.
하나 둘 셋 넷…… 일곱 여덟 개
연하디 연한 어린 콩알 나란히 들어 있네.

바깥엔 무슨 바람 불어와도
모른 체 나란히 들어 있는 콩
우리 식구도 여덟이란다.
㉱ 아! 완두야, 잘 자라라.
엄마 배 속에 든 아기처럼—

㉲ 완두밭엔 여전히 흰 꽃들 피어 있고,
비 한 번 안 와도
꽃은 이어 피고
㉠<u>콩은 무수히 맺어 자란다, 자란다, 예쁜 우리 완두콩.</u>

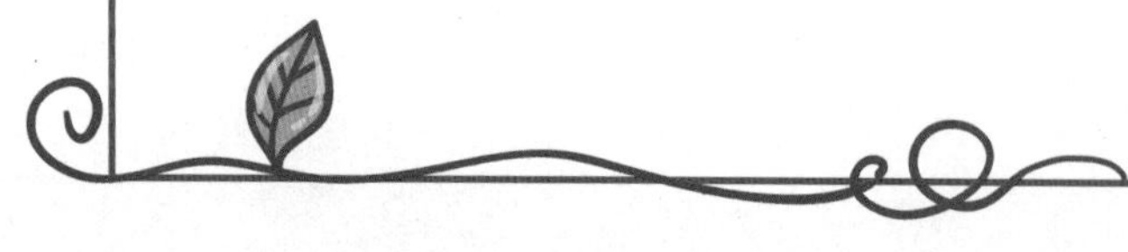

1 이 시에서 표현하려는 대상은 무엇인가요? [ ]

① 식구 ② 햇볕 ③ 아기 ④ 완두콩 ⑤ 꼬투리

2 이 시에 대한 설명으로 적절하지 않은 것은 무엇인가요? (정답 2개) [,]

① ㉮는 금방 져 버린 꽃에 대한 아쉬움을 표현하였다.
② ㉮에서 완두콩이 꽃을 피우고 열매를 맺는다는 사실을 알 수 있다.
③ ㉰는 콩꼬투리 안에 들어 있는 완두콩의 모습을 연상시킨다.
④ ㉱는 인간에 비해 하찮은 완두콩의 존재를 강조하는 표현이다.
⑤ ㉯와 ㉲는 색을 묘사하는 시어를 사용하여 생동감을 높였다.

3 ㉠에서 느껴지는 마음으로 알맞은 것은 무엇인가요? [ ]

① 뿌듯한 마음 ② 그리운 마음
③ 두려운 마음 ④ 질투하는 마음
⑤ 화가 나는 마음

4 이 시를 읽은 독자의 반응으로 적절한 것은 무엇인가요? [ ]

① 나리: 완두콩은 바람이 불어야만 잘 자라는 식물의 종류인가 봐.
② 철수: 완두콩이 자라는 과정을 월별로 상세하게 나타내어 이해하기 쉬웠어.
③ 민희: 인간이 태어나고 자라는 과정과 완두콩이 열매를 맺는 과정은 완전히 똑같구나.
④ 수지: 이 시의 화자는 완두콩을 먹기 싫어하는 아이들에게 완두콩의 효능을 알리고 있어.
⑤ 경민: 우리 할머니도 농사를 지으시는데, 이 시를 읽으면서 할머니의 뿌듯한 마음을 간접적으로 느껴볼 수 있었어.

| 5-6 | 「완두콩」과 「귀뚜라미 우는 밤」을 읽고 물음에 답하세요.

귀뚜라미 우는 밤

강소천

귀뚜라미가 또르르 우는 달밤엔
멀리 떠나간 동무가 그리워져요.
정답게 손잡고 뛰놀던 내 동무
그곳에도 지금 귀뚜린 울고 있을까?

귀뚜라미가 또르르 우는 달밤엔
만나고 싶은 동무께 편지나 쓸까.
즐겁게 뛰놀던 지난날 이야기
그 동무도 지금 내 생각하고 있을까?

5 「귀뚜라미 우는 밤」에서 느껴지는 말하는 이의 정서는 무엇인가요? [ ]

① 자식에 대한 사랑
② 동무에 대한 그리움
③ 시골 풍경의 아름다움
④ 지나간 날에 대한 안타까움
⑤ 자연의 위대함에 대한 놀라움

6 두 편의 시에서 사용한 비유적 표현에 대한 설명으로 맞는 것은 무엇인가요? [ ]

	「완두콩」	「귀뚜라미 우는 밤」
①	직유법(완두콩을 엄마 배 속의 아기에 빗대어 표현)	직유법(동무에 대한 그리움을 귀뚜라미에 빗대어 표현)
②	은유법(완두콩을 엄마 배 속의 아기에 빗대어 표현)	직유법(동무에 대한 그리움을 귀뚜라미에 빗대어 표현)
③	직유법(완두콩을 엄마 배 속의 아기에 빗대어 표현)	은유법(동무에 대한 그리움을 귀뚜라미에 빗대어 표현)
④	직유법(완두콩을 엄마 배 속의 아기에 빗대어 표현)	동무에 대한 그리움을 직접적으로 표현
⑤	은유법(완두콩을 엄마 배 속의 아기에 빗대어 표현)	동무에 대한 그리움을 직접적으로 표현

오늘은 월 일

독해 적용

6회

잠과 생활 방식

독해가 쉬워지는 낱말

» 다음 뜻을 가진 낱말을 보기에서 찾아 빈칸에 알맞게 넣어 보세요.

1. 동식물의 모양, 크기, 성질 따위의 고유한 특징.

보기
형질
형체

예 이것은 우수한 ☐☐을/를 지닌 씨앗이다.

2. 생물이 생명의 기원 이후부터 점진적으로 변해 가는 현상.

보기
진화
발전

예 생명의 ☐☐ 과정을 밝히기 위해 많은 과학자가 연구하고 있다.

3. 동식물이 생활 기능을 활발히 하지 아니하거나 성장을 멈추는 일.

보기
휴식
휴면

예 동물의 겨울잠도 일종의 ☐☐ 상태이다.

독해가 쉬워지는 한마디

잠의 유익성에 대한 연구 결과를 보면 잠을 통해 몸과 마음을 쉬게 하여 삶의 재충전을 꾀한다는 주장도 있지만 그저 단순히 위험으로부터 한동안 피하기 위한 잠을 잔다는 주장도 있어. 동물들이 잠을 자는 방식을 알려 주는 글을 읽어보자.

독해 완성하기

QR코드를 찍어서 지문을 들어 보세요.

» 다음 글을 읽고 물음에 답하세요.

가 동물들은 생활 방식과 유전 형질, 살아가는 환경에 따라 여러 가지 방식으로 진화한다. 잠을 자는 방식도 이러한 자연 선택으로 다듬어진 진화의 ◆산물이라고 할 수 있다. 각 동물은 자신의 특성에 맞는 다양한 수면 유형을 보인다.

나 대부분의 동물, 특히 포유류와 조류는 본격적으로 잠을 잔다. 파충류, 양서류, 어류는 본격적으로 자는 것은 아니지만 때때로 휴면 상태에 접어든다. 눈을 뜨고 있지만, 수면을 위해 움직임을 멈추고 일종의 잠을 자는 것이다.

다 돌고래는 잠을 자지 않는다는 보고가 있지만 실제로 그들의 뇌는 반만 수면 상태에 들고 나머지 반은 깨어 있다. 알다시피 돌고래는 비록 물속에서 생활하지만, 허파로 숨을 쉬는 포유동물이라서 자면서도 ◆주기적으로 수면 위로 올라와 숨을 쉬어야 하기 때문이다. 그래서 그 움직임을 지속하기 위해 항상 뇌의 반쪽은 깨어 있는 것이다.

라 쥐나 토끼 같은 동물들이 밤낮을 가리지 않고 계속 돌아다닌다면 그만큼 더 자주 ◆포식 동물들을 만나게 될 것이다. 그래서 힘없고 작은 동물들은 안전하게 숨을 곳이 있다면 잠을 길게 자는 편이다. 반면 큰 동물이라도 ㉠<u>소나 말처럼 둥지를 만들지 않는 동물들은 잠을 충분히 자지 못한다.</u> 그런가 하면 사자는 아무 때나 자고 싶으면 쓰러져 잔다. 이렇게 동물들의 수면 유형은 그 동물들의 생활 방식에 따라 변화했다. 오랜 시간 동안 자신의 생활 방식에 맞도록 수면 유형이 진화한 결과라고 할 수 있다.

마 사람도 마찬가지다. 과거 전기가 없고 대부분의 사람들이 농업에 종사하던 시절에는 해가 뜨기 직전 새벽에 깨어나 하루 일과를 시작하고, 해가 지면 집으로 돌아와 잠을 잤다. 그러나 전기가 발명되어 밤이 대낮처럼 밝아진 현대 사회의 사람들은 해가 뜨고 지는 시각에 상관없이 자신의 직업이나 생활 방식에 맞추어 잠을 잔다. 낮에 근무하는 사람들은 밤에 자고, 밤에 근무하는 사람들은 낮에 잔다. 교대 근무를 하는 사람들은 며칠은 낮에 자다가 며칠은 밤에 자는 등 수시로 수면 유형을 바꾸기도 한다. 좀 더 세세하게 살펴보면, 각각의 신체 구조, 성격, 성별, 나이, 직업, 경험 등에 따라서 다양한 수면 유형이 나타난다.

바 이렇듯 다양한 수면 유형들은 여러 가지 환경과 상황 속에서 생명체가 갖게 된 나름의 행동 리듬을 바탕으로 ◆생성된 것이다.

– 최재천, 『생명이 있는 것은 다 아름답다』

- ◆ **산물** 어떤 것에 의하여 생겨나는 사물이나 현상을 비유적으로 이르는 말.
- ◆ **주기적** 일정한 간격을 두고 되풀이하여 진행하거나 나타나는. 또는 그런 것.
- ◆ **포식** 다른 동물을 잡아먹음.
- ◆ **생성** 사물이 생겨남. 또는 사물이 생겨 이루어지게 함.

1 **이 글은 무엇에 대해 쓴 글인가요?** [ ]

① 동물들의 진화 과정
② 동물들이 잠을 자는 까닭
③ 동물들의 다양한 수면 유형
④ 동물들의 생활 방식의 다양성
⑤ 전기의 발명으로 인한 생활 방식의 변화

2 **이 글의 중심 내용으로 가장 알맞은 것은 무엇인가요?** [ ]

① 대부분의 동물은 서로 다른 유형으로 잠을 잔다.
② 동물들은 환경에 따라 여러 가지 방식으로 진화한다.
③ 동물들의 수면 유형에 대해 좀 더 관심을 가져야 한다.
④ 동물들이 잠을 자는 방식은 환경에 따라 진화한 것이다.
⑤ 큰 동물과 작은 동물이 잠을 자는 방식은 서로 대조적이다.

3 **다와 라 문단에 공통으로 사용된 설명 방식은 무엇인가요?** [ ]

① 원인과 결과를 밝혀 설명하고 있다.
② 대상의 뜻을 분명하게 정하여 밝히고 있다.
③ 대상을 구성하는 요소로 나누어 설명하고 있다.
④ 두 대상이 지닌 차이점을 중심으로 설명하고 있다.
⑤ 두 대상이 지닌 공통점을 중심으로 설명하고 있다.

4 **㉠의 까닭으로 가장 알맞은 것은 무엇인가요?** [ ]

① 낮 동안에 충분히 자기 때문이다.
② 안전하게 숨을 수 있는 곳이 없기 때문이다.
③ 뇌의 구조상 완전히 잠들 수 없기 때문이다.
④ 더 자주 포식 동물들을 만나게 되기 때문이다.
⑤ 잠을 자는 시간에도 무리 지어 다니기 때문이다.

5 이 글의 내용과 일치하지 않는 것은 무엇인가요? (정답 2개) [,]

① 포유류의 뇌는 수면 중에도 반은 깨어 있는 상태이다.

② 쥐나 토끼 같은 동물은 안전한 곳에 숨어서 잠을 잔다.

③ 전기의 발명은 사람들의 수면 유형에 영향을 미쳤다.

④ 모든 사람들은 밤에 자고 아침에 일어나는 수면 유형을 가지고 있다.

⑤ 동물들의 수면 방식은 다양한 환경과 상황을 바탕으로 만들어진 것이다.

6 다음은 이 글을 요약한 것입니다. 빈칸에 알맞은 말을 써넣으세요.

처음	동물들이 잠을 자는 방식도 (1) ____ 의 산물이다.
중간	• 동물들의 수면 유형은 그 동물들의 (2) ____ 에 따라 변화했다. • 사람도 신체 구조, 성격, 성별, 나이, 직업, 경험 등에 따라서 다양한 (3) ____ 이/가 나타난다.
끝	생명체가 지닌 다양한 수면 유형들은 여러 가지 (4) ____ 와/과 상황 속에서 갖게 된 행동 리듬을 바탕으로 생성된 것이다.

오늘은 월 일

독해 적용 7회

전열 기구 사용 시 안전 수칙

독해가 쉬워지는 낱말

» 다음 뜻을 가진 낱말을 보기에서 찾아 빈칸에 알맞게 넣어 보세요.

1. 전기 에너지를 공급받아 열에너지로 바꾸어 주는 것.

보기
- 전열
- 단열

예 □□ 기구를 사용할 때에는 항상 안전에 유의해야 한다.

2. 행동이나 절차에 관하여 지켜야 할 사항을 정한 규칙.

보기
- 과정
- 수칙

예 사고 예방을 위해 안전 □□을/를 꼭 지켜야 한다.

3. 건축물의 내부에 대한 마무리와 장식을 하는 데 쓰는 재료.

보기
- 내장재
- 외장재

예 이 건물은 불에 잘 타지 않는 □□□을/를 썼기 때문에 불에 잘 타지 않는다.

독해가 쉬워지는 한마디

겨울철 전열 기구 사용이 늘어남에 따라 화재 사고 역시 증가하고 있기 때문에 전열 기구를 사용할 때는 늘 조심해야 해. 겨울철 화재 재해 사례와 화재 예방을 위한 전열 기구 사용 시 안전 수칙을 알아보자.

독해 완성하기

QR코드를 찍어서 지문을 들어 보세요.

» 다음 글을 읽고 물음에 답하세요.

추운 겨울 날씨 때문에, 보온을 위한 전열 기구 사용이 늘어나는 요즘입니다. 때문에 그로 인한 화재 사고도 역시 증가하고 있습니다. 석유난로가 쓰러지거나 전열 기구를 장시간 사용하여 화재가 발생하는 것이 그 예인데요, 오늘은 겨울철 화재 예방을 위한 전열 기구 사용 시 안전 수칙에 대해 알려드립니다.

전열 기구 사용 시 안전 수칙

우선, 석유난로는 불이 붙어 있는 상태에서 이동하거나 주유하지 않도록 주의해 주세요. 난로 주변에 세탁물을 건조하거나 커튼 등이 난로에 닿는 일이 없도록 잘 살펴주시기 바랍니다. 화기 주변에는 항상 소화기나 모래를 ㉠비치해, 만일의 사태에 대비할 수 있도록 해 주시고 난로가 넘어지지 않도록 평평한 곳에 안정적으로 설치해 주세요.

전기 화재 예방을 위해서는 사용하지 않는 플러그는 빼두는 것이 좋습니다. 많은 전열 기기를 한 개의 콘센트에 문어발식으로 여러 개 꽂는 것도 위험합니다. ◆누전과 과전류로 인한 화재를 막을 수 있도록 누전 차단기, 과전류 차단기를 설치하는 것도 좋은 방법입니다.

공장, 사무실, 창고 등 시설물의 내장재는 ◆불연성 소재로 하는 것이 좋으며, 소화기나 소화전 등 소방 시설은 꼭 정기적으로 점검해 주세요. 화재가 발생한 것을 발견했다면 당황하지 말고 소화기를 사용해 초기 진압을 해 주시면 됩니다. "불이야!"하고 크게 외친 뒤 소화기가 ㉡비치된 장소로 이동해 주세요. 안전핀을 뽑고, 방출 호스 끝부분을 잡은 후 빗자루로 땅을 쓸듯이 화재를 진압해 주시면 됩니다.

오늘은 겨울철 화재 예방을 위한 ㉢전열 기구 사용 시 안전 수칙에 대해 알려드렸습니다. 손발까지 꽁꽁 어는 듯한 추위! 겨울철 자주 사용하는 전열 기구 사용 시 안전 수칙을 잘 확인하시고, 화재 없이 건강한 겨울 보내시기를 바랍니다.

◆ **누전** 전깃줄이나 시설이 손상되어 전기가 전깃줄 밖으로 새어 흐름.

◆ **불연성** 불에 타지 않는 성질.

1 **이 글에서 주로 설명하고 있는 것은 무엇인가요?** [ ]

① 전열 기구의 종류
② 쉽고 안전한 소화기 사용법
③ 누전 차단기 설치의 필요성
④ 전열 기구 사용 시 안전 수칙
⑤ 겨울철 화재 발생 증가의 주요 원인

2 **㉠과 ㉡의 의미를 가장 잘 설명한 것은 무엇인가요?** [ ]

① 뿌려 놓다.
② 벽에 달아 놓다.
③ 구매하여 놓다.
④ 마련하여 갖추다.
⑤ 깊숙하게 넣어 놓다.

3 **㉢에 해당하지 않는 것은 무엇인가요?** [ ]

① 난로 주변에서 세탁물을 건조한다.
② 화기 주변에는 항상 소화기나 모래를 비치한다.
③ 난로가 넘어지지 않도록 평평한 곳에 설치한다.
④ 콘센트에 플러그를 문어발식으로 여러 개 꽂지 않는다.
⑤ 화재가 발생하면 먼저 "불이야!"를 외친 뒤 소화기로 진압한다.

4 **이 글의 내용을 잘못 이해하고 있는 친구는 누구인가요?** [ ]

① 용훈: 겨울철은 춥기 때문에 전열 기구 사용량이 더욱 늘어나.
② 희주: 전열 기구 사용량이 늘어나는 만큼 그로 인한 사고도 증가해.
③ 현준: 누전과 과전류로 인한 화재를 막기 위해 누전 차단기를 설치하면 좋아.
④ 민수: 전열 기구로 인한 화재 사고가 많기 때문에 전열 기구 사용을 줄여야 해.
⑤ 혜정: 화재가 발생하더라도 초기에 잘 진압하는 것이 중요해.

5 빈칸에 들어갈 가장 자연스러운 속담은 무엇인가요? ··························· [ ]

병준: 겨울철 화재를 예방하기 위해 전열 기구 사용 시 안전 수칙을 알고 있어야 해. '________________'(이)라는 말이 있듯이 문제가 생기기 전에 미리 대처하여 막는 것이 중요하기 때문이지.

① 누워서 침 뱉기 ② 마른하늘에 날벼락
③ 소 잃고 외양간 고친다. ④ 낫 놓고 기역 자도 모른다.
⑤ 열 번 찍어 아니 넘어가는 나무 없다.

6 다음은 이 글을 요약한 것입니다. 빈칸에 알맞은 말을 써넣으세요.

겨울철 전열 기구 사용이 늘어남에 따라 (1) ________ 이/가 증가하고 있으므로 전열 기구 사용 시 (2) ________ 을/를 잘 확인해야 한다.

• (3) ____ 이/가 붙은 상태에서 난로의 이동 · 주유 금지 • 세탁물과 커튼 등이 난로에 닿지 않게 주의 • 난로 주변에 소화기나 모래 비치 • 평평한 곳에 난로 설치	• 사용하지 않는 (4) ________ 뽑기 • 문어발식 콘센트 사용 금지 • 누전 차단기, 과전류 차단기 설치	• 시설물의 내장재로 불연성 소재 사용 • 소방 시설의 정기적인 (5) ________ • 화재 발생 시 소화기를 사용한 올바른 초기 진압

청소년의 팬클럽 활동

독해가 쉬워지는 낱말

» 다음 뜻을 가진 낱말을 보기 에서 찾아 빈칸에 알맞게 넣어 보세요.

1. 어떤 대상을 바라보는 태도.

보기
시각
시선

예 청소년 팬클럽 문화를 부정적으로 보는 ☐☐도 있다.

2. 자신이 어떤 집단에 소속되어 있다는 느낌.

보기
소속감
소외감

예 나는 지금 다니고 있는 학교에 강한 ☐☐☐을/를 느낀다.

3. 많은 사람들이 공통으로 쉽게 접하고 즐길 수 있는 문화.

보기
대중문화
고급문화

예 텔레비전, 인터넷 등을 통해 우리나라의 ☐☐☐☐이/가 빠르게 확산되고 있다.

독해가 쉬워지는 한마디

요즘 청소년들은 다양한 분야에서 활동하는 스타의 팬클럽에 가입하여 적극적으로 활동하며 관심을 표현하기도 해. 어른들은 이러한 팬클럽 활동을 부정적인 시각으로 보는 경우가 많지만, 도움이 되기도 해. 팬클럽 활동의 긍정적인 면에는 무엇이 있을지 생각하며 이 글을 읽어 보자.

독해 완성하기

QR코드를 찍어서 지문을 들어 보세요.

» 다음 글을 읽고 물음에 답하세요.

가 한 설문 조사에 따르면, 대부분 청소년은 자기가 좋아하는 연예인이나 운동선수가 있는 것으로 나타났다. 그중 일부 학생들은 좋아하는 스타의 팬클럽에 가입하여 적극적으로 활동하기도 한다. 그런데 이를 바라보는 어른들의 시각은 긍정적이지 않다. 한창 공부해야 할 시기에 시간을 낭비하며, 팬클럽 활동으로 무리하게 돈을 쓴다고 생각하기 때문이다. [㉠] 이러한 생각은 팬클럽 활동의 긍정적인 면을 생각지 못한 선입견일 수도 있다.

나 많은 청소년들이 팬클럽 활동을 하며 행복감을 느낀다. 청소년 시기는 불확실한 미래 때문에 불안해 하거나 학업이나 진로 및 교우 관계에서 많은 스트레스를 받는다. 이럴 때 그들이 좋아하는 스타를 보며 위로받기도 하고, 스트레스를 이겨 낼 수 있는 에너지를 얻으며 삶에 대한 만족도가 높아지기도 한다.

다 또한 소속감과 정서적 안정감을 얻기도 한다. 팬클럽 구성원들은 좋아하는 스타에 관해 정보나 소식을 공유하면서 함께 소통하고 공감대를 갖는다. 일종의 ◆또래 문화가 형성되는 것이다. 청소년 심리학과 교수는 '청소년기에는 사회적으로 소외감을 느끼는데, 이것이 정서적 불안을 느끼게 하는 요인 중 하나'라고 한다. 그런데 팬클럽 활동과 같은 사회 활동을 하면 자기가 어느 집단에 소속되어 있다고 느껴 정서적 안정감을 되찾기도 한다고 말한다.

라 요즘은 청소년들이 팬클럽 활동으로 사회에 참여할 기회도 갖게 된다. 요즘 팬클럽들은 자신들이 좋아하는 스타를 위해 ◆자발적이고 조직적인 활동을 한다. 예를 들어 스타와 함께 봉사 활동을 하거나 팬클럽 이름으로 기부를 하기도 하고, 사람들에게 좋은 음악이나 영화 등을 소개해 대중문화를 알리기도 한다. 어른들이 시키지 않아도 팬클럽 활동을 사회에 긍정적 활동으로 만들어 나가고 있는 것이다.

마 청소년의 팬클럽 활동은 그동안 부정적 측면만 보여져 왔다. 그러나 오히려 청소년들에게 행복감과 소속감, 안정감을 느끼게 하며 사회 활동에 참여할 기회를 제공하기도 한다. [㉡] 청소년 팬클럽 활동에 대해 긍정적인 시각으로 지켜봐 준다면 더욱 성숙한 팬클럽 문화를 형성해 나갈 것이다.

◆ **또래** 문화 주로 놀이를 중심으로 비슷한 나이의 구성원들이 형성한 문화.

◆ **자발적** 남이 시키거나 요청하지 아니하여도 자기 스스로 나아가 행하는. 또는 그런 것.

1 **이 글에서 글쓴이가 제시하고 있는 문제 상황은 무엇인가요?** [ ]

① 청소년들에게 사회적으로 무관심한 것
② 청소년 팬클럽 활동을 나쁘게만 생각하는 것
③ 청소년들이 팬클럽 활동 때문에 돈을 낭비하는 것
④ 청소년들이 팬클럽 활동을 위해 시간을 너무 많이 쓰는 것
⑤ 청소년들이 대중 매체가 제공하는 정보를 비판 없이 받아들이는 것

2 **글의 짜임상 가~마 문단은 어느 단계에 해당하는지 선으로 연결하세요.**

(1) 서론 • • ㄱ. 가
• ㄴ. 나
(2) 본론 • • ㄷ. 다
• ㄹ. 라
(3) 결론 • • ㅁ. 마

3 **이 글에 대해 잘못 설명한 것은 무엇인가요?** [ ]

① 가 문단에는 문제 상황과 이에 대한 의견이 나타나 있다.
② 나 문단은 설문 조사 결과를 근거로 제시하고 있다.
③ 다 문단은 전문가의 의견을 인용하여 근거의 신뢰성을 높였다.
④ 라 문단은 실제 팬클럽의 활동을 예로 들어 주장을 뒷받침하고 있다.
⑤ 마 문단은 본문의 내용을 정리하며, 주장을 제시하고 있다.

4 **㉠과 ㉡에 들어갈 알맞은 이어주는 말은 무엇인가요?** [ ]

	㉠		㉡		㉠		㉡
①	그러나	–	따라서	②	그러나	–	왜냐하면
③	그런데	–	예를 들면	④	그러므로	–	하지만
⑤	또한	–	혹은				

5 글쓴이의 생각과 다른 사례를 말한 친구는 누구인가요? [ ]

① 우진: 팬클럽 활동을 열심히 하는 청소년들을 좀 더 이해하려고 노력한다면 좋겠어.

② 미영: 청소년들이 좋아하는 스타의 팬클럽에 가입하는 행동을 무조건 나쁘게 보아서는 안 돼.

③ 성우: 어떤 팬클럽에서 스타의 생일을 맞이하여 팬들이 조금씩 돈을 모아 홀몸 노인들에게 선풍기를 기부했다는 신문 기사를 보았어.

④ 주현: 우리 누나는 팬클럽 활동에 너무 많은 시간을 할애하고 있어. 누나는 즐거워하지만, 우리 가족들은 모두 누나를 걱정하고 있어.

⑤ 진영: 내 친구는 요즘 의욕이 없어져서 아무것도 하기 싫었는데, 좋아하는 스타가 팬들이 뭐든 열심히 했으면 좋겠다고 응원하는 메시지를 듣고, 열심히 생활하기 시작했대.

6 다음은 이 글을 요약한 것입니다. 빈칸에 알맞은 말을 써넣으세요.

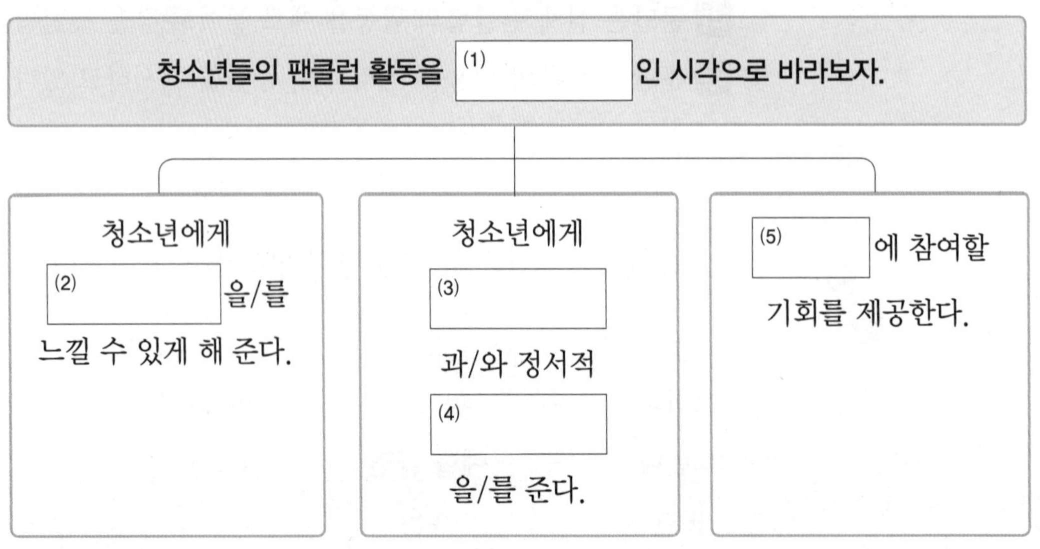

우리나라 전통 악기

독해가 쉬워지는 낱말

» 다음 뜻을 가진 낱말을 보기에서 찾아 빈칸에 알맞게 넣어 보세요.

1. 줄을 활로 켜거나 손으로 퉁겨서 소리 내는 악기.

보기: 관악기 / 현악기

예 서양 악기 중 바이올린과 첼로는 대표적인 □□□이다.

2. 입으로 불어서 소리 내는 악기.

보기: 관악기 / 타악기

예 □□□은/는 재료에 따라 나무로 만든 것과 쇠붙이로 만든 것으로 나뉜다.

3. 손이나 채로 두드려서 소리 내는 악기.

보기: 타악기 / 현악기

예 난타 공연은 일상생활에서 흔히 볼 수 있는 사물을 □□□처럼 연주하는 것이다.

독해가 쉬워지는 한마디

바이올린, 플루트, 피아노 등과 같이 서양 악기는 매우 다양하고 여러 가지 종류가 많아. 우리나라에도 서양 악기 못지않게 다양한 종류의 악기들이 있단다. 우리나라 전통 악기의 종류에 대한 글을 읽어 보자!

독해 완성하기

독해력을 올리는
지문 듣기

QR코드를 찍어서 지문을 들어 보세요.

» 다음 글을 읽고 물음에 답하세요.

오늘날 우리들에게 우리나라 전통 음악과 전통 악기보다는 서양 음악, 서양 악기가 오히려 익숙한 상황이 되어 버렸다. 요즘 청소년들 전통 서양 악기에 비해서 우리 전통 악기가 단순하고 다양하지 못하다고 인식하고 있다. 하지만 우리나라 전통 악기 역시 서양 악기 못지않게 다양하고 여러 가지 방법으로 소리를 내며, 소리 내는 방식에 따라 현악기, 관악기, 타악기로 구분된다.

현악기는 줄(絃)을 진동시켜 소리를 내는 방식의 악기이다. 줄을 진동시키는 방법은 크게 세 가지로 나뉜다. 거문고나 가야금처럼 손이나 도구로 줄을 퉁겨서 소리 내는 방법과 해금이나 아쟁처럼 활이나 막대로 줄을 문질러서 소리 내는 방법, 양금처럼 채로 줄을 쳐서 소리 내는 방법이 있다. 우리나라 현악기의 줄은 양금을 제외하고 모두 명주실을 꼬아서 사용하기 때문에 자연스럽고 부드러운 소리가 난다. 양금은 조선 시대 때 청나라에서 들여온 것으로 ◆주석으로 만든 줄을 사용하여 소리가 우리 고유의 현악기와는 아주 다르다.

관악기는 관에 숨을 불어넣어 소리를 내는 방식의 악기이다. 우리 고유의 관악기는 대부분 대나무로 만든 목관 악기이며 부는 모양에 따라 가로로 부는 것과 세로로 부는 것으로 나뉜다. 소금과 대금이 가로로 부는 대표적인 관악기이며, 피리와 단소, 퉁소가 세로로 부는 관악기에 속한다. 그 외에 태평소, 나발, 나각, 생황도 관악기에 포함된다. 관악기는 구멍을 뚫어 손가락으로 열거나 막아서 음높이를 만들기도 하고, 숨을 부는 세기를 다르게 해서 조절하기도 한다.

마지막으로 타악기는 손이나 채로 직접 두드리거나 서로 부딪혀서 소리 내는 방식의 악기이다. 타악기는 악기 중에서 가장 역사가 오래되었으며 종류도 많다. 손이나 채로 쳐서 소리를 내는 것에는 장구, 꽹과리, 징, 북, 소고, 좌고, 축, 편경과 편종 등이 있으며, 서로 부딪혀 소리 내는 것에는 자바라, 박 등이 있다.

우리 고유의 악기도 서양 악기 못지않게 종류도 다양하고 다채로운 소리를 내는 우수한 악기이다. 이제부터라도 우리 고유의 전통 악기에 관심과 애정을 가지고 잘 지켜서 후손들에게 아름다운 우리 음악, 우리 악기들을 물려주어야 할 것이다.

◆ **주석** 무르고 은빛이 나는 금속.

1 이 글은 무엇에 대한 글인가요? [ ]

① 우리나라 전통 악기의 유래
② 우리나라 전통 악기의 종류
③ 우리나라 전통 악기의 재료
④ 우리나라 전통 악기의 문제점
⑤ 우리나라 전통 악기의 변화 과정

2 이 글의 설명 방식으로 적절한 것은 무엇인가요? [ ]

① 시간의 변화에 따라 설명하였다.
② 기준에 따라 분류하여 설명하였다.
③ 일의 원인과 결과에 따라 설명하였다.
④ 두 대상의 공통점과 차이점에 대해 설명하였다.
⑤ 한 가지 대상의 장점과 단점에 대해 설명하였다.

3 다음에 해당하는 악기를 **보기** 에서 골라 쓰세요.

보기

ㄱ. 나각 ㄴ. 꽹과리 ㄷ. 해금 ㄹ. 박 ㅁ. 가야금 ㅂ. 단소

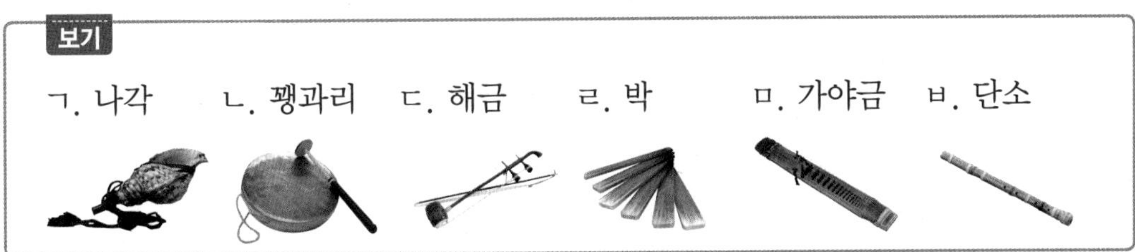

(1) 현악기	(2) 관악기	(3) 타악기

4 이 글의 내용과 일치하는 것은 무엇인가요? [ ]

① 양금은 명주실을 꼬아서 줄을 만들어 사용하는 악기이다.
② 우리나라 전통 악기는 서양 악기에 비해 종류가 단순하다.
③ 타악기는 악기 중에서 가장 역사가 오래되었으며 종류도 많다.
④ 손이나 도구로 줄을 튕겨서 소리 내는 악기에는 해금과 아쟁이 있다.
⑤ 우리나라 전통 악기는 소리 내는 방식에 따라 현악기, 목관 악기, 금관 악기로 나눌 수 있다.

5 다음은 우리나라 전통 악기 공연과 관련한 신문 기사입니다. 기사를 보고 바르게 말하지 않은 친구는 누구인가요? [ ]

문화재청 국립고궁박물관(서울 종로구)이 상설 공연 '한 주의 쉼표, 고궁 음악회'를 개최한다. 이번 공연은 피리, 태평소, 생황, 아쟁 등 평소에 자주 접할 수 없었던 국악기들을 가까이에서 보고 들을 수 있다.

공연은 조선 왕실 문화와 전통 음악의 우수성을 널리 알리기 위해 기획되었으며, 창작 국악곡을 통해 대중들에게 우리 음악을 알리는 청년 국악가들이 함께한다.

–「어린이동아」, 2018. 8.

① 윤서: 피리는 세로로 부는 관악기야.
② 정우: 태평소, 생황도 관악기에 해당되지.
③ 태윤: 아쟁은 손으로 퉁겨서 소리를 내는 현악기야.
④ 가온: 이 기사에 예시로 나온 악기는 관악기와 현악기로구나.
⑤ 희서: 아쟁과 같은 방법으로 연주하는 악기로는 해금이 있어.

6 다음은 이 글을 요약한 것입니다. 빈칸에 알맞은 말을 써넣으세요.

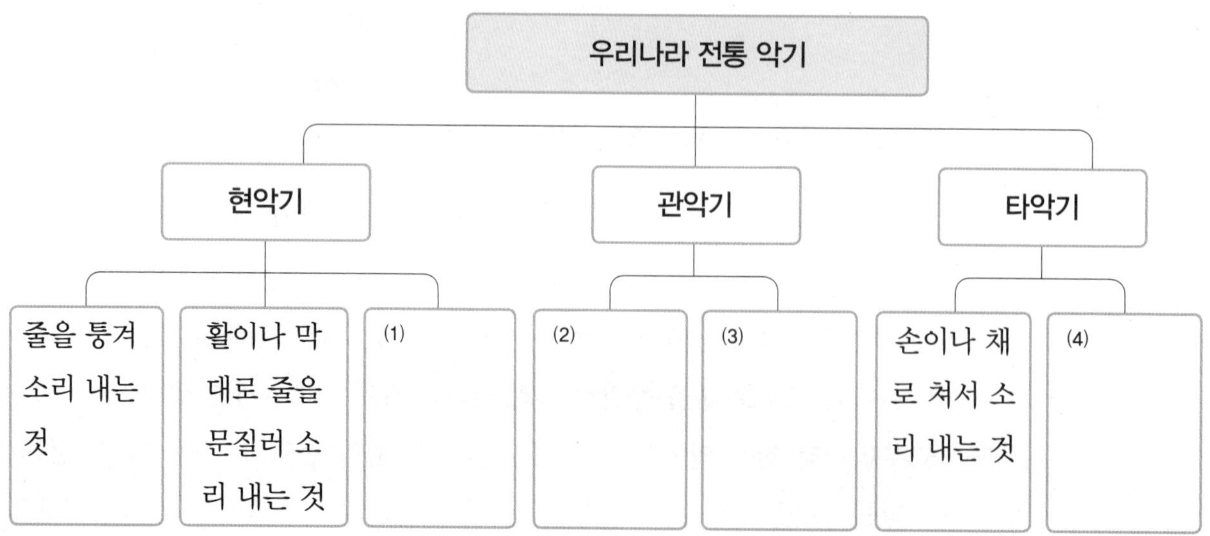

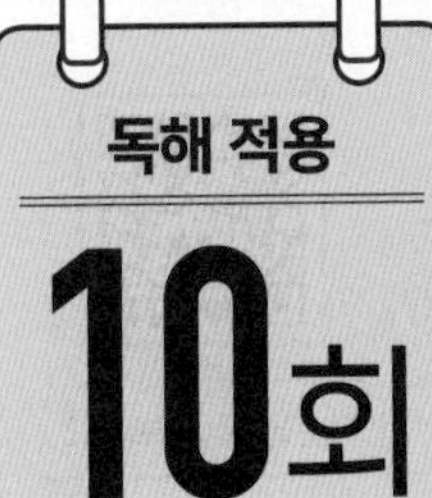

간서치전 _ 이덕무

독해가 쉬워지는 낱말

» 다음 뜻을 가진 낱말을 보기에서 찾아 빈칸에 알맞게 넣어 보세요.

1. 아주 오래전에 만들어진 책.

보기
고서
장서

예 우리 엄마의 취미는 ☐☐을/를 수집하는 것이다.

2. 속으로 배어들거나, 마음 깊이 느껴지는.

보기
스며드는
기어드는

예 언니가 나를 꼭 안자, 언니의 따뜻한 체온이 ☐☐☐☐ 것 같았다.

3. 울며 부르짖는.

보기
우짖는
우지끈

예 멀리 숲에서 산새가 ☐☐☐ 소리가 들렸다.

독해가 쉬워지는 한마디

이 글을 쓴 이덕무는 조선 후기의 실학자로 뛰어난 능력을 인정받아 정조에 의해 등용된 사람이지. 그러나 서얼 출신이라는 신분적인 한계 때문에 높은 관직까지 올라갈 수 없었어. 그가 책만 좋아하는 바보라고 부른 사람은 누구일지 글을 읽으면서 추측해 보자.

독해 완성하기

QR코드를 찍어서 지문을 들어 보세요.

» 다음 이야기를 읽고 물음에 답하세요.

목멱산(서울 남산) 아래에 어떤 어리석은 사람이 살고 있었다. 그는 말을 잘하지 못하고, 더듬거렸으며, 게으르고 생각이 좁았다. ㉠세상 돌아가는 일도 잘 알지 못하고 장기나 바둑 같은 것도 할 줄 몰랐다. 사람들이 ㉡욕을 해도 화내거나 따지지 않고, ㉢칭찬을 해도 뽐내지 않았다. 오직 즐기는 것은 책을 보는 일이어서 추위나 더위, 배고픔이나 아픔도 전혀 느끼지 못했다.

그는 어릴 때부터 스물한 살이 될 때까지 하루도 손에서 고서를 놓은 적이 없었다. 그의 방은 매우 좁았지만, 동쪽, 남쪽, 서쪽으로 창문이 있어서 해가 동쪽에서 서쪽으로 움직일 때 그 밝은 빛을 따라다니며 스며드는 밝은 빛을 받아 책을 읽었다. ㉣읽지 못한 책을 만나면 즐거워하며 웃었다. 그래서 집안 사람들은 ㉤그가 웃는 것을 보면, '좋은 책을 만났나 보다.'라고 생각했다.

그는 두보의 『오언율시』를 무척 좋아해서 앓는 소리처럼 웅얼웅얼 읊었다. 그러다가 깊은 뜻을 깨우치면 매우 기뻐하며 일어나 이리저리 왔다 갔다 했는데, 기뻐하면서 내는 소리가 마치 ⓐ갈까마귀가 우짖는 듯했다. 어떤 때는 아무 소리도 없이 눈을 휘둥그렇게 뜨고 자세히 살피기도 하고, 꿈꾸는 사람처럼 중얼거리기도 했다.

그래서 사람들이 그를 '간서치(看書癡, 책만 읽는 바보)'라고 불렀는데 그도 그 이름을 좋아했다. 그의 전기를 써 주는 사람이 없어서 내가 붓을 들어 적고 제목을 '간서치전'이라 붙였다. 그가 누구인지 이름은 적지 않는다.

– 이덕무, 「간서치전」

1 이 이야기에서 말하는 이는 누구인가요? [ ]

① 두보
② 간서치 자신
③ 동네 사람들
④ 집안 사람들
⑤ 이야기 밖 제삼자

2 ⓐ과 같은 방법으로 대상을 표현한 것을 **보기**에서 모두 고른 것은 무엇인가요? [ ]

보기

ㄱ. 저 구름은 솜사탕처럼 폭신해 보여.

ㄴ. 우리 할머니는 항상 '밥은 보약이다.'라고 말씀하셨어.

ㄷ. 올 추석에 뜬 보름달은 쟁반같이 둥글고 컸어.

① ㄱ

② ㄴ

③ ㄱ, ㄴ

④ ㄱ, ㄷ

⑤ ㄱ, ㄴ, ㄷ

3 이 이야기의 주인공은 '간서치'라고 불리었습니다. 그 뜻을 글에서 찾아 쓰세요.

□□ □□ □□

4 ㉠~㉤ 중 주인공의 성격을 짐작할 수 없는 것은 무엇인가요? [ ]

① ㉠

② ㉡

③ ㉢

④ ㉣

⑤ ㉤

5 이 이야기에 언급되지 않은 것은 무엇인가요? .... [ ]

① 주인공이 사는 곳

② 주인공의 성격

③ 주인공의 가족 관계

④ 주인공이 좋아하는 책

⑤ 사람들이 부른 주인공의 이름

6 이 이야기를 읽은 독자의 반응으로 바르지 않은 것은 무엇인가요? .... [ ]

① 우진: 주인공은 기분이 좋을 때 갈까마귀 우짖는 듯한 소리를 냈다는 것으로 보아, 새를 좋아하는 사람인가 봐.

② 경수: 이 글의 주인공은 어려서부터 책을 하루도 손에서 놓은 적이 없다고 하는 것으로 보아 책을 정말 좋아하는 것 같아.

③ 재호: 주인공의 주변 사람들은 주인공이 세상일엔 관심을 두지 않고 책만 많이 읽는 것을 보고 좀 답답하다고 생각했던 것 같아.

④ 보람: 주인공은 책을 볼 때, 추위나 더위, 배고픔이나 아픔을 느끼지 못했다는 것으로 보아 굉장히 집중해서 책을 읽는 사람인 것 같아.

⑤ 수호: 이 글을 쓴 작가인 이덕무는 '간서치'라고 불리는 사람에 대해 좋은 감정이 있는 것 같아. 왜냐하면, 아무도 써 주지 않는 그 사람에 대한 전기를 써 주었잖아.

오늘은 월 일

독해 적용 11회

사이버 폭력 없는 학교

독해가 쉬워지는 낱말

» 다음 뜻을 가진 낱말을 보기에서 찾아 빈칸에 알맞게 넣어 보세요.

1. 어떤 일이 인터넷에서 이루어지는 것.

보기
사이버
사이트

예 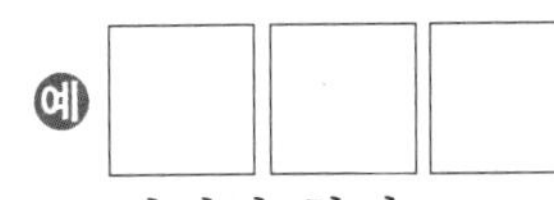 공간에서도 상대방에 대한 예의를 지켜야 한다.

2. 사회 관계망 서비스의 영어 약자로 온라인상에서 타인과 소통하거나 관계를 맺을 수 있는 서비스.

보기
SNS
SMS

예 트위터, 페이스북, 카카오톡이 가장 대표적인 ☐☐☐이다.

3. 어떤 일에 나서지 않고 곁에서 보기만 하는 것.

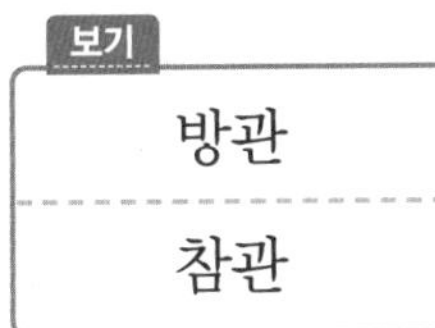
보기
방관
참관

예 누군가가 어려운 상황에 놓이면 ☐☐하지 말고 도와주어야 한다.

독해가 쉬워지는 한마디

요즘에는 학교 폭력 중에서도 특히 사이버 폭력이 문제가 되고 있어. 컴퓨터나 스마트폰 사용이 늘어나면서 사이버 폭력도 다양해지고 심각해지고 있지. 이러한 사이버 폭력을 예방하기 위한 글쓴이의 생각이 담긴 글을 읽어 보자!

독해 완성하기

독해력을 올리는
지문 듣기

QR코드를 찍어서 지문을 들어 보세요.

» 다음 글을 읽고 물음에 답하세요.

가 학교 폭력이 나날이 교묘해지고 지능적으로 변하고 있다. 과거의 학교 폭력은 신체적 폭력이 대부분을 차지하였지만, 최근에는 초등학생들의 스마트폰 사용이 늘어나면서 사이버 폭력이 심각해지고 다양화되는 추세이다. 전체 학교 폭력 피해 사례는 줄었지만, 유독 사이버 폭력 피해만 늘어나고 있는 현상도 주목할 만하다. 사이버 폭력 예방을 위한 대책 마련이 필요하다.

나 사이버 폭력은 메신저나 인터넷, SNS 등의 사이버 공간에서 특정 학생을 괴롭히는 것을 말한다. 사이버 폭력에는 '떼카'(단체 대화방에 초대하여 집단으로 욕설을 하거나 괴롭히는 것), '카톡감옥'(괴롭힘을 참지 못하고 단체 대화방을 나가면 계속 초대하여 괴롭히는 것), '방폭'(단체 대화방에 초대한 뒤 모두 나가서 혼자 남겨 놓는 것) 외에도 그 종류가 다양하며, 점점 더 많아지고 있는 것이 문제이다. 전문가들은 이러한 사이버 폭력의 경우, 시간과 공간의 제약이 없어 기존의 학교 폭력보다 정신적인 면에서 더 큰 피해를 줄 수 있다고 지적하였다.

다 이러한 사이버 폭력의 문제를 해결하려면 학교 차원에서 학생 대상으로 사례 중심의 사이버 폭력 예방 교육이 실시되어야 한다. 초등학생들은 학기별 1회 이상 학교폭력 예방 교육을 받도록 되어 있는데 ㉠<u>서울특별시 ○○초등학교 학생 700명을 대상으로 한 설문 조사에서 '학교 폭력 예방 교육의 내용이 너무 광범위하고 이론 중심으로 구성되어 있다.'는 응답이 나왔다.</u> 최근 피해가 급증하고 있는 사이버 폭력을 중점적으로 다루면서 사례 중심으로 이루어져 학생들에게 보다 효과가 높은 교육이 실시되어야 한다.

라 다음으로는 학생 개인이나 학교뿐만 아니라 모두의 관심과 도움이 필요하다. ㉡<u>김○○ 청소년상담복지센터장은 "사이버 폭력을 방관하지 않는 주변 학생들의 자세, 선생님의 꾸준한 관리와 지속적인 생활 지도가 필요하며, 학부모 역시 자녀의 교우 관계를 면밀히 관찰하는 등의 관심이 있어야 한다."고 말하였다.</u> 더불어 관련 기관 및 지역 사회 또한 사이버 폭력 현상에 관심을 가지고 함께 협력하여 예방에 앞장서야 한다고 당부하였다. 그러므로 사이버 폭력은 나와 관련 없는 일, 남의 일이라고 생각하지 말고 모두 함께 관심을 가져야 한다.

마 나날이 교묘해지고 다양해지는 사이버 폭력은 우리 사회가 꼭 해결해야 할 과제이다. 보다 효과적인 사례 중심의 사이버 폭력 예방 교육과 학생, 교사, 학부모, 지역 사회 모두의 관심과 도움이 뒷받침될 때에 학교 폭력 없는 학교, 모두가 행복하고 안전한 학교를 만들 수 있을 것이다.

1 이 글의 주제로 가장 적절한 것은 무엇인가요? [ ]

① 학교 폭력의 의미
② 학교 폭력의 종류
③ 사이버 폭력의 피해 사례
④ 사이버 폭력이 생겨난 까닭
⑤ 사이버 폭력의 문제점과 예방법

2 다음 그래프와 가장 관련 있는 문단은 어디인가요? [ ]

학교 폭력 발생 건수

(단위: 건)

	2012년	2016년
전체	321,000	28,000
사이버 폭력	900	2,122

[출처: 교육부, 2016.]

① 가
② 나
③ 다
④ 라
⑤ 마

3 이 글의 내용과 다른 것은 무엇인가요? [ ]

① 학교 폭력이 나날이 교묘해지고 지능적으로 변하고 있다.
② 최근 학생들의 스마트폰 사용이 늘어나면서 사이버 폭력도 늘어나고 있는 추세이다.
③ 떼카, 카톡감옥, 방폭 등 사이버 폭력의 종류가 점점 더 다양해지고 있다.
④ 사이버 폭력을 예방하기 위해 학생, 학교뿐만 아니라 모두의 관심이 필요하다.
⑤ 사이버 폭력은 시간과 공간의 제약이 없어 기존의 학교 폭력보다 신체적인 면에서 더 큰 피해를 줄 수 있다.

4 ㉠과 ㉡에서 사용한 근거 자료에 해당하는 것을 보기에서 고른 것은 무엇인가요? [ ]

보기

ㄱ. 전문가의 의견
ㄴ. 신문 기사 또는 책
ㄷ. 연구 자료 및 조사 자료
ㄹ. 개인이 겪었던 경험

	㉠		㉡
①	ㄱ	–	ㄴ
②	ㄱ	–	ㄷ
③	ㄴ	–	ㄹ
④	ㄷ	–	ㄱ
⑤	ㄷ	–	ㄹ

5 그림이 나타내는 것이 무엇인지 이 글에서 찾아 쓰세요.

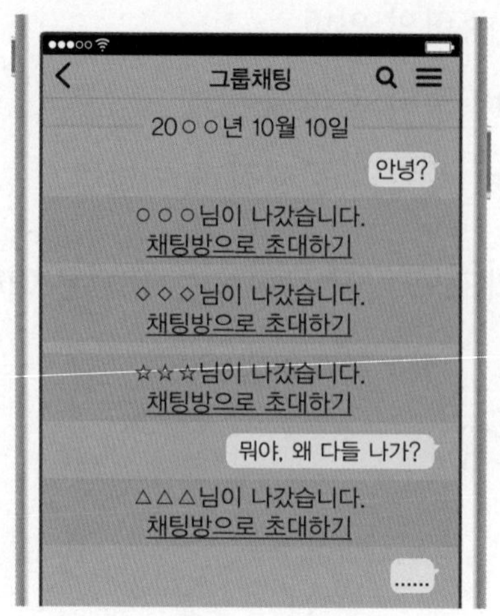

☐☐

6 다음은 이 글을 요약한 것입니다. 빈칸에 알맞은 말을 써넣으세요.

(1) ______ 폭력 (2) ______ 을/를 위한 대책 마련이 필요하다.

학교 차원에서 학생 대상으로 (3) ______ 중심의 사이버 폭력 예방 교육을 실시한다.

학생 개인이나 학교뿐만 아니라 모두의 (4) ______ 와/과 (5) ______ 이/가 필요하다.

독해 적용

12회 생태계의 보고, 갯벌

독해가 쉬워지는 낱말

» 다음 뜻을 가진 낱말을 보기에서 찾아 빈칸에 알맞게 넣어 보세요.

1. 바닷물이 빠져나가 해수면의 높이가 낮아지는 현상.

보기
- 밀물
- 썰물

예 ☐☐이/가 되자 사람들은 갯벌에 나가 조개를 주웠다.

2. 불순하거나 더러운 것을 깨끗하게 함.

보기
- 미화
- 정화

예 공장 폐수로 더러워진 강물을 ☐☐하다.

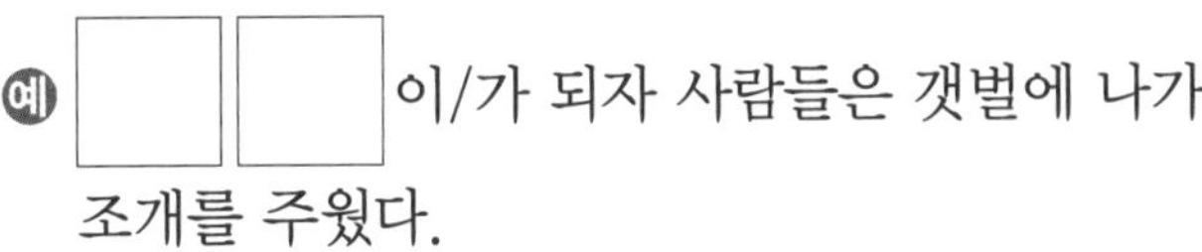

3. 귀중한 것이 많이 나거나 간직되어 있는 곳을 비유적으로 이르는 말.

보기
- 보고
- 보물

예 독도는 천연자원의 ☐☐이다.

독해가 쉬워지는 한마디

갯벌은 밀물 때는 물에 잠기고 썰물 때는 물 밖으로 드러나는 바닷가나 강가 주변의 모래 점토질의 평탄한 땅을 의미해. 갯벌에는 어떤 생물이 살고 있는지, 어떤 기능을 하는지 알려 주는 글을 읽어 보자.

독해 완성하기

QR코드를 찍어서 지문을 들어 보세요.

» 다음 글을 읽고 물음에 답하세요.

갯벌이란 바닷물이 들어올 때는 물에 잠기고, 빠져나갈 때는 물 밖으로 드러나는 모래 점토질의 땅을 말합니다. 갯벌은 육지와 바다 사이에서 하루에 두 번씩 드러나는데, 특히 해안선의 모양이 복잡하고 ◆조수 간만의 차가 큰 지역에 발달되어 있습니다. 따라서 우리나라에서는 해안선이 ㉠단조롭고 조수 간만의 차가 적은 동해안보다 서해안이나 남해안에서 주로 볼 수 있습니다.

갯벌은 아무것도 살 수 없는 진흙 벌판처럼 보입니다. 하지만 밀물과 썰물이 드나들며 육지와 바다의 특성을 모두 갖추고 있고, 산소와 영양분을 공급하여 여러 종류의 생물들이 ◆서식할 수 있습니다. 실제로 전어, 숭어, 농어, 밴댕이와 같은 어류뿐만 아니라 백합, 꼬막 등의 조개류와 낙지, 갯지렁이 등이 갯벌에서 살고 있습니다. 또한, 이러한 바다 생물들은 새들에게 풍부한 먹이가 됩니다. 그래서 갯벌 근처에는 두루미, 황새 등 약 120여 종의 물새들도 서식합니다. 이렇듯 갯벌은 수많은 동식물이 살아가는 생물들의 보금자리입니다.

갯벌에는 오랜 시간에 걸쳐 육지에서 흘러 내려온 흙과 모래가 쌓여 있습니다. 흙과 모래가 틈을 만들며, 그 사이로 많은 물을 흡수할 수 있습니다. 그래서 갯벌에 한꺼번에 많은 물이 흘러들어오면 물을 흡수한 후, 다시 천천히 흘려보냅니다. 이 때문에 물살의 흐름이 느려지고 물이 쉽게 넘치지 않습니다. 그래서 바닷가 근처에서 홍수가 나면 갯벌이 스펀지 역할을 하여 인명과 재산 피해를 줄여 줍니다.

㉡흔히 갯벌을 '바다의 콩팥' 또는 '자연의 콩팥'이라고 부릅니다. 사람의 장기 중 콩팥이 우리 몸속 노폐물을 걸러 주듯이, 갯벌이 육지에서 생긴 여러 오염 물질들을 정화시켜 주는 역할을 하기 때문입니다. 갯벌의 흙과 모래가 청소기 필터 역할을 하여 오염 물질을 거르고, 갯벌에 사는 생물들이 오염 물질을 분해하는 것입니다.

수많은 생물의 보금자리인 갯벌은 그 자체만으로 생태계의 보고입니다. 또한, 홍수로 인한 피해를 줄여 주고, 오염 물질을 정화시켜 주는 등 인간에게 이로움을 주는 소중한 자연이라 할 수 있습니다.

◆ **조수 간만** 밀물과 썰물에 의해 해수면의 높이가 달라지는 것.

◆ **서식** 생물 등이 일정한 곳에 자리를 잡고 삶.

1 **이 글이 주로 설명하고 있는 것은 무엇인가요?** [ ]

① 생태계의 소중함
② 밀물과 썰물의 차이
③ 홍수를 예방하는 방법
④ 갯벌을 볼 수 있는 장소
⑤ 갯벌에 사는 생물과 갯벌의 기능

2 **㉠과 반대의 뜻을 가진 말은 무엇인가요?** [ ]

① 간단하고
② 비슷하고
③ 복잡하고
④ 부드럽고
⑤ 매끈하고

3 **갯벌에서 볼 수 <u>없는</u> 생물은 무엇인가요?** [ ]

① 전어, 숭어
② 백합, 꼬막
③ 갈치, 고등어
④ 낙지, 갯지렁이
⑤ 두루미, 황새

4 **㉡의 까닭으로 적절하지 <u>않은</u> 것은 무엇인가요?** [ ]

① 빠른 물의 흐름을 느리게 한다.
② 사람의 콩팥과 같은 역할을 한다.
③ 청소기의 필터와 같은 역할을 한다.
④ 바다로 흘러드는 오염 물질을 정화한다.
⑤ 갯벌에 사는 생물들이 오염 물질을 분해한다.

5 이 글의 내용과 일치하지 않는 것은 무엇인가요? [ ]

① 갯벌은 육지와 바다 사이에서 하루에 두 번씩 드러난다.

② 갯벌은 우리나라의 서해안이나 남해안보다 동해안에서 많이 볼 수 있다.

③ 갯벌에 사는 바다 생물들은 새들에게 풍부한 먹이가 된다.

④ 갯벌에는 오랜 시간에 걸쳐 육지에서 흘러 내려온 흙과 모래가 쌓여 있다.

⑤ 갯벌은 사람의 콩팥과 비슷하게 여러 오염 물질을 정화시켜 주는 역할을 한다.

6 다음은 이 글을 요약한 것입니다. 빈칸에 알맞은 말을 써넣으세요.

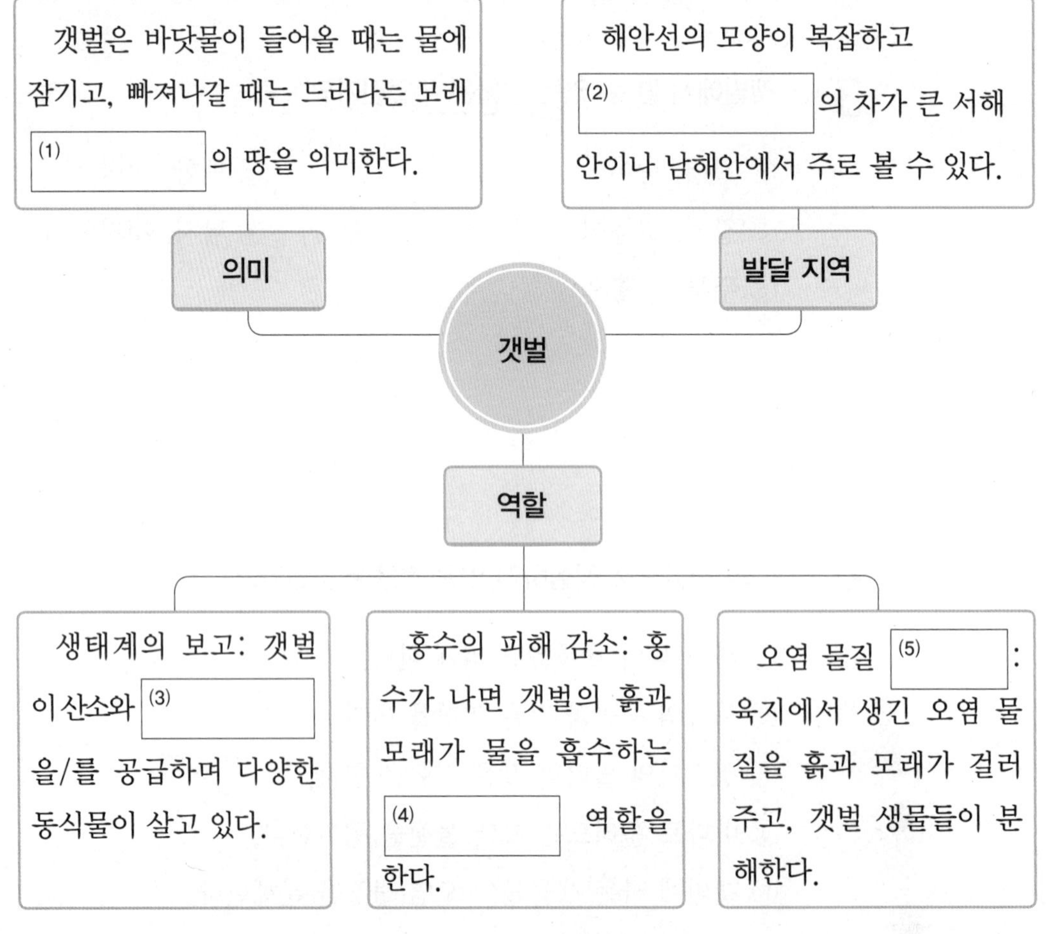

오늘은 월 일

독해 적용

13회 무역을 하는 까닭

독해가 쉬워지는 낱말

» 다음 뜻을 가진 낱말을 보기에서 찾아 빈칸에 알맞게 넣어 보세요.

1. 나라 간에 필요한 물건, 기술, 서비스 등을 사고파는 일.

예 우리나라는 옛날부터 일본, 중국과 □□을/를 했었다.

2. 다른 나라로부터 상품이나 기술 따위를 국내로 사들임.

보기
매입
수입

예 석유는 중동에서 □□해 온다.

3. 국내의 상품이나 기술을 외국으로 팔아 내보냄.

보기
수출
매출

예 우리 기술로 만들어진 자동차가 외국에 □□된다.

독해가 쉬워지는 한마디

나라마다 가지고 있는 것과 잘 만드는 것이 다르단다. 우리나라에서 많이 가지고 있거나 잘 만드는 것은 다른 나라에 팔고, 우리나라에 없거나 만들기 어려운 것은 외국에서 사 오기도 하지. 이러한 것을 '무역'이라고 해. 무역의 뜻과 무역을 하는 까닭을 알려 주는 글을 읽어 보자.

독해 완성하기

독해력을 올리는
지문 듣기

QR코드를 찍어서 지문을 들어 보세요.

» 다음 글을 읽고 물음에 답하세요.

엄마 수정아, 엄마랑 마트 가자.

수정 네, 엄마. 제가 좋아하는 바나나도 사 주세요.

엄마 엄마가 어릴 땐 바나나가 귀하고 비싼 과일이었는데, 지금은 바나나가 외국에서 많이 들여와서 가격도 싸고, 쉽게 구할 수 있지.

수정 바나나는 주로 어디에서 오나요?

엄마 ㉠바나나는 필리핀 같은 열대 지방에서 대부분을 수입해 온단다.

수정 아하, 바나나가 다른 나라에서 온 것이군요. 그럼 바나나 말고도 또 외국에서 들여오는 과일들이 있나요?

엄마 많이 있지! ⓐ망고, 오렌지, 파인애플 등도 열대 지방에서 잘 자라는 것으로 대부분 외국에서 가져온단다. 다른 나라에서 가져오는 것도 많이 있지만, 다른 나라가 우리나라로부터 가져가는 것들도 많아. 이렇게 나라 간에 물건이나 기술, 서비스 등을 사고파는 것을 무역이라고 해.

수정 학교에서 배웠어요. ⓑ우리나라가 다른 나라에 파는 것은 수출, 다른 나라에서 우리나라에 사 오는 것은 수입이라고요.

엄마 수정이가 잘 알고 있네. 그럼 무역이 왜 이루어지는지도 알고 있겠네?

수정 네, 우리나라에 없거나 부족한 것은 외국에서 수입하고, 많은 것은 외국에 수출한다고 들었어요. ㉡예를 들어 석유는 우리나라에서 거의 나오지 않아서 대부분 수입해요.

엄마 ㉢맞아. 또, 우리나라에서 생산하는 것보다 수입하는 것이 더 저렴한 경우에도 수입해 온단다. 밀가루의 원료인 밀과 면의 원료인 목화는 우리나라에서 생산 비용이 많이 들어서 오히려 운송료나 여러 가지 비용을 내더라도 수입해 오는 것이 저렴해.

수정 전자계산기나 선풍기 같은 소형 가전제품들은 요즘 중국이나 베트남에서 만든 것이 많던데, 그것도 비슷한 까닭인가요?

엄마 그렇단다. 우리나라는 소형 가전제품을 만들 수 있는 기술 수준은 충분하지만, ㉣인건비가 비싸서 오히려 중국이나 베트남처럼 ◆인건비가 싼 나라에서 만드는 것이 저렴해 수입한단다. 반대로 우리나라는 높은 기술 수준을 이용하여 다른 나라보다 제품을 더 잘 만들어 이를 다른 나라에 수출하기도 해.

수정 우리나라의 높은 기술 수준을 이용하여 수출하는 제품에는 어떤 것들이 있나요?

엄마 ㉤반도체나 스마트폰, 텔레비전, 냉장고와 같은 가전제품, 자동차 등이 대표적인 우리나라 수출품이지. 우리나라는 이런 제품들을 수출하여 경제적으로 많은 이익을 얻고 있어.

수정 세계 여러 나라는 서로 자신들의 경제적인 이익을 따져 그 나라에서 생산할지 다른 나라에서 수입할지를 결정하는 거군요.

엄마 그래. 나라마다 필요한 것을 구하고, 경제적인 이익을 얻기 위해 무역이 이루어진단다.

◆ **인건비** 사람을 부리는 데에 드는 비용.

1 이 글을 통해 알 수 없는 것은 무엇인가요? [ ]

① 바나나를 주로 수입해오는 곳
② 나라 간 무역이 이루어지는 까닭
③ 우리나라가 소형 가전제품을 주로 수입해오는 나라
④ 수입과 수출의 정의
⑤ 우리나라에서 가장 많이 수출하는 제품

2 이 글에 나타난 우리나라의 무역과 관련된 내용이 아닌 것은 무엇인가요? [ ]

① 우리나라는 바나나, 오렌지, 망고와 같은 열대 과일들을 수입한다.
② 우리나라에서 사용하는 석유는 대부분 수입한 것이다.
③ 우리나라도 밀을 재배할 수는 있지만, 다른 나라에서 수입한 것이 더 싸다.
④ 우리나라는 선풍기와 같은 소형 가전제품을 전부 수입한다.
⑤ 반도체는 우리나라의 대표적인 수출품 중 하나이다.

3 이 글을 읽고, 맞는 것은 'O'표, 틀린 것은 '×'표 하세요.

(1) 목화는 우리나라 것보다 외국에서 수입해 오는 것이 더 저렴하다. [ ]
(2) 기술을 사고파는 것은 무역이 아니다. [ ]
(3) 우리나라는 중국이나 베트남에 비해 인건비가 비싼 편이다. [ ]
(4) 세계 여러 나라는 경제적 이익을 따져, 그 나라에서 생산할지 외국에서 수입할지를 결정한다. [ ]

4 ⓐ와 ⓑ에 쓰인 설명 방식을 바르게 연결한 것은 무엇인가요? [ ]

	ⓐ		ⓑ
①	예시	–	분석
②	예시	–	정의
③	예시	–	분류
④	정의	–	예시
⑤	정의	–	분석

5 ㉠~㉤ 중 그래프와 가장 관련 있는 것을 찾아 기호를 쓰세요.

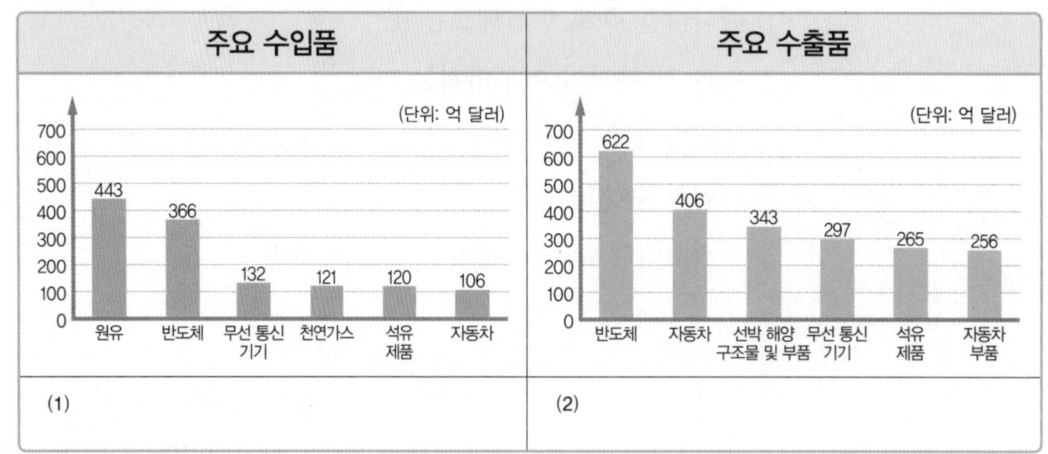

[출처: 한국무역협회, 2017.]

6 다음은 이 글을 요약한 것입니다. 빈칸에 알맞은 말을 써넣으세요.

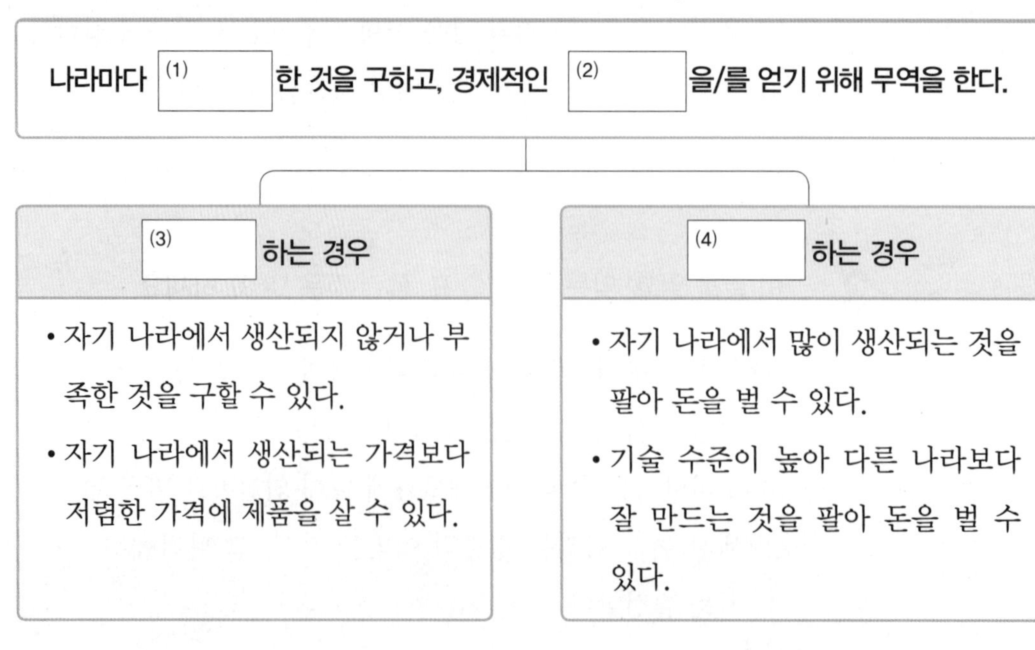

독해 적용

오늘은 월 일

14회 천년 고도를 다녀와서

독해가 쉬워지는 낱말

» 다음 뜻을 가진 낱말을 보기에서 찾아 빈칸에 알맞게 넣어 보세요.

1. 옛날부터 전하여 내려오는 이야기.

보기
전설
신화

예 이 계곡에는 선녀가 내려와 목욕을 했다는 ☐☐이/가 전해져 내려온다.

2. 잘 보호하고 간수하여 남김.

보기
보존
보관

예 전통문화를 ☐☐하기 위해 힘써야 한다.

3. 13세기부터 16세기까지 우리나라 인근 바다에서 활동했던 일본 해적.

보기
왜구
왜적

예 신라는 ☐☐이/가 많이 침입하여, 나라가 위기에 처하기도 하였다.

독해가 쉬워지는 한마디

경주는 천 년 간 신라의 수도였던 도시로, 신라 천 년의 역사와 문화를 그대로 가지고 있어서 천 년 고도라고도 해. 경주를 다녀온 기행문을 읽으며 함께 경주로 떠나 보자.

독해 완성하기

QR코드를 찍어서 지문을 들어 보세요.

» 다음 글을 읽고 물음에 답하세요.

지난주 금요일 우리 가족은 신라 천 년의 수도 경주에 다녀왔다. 경주는 '도시 전체가 하나의 박물관이다.'라는 말이 있을 만큼 이곳저곳에 신라인들의 흔적이 많이 남아 있다. 나는 역사책에서만 보던 신라의 유적과 문화재들을 직접 보고 느끼고 싶어 이번 여행을 계획하게 되었다.

서울에서 약 6시간 정도 차를 타고 고속 국도를 신나게 달려 도착한 그곳은 요금소부터 다른 곳과 달리 옛 궁궐의 문처럼 되어 있었다. ㉠천 년 전으로 시간 여행을 하게 될 것만 같은 설레는 기분을 느끼며 경주로 들어갔다.

우리는 제일 먼저 국립경주박물관으로 갔다. 내가 가장 보고 싶어 했던 '에밀레종'을 보기 위해서이다. 에밀레종은 박물관 정문으로 들어가면 가장 먼저 보이는 곳에 있었다. 원래 명칭은 성덕 대왕 신종이고, 봉덕사라는 절에 걸려 있었기 때문에 '봉덕사종'으로도 불린다. 사진으로 보고 상상했을 때보다 크기가 어마어마하게 커서 깜짝 놀랐다. 이 종은 만들 때 아이를 ◆시주하여 넣었다는 전설이 있어 아이의 울음소리를 본 따 에밀레종이라고 부른다고 안내판에 적혀 있었다. ㉡1200여 년 전 만들어졌지만 아직까지 아름다운 소리를 낼 수 있다고 하여 기대하고 있었는데 진짜가 아닌 녹음된 소리를 들려주어 조금 실망했다. 그렇지만 종을 보존하기 위해서라고 하니 아쉬운 마음을 달랠 수밖에 없었다.

다음으로 천마(天馬)총으로 향했다. 천마총은 경주를 오면 다녀가지 않은 사람이 없을 정도로 유명한 장소라고 하여 꼭 방문해야 한다는 아버지의 주장에 따라 가게 되었다. 천마총은 주인이 누구인지 알 수 없는 무덤인데, 무덤 안에서 하늘을 나는 천마(天馬)가 그려진 그림, 즉 천마도가 발견되어, 천마총이라고 불린다고 한다. 시간이 오래 흘러 천마도가 그려진 가죽은 매우 낡았지만, ㉢천마의 모습은 여전히 하늘을 향해 힘차고 용감하게 달려가는 것 같았다. 그 모습이 마음에 들어 한참이나 바라보았다. 천마총 안에는 이 외에도 신라왕들이 쓰던 금관을 비롯하여 여러 물건이 전시되어 있었다. 난생처음 보는 유물들이 신기하여 눈을 가까이 대고 살펴보았다.

천마총을 뒤로하고 ◆수중릉을 향하여 발길을 옮겼다. 수중릉은 신라의 삼국 통일을 완성한 문무대왕의 무덤으로 대왕암이라고도 불리며, 바닷가로부터 200여 미터 떨어져 있다. 우리는 수중릉을 가까이서 보기 위해 보트를 빌려 타고 들어갔다. 멀리서 볼 때는 그냥 바위섬 같았는데, 다가가서 보니 여러 개의 비석이 박혀 있었다. 파도가 거친 바다에 홀로 서 있는 수중릉을 보니, ㉣거친 바다에 서서 왜구의 침입을 몸소 막으려는 문무대왕의 나라를 사랑하는 마음이 느껴졌다.

우리 가족의 여행은 여기서 끝이 났다. ㉤경주의 많은 문화재를 다 볼 수 없어서 아쉽긴 했지만, 그동안 보고 싶었던 문화재들을 직접 가까이서 만나서 너무 감동적인 하루였다. 돌아오는 길에 문화재에 대한 각자의 느낌을 이야기하느라 정신이 없었다. 즐겁고 행복한 여행이었다.

◆ **시주** 자비심으로 조건 없이 절이나 승려에게 물건을 베풀어 주는 일. 불교 용어.

◆ **수중릉** 물속에 있는 왕이나 왕비의 무덤.

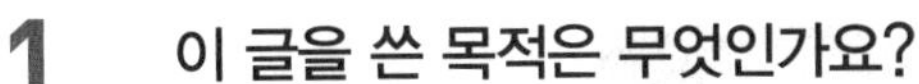

1 **이 글을 쓴 목적은 무엇인가요?** [ ]

① 경주의 여러 문화재의 가치를 알리기 위해서
② 경주 여행을 위한 안내 책자를 만들기 위해서
③ 경주를 여행할 때 주의할 점을 알려 주기 위해서
④ 경주라는 도시를 잘 보존하자고 주장하기 위해서
⑤ 경주를 여행하면서 보고, 듣고, 느낀 것을 기록으로 남기기 위해서

2 **이 글의 내용과 일치하는 것은 무엇인가요?** [ ]

① 에밀레종의 원래 명칭은 성덕 대왕 신종이다.
② 천마총은 성덕왕의 무덤이다.
③ 천마도가 그려진 가죽은 새것처럼 보존이 매우 잘 되어 있다.
④ 수중릉은 바닷가로부터 떨어져 있어서 가까이서 볼 수는 없다.
⑤ 수중릉은 하나의 커다란 돌로 만들었다.

3 **글쓴이가 '성덕 대왕 신종'을 보고 놀란 까닭은 무엇인가요?** [ ]

① 봉덕사종으로도 불린다고 해서
② 경주에 도착했을 때 가장 먼저 보이는 유물이어서
③ 종의 모습을 사진으로 보면서 상상했던 것보다 훨씬 컸기 때문에
④ 진짜 종은 봉덕사라는 절에 걸려 있고, 박물관에는 복제품이 걸려 있어서
⑤ 종을 만들 때 어린아이를 넣었다고 했는데, 종을 칠 때 어린아이의 울음소리가 실제로 나서

4 ㉠~㉤ 중 글쓴이가 경주를 여행하면서 느낀 점이 아닌 것은 무엇인가요? [ ]

① ㉠ ② ㉡ ③ ㉢ ④ ㉣ ⑤ ㉤

5 여행 과정에서 글쓴이가 본 문화재가 아닌 것은 무엇인가요? [ ]

① ②  ③

④  ⑤

6 다음은 이 글을 이동 순서에 따라 요약한 것입니다. 빈칸에 알맞은 말을 넣고, 시간 순서에 따라 배열하여 기호를 쓰세요.

기호	장소명	보고, 듣고, 느낀 점
(가)	(1)	• 문무대왕의 무덤으로 바다에 있음. • 왜구의 침입을 죽어서까지 막으려는 문무대왕의 나라를 사랑하는 마음이 느껴짐.
(나)	천마총	• (2) [ ] 이/가 없는 무덤으로 천마가 그려진 그림이 발견되어 (3) [ ] (이)라고 불림. • 하늘을 향해 힘차게 달려가는 모습이 마음에 들었음.
(다)	국립경주박물관	• 가장 보고 싶었던 (4) [ ] 을/를 보기 위해 첫 번째로 방문함. • 안내판을 읽고, 종이 만들어진 전설을 앎. • 문화재 보존을 위해 녹음된 종소리를 들을 수밖에 없어서 아쉬웠음.

[ ] → [ ] → [ ]

오늘은 월 일

독해 적용

15회 병아리와 메추리 _ 이준섭

독해가 쉬워지는 낱말

» 다음 뜻을 가진 낱말을 보기에서 찾아 빈칸에 알맞게 넣어 보세요.

1. 메추라기의 준말. 닭목 꿩과의 조류.

보기
메추리
두루미

예 할머니 댁 마당에는 □□□이/가 있어서 순이네 집고양이가 호시탐탐 노리고 있다.

2. '따뜻한'과 유사한 의미.

보기
서늘한
따스한

예 우리 주변에는 □□□ 도움의 손길을 기다리는 사람들이 많다.

3. 어찌할 줄을 몰라 갈팡질팡하며 조금 다급하게 서두름.

보기
하동대다
여유롭다

예 지각하지 않기 위해 아침부터 정신없이 □□□□.

독해가 쉬워지는 한마디

학교 앞에서 병아리나 메추리를 구경해 본 경험이 있니? 조그마한 몸에 부드러운 털을 가진 병아리와 메추리들이 모여 있는 모습이 떠오르는 시를 읽어 보자.

독해 완성하기

QR코드를 찍어서 지문을 들어 보세요.

» 다음 시를 읽고 물음에 답하세요.

병아리와 메추리

이준섭

봄도 이른 따스한 날
개봉초등학교 교문 앞
라면 박스에 담겨 나온
병아리와 메추리 떼들
㉠<u>귀엽고 사랑스런 것들</u>

서로 몸 부비면서
시끌사끌 시끌사끌
보골보골 보골보골
아이 추워 아이 추워
에이취 에이취 에취

몸에 몸을 기대고
덜덜 들들 떨면서
부들부들 떨면서도
서로들 따스함 나누며
서로들 햇살 감으며

어서 봄바람 불어라
어서 새싹 솟아올라라
악쓰며 외쳐대는구나
따스함 찾아 하동대누나
㉡<u>봄은 병아리처럼 따스해라.</u>

1 **이 시의 시간적 배경을 알 수 있는 시어는 무엇인가요?** [ ]

① 봄도 이른 따스한 날
② 개봉초등학교 교문 앞
③ 라면 박스
④ 병아리와 메추리
⑤ 시끌사끌

2 **이 시에 대한 설명으로 적절한 것은 무엇인가요?** [ ]

① 이 시의 공간적 배경은 시장 입구이다.
② 병아리와 메추리는 악을 쓰며 고통을 호소하고 있다.
③ 병아리와 메추리 떼들이 마당에서 서로를 쫓고 있다.
④ 병아리와 메추리를 구경하는 아이들의 소리로 시끌시끌하다.
⑤ 말하는 이는 병아리와 메추리를 긍정적인 시선으로 바라보고 있다.

3 **㉠과 ㉡에 대한 설명으로 적절한 것은 무엇인가요?** [ ]

① ㉠은 대상에 대한 감상을 직유법을 사용하여 표현하였다.
② ㉠은 병아리와 메추리 떼를 라면 박스에 빗대어 설명하였다.
③ ㉡은 봄에 대한 감상을 직접적으로 드러내었다.
④ ㉡은 은유법을 사용하여 봄을 병아리에 빗대어 표현하였다.
⑤ ㉡은 직유법을 사용하여 봄을 병아리에 빗대어 표현하였다.

|4-6| 「병아리와 메추리」와 「솜이불 속 햇살」을 읽고 물음에 답하세요.

솜이불 속 햇살

하청호

솜이불을 엄마와 빨랫줄에 널었어요.
봄 햇살이
솜이불 속으로 파고 들어왔어요.
–아이, 따뜻해!
이불 속 솜은 봄 햇살을 품어 주었어요.

그날 밤
솜이불 속에 들어와 있던 봄 햇살이
엄마처럼
나를 따뜻하게 감싸 주었어요.

4 「솜이불 속 햇살」에 대한 설명으로 적절하지 <u>않은</u> 것은 무엇인가요? [ ]

① 이 시에서 말하는 이는 '나'이다.
② 그날 저녁 엄마는 '나'를 안아 주었다.
③ '나'는 솜이불 속에서 햇살을 느꼈다.
④ '나'는 엄마와 솜이불을 빨랫줄에 널었다.
⑤ 이 시의 시간적 배경은 낮에서 밤으로 변화한다.

5 두 편의 시의 말하는 이가 공통으로 나타내고 있는 태도는 무엇인가요? [ ]

① 추위를 견디기 위한 노력이 드러난다.
② 대상을 비판적인 시선으로 바라보고 있다.
③ 봄에 대하여 긍정적인 태도를 보이고 있다.
④ 부모의 사랑에 대한 감사하는 마음이 나타난다.
⑤ 함께 시간을 보낸 사람과의 추억을 돌아보고 있다.

6 두 편의 시를 읽은 독자의 반응으로 적절하지 <u>않은</u> 것은 무엇인가요? [ ]

① 은우: 「병아리와 메추리」를 읽고 학교 앞에서 병아리를 사 본 경험이 떠올랐어.
② 찬우: 「솜이불 속 햇살」에서는 이불에 들어온 봄 햇살을 엄마에 빗대어 표현했어.
③ 민희: 두 편의 시 모두 대상을 직접적으로 빗대어 표현하는 직유법이 사용되었어.
④ 예림: 「병아리와 메추리」에서는 대상의 움직이나 소리를 흉내 내는 시어를 사용하여 병아리와 메추리의 생동감을 표현했어.
⑤ 가영: 「병아리와 메추리」를 읽고, 살기 위해 발버둥 치는 병아리와 메추리를 보며 우리 주변의 소외된 이웃에 대해 생각해 보았어.

독해 적용

16회 우리나라 해안의 특징

독해가 쉬워지는 낱말

» 다음 뜻을 가진 낱말을 보기에서 찾아 빈칸에 알맞게 넣어 보세요.

1. 삼면이 바다로 둘러싸이고, 한 면은 육지에 이어진 땅.

보기
- 반도
- 국도

예 이탈리아, 그리스, 인도 그리고 우리나라의 공통점은 ☐☐ 국가라는 것이다.

2. 바다와 육지가 맞닿은 선.

보기
- 해안선
- 등고선

예 우리나라의 서해안과 남해안은 섬이 많아서 ☐☐☐ 이/가 매우 복잡하다.

3. 소금을 만들기 위하여 바닷물을 끌어들여 논처럼 만든 곳.

보기
- 육전
- 염전

예 그 ☐☐ 의 소금은 질이 좋기로 유명하다.

독해가 쉬워지는 한마디

우리나라 해안 어디어디에 가 보았니? 삼면이 바다로 둘러싸인 우리나라는 동해안, 서해안, 남해안 각 해안선의 모양과 주변의 경치가 모두 다르단다. 우리나라 해안의 특징에 대해 알려 주는 글을 읽어 보자.

독해 완성하기

독해력을 올리는 **지문 듣기**

QR코드를 찍어서 지문을 들어 보세요.

» **다음 글을 읽고 물음에 답하세요.**

가 우리나라는 동쪽과 서쪽, 남쪽이 바다로 둘러싸이고 북쪽은 육지에 이어진 반도 국가입니다. 육지와 바다가 만나는 동쪽과 서쪽, 남쪽을 각각 동해안, 서해안, 남해안이라고 일컫는데, 이들 해안은 각기 다른 지리적 특징이 있습니다.

나 먼저 울릉도와 독도를 제외하고 섬이 거의 없는 동해안은 해안선이 무척 단조롭습니다. 직선 형태의 밋밋한 해안선을 따라 긴 모래사장이 펼쳐져 있고, 바다의 수심이 깊어 여름에는 해수욕을 하려는 사람들로 붐빕니다. 또한 석호라고 불리는 호수가 많습니다. 석호는 육지 쪽으로 들어간 바다의 입구가 막히며 만들어진 호수를 말합니다. 아름다운 석호의 경치를 보기 위해 찾는 관광객들도 많습니다.

다 동해안과 달리 서해안과 남해안은 해안선의 굴곡이 매우 복잡한 ◆리아스식 해안입니다. 이곳에는 갯벌이 넓게 발달해 있습니다. 바닷물이 들어오고 빠져나갈 때 높이의 차이, 즉 조수 간만의 차가 매우 크기 때문입니다. 특히 서해안은 세계 5대 갯벌에 속할 정도로 갯벌이 넓게 발달해 있습니다. 갯벌은 각종 조개류와 바다 생물들이 서식할 뿐만 아니라 오염 물질을 정화해 주는 역할도 하여 생태학적으로 매우 가치가 큰 곳입니다. 서해안과 남해안의 갯벌은 주로 어장과 양식장 등으로 활용되거나, 염전으로 이용되기도 합니다. 남해안은 다도해라고 불릴 정도로 크고 작은 섬들이 많습니다. 그 개수가 약 2,000여 개 정도인데, 그중에서도 경치가 아름답기로 유명한 해상 국립 공원은 해마다 많은 관광객들이 찾고 있습니다.

라 이처럼 우리나라는 동해안과 서해안, 남해안이 각기 다른 모습을 지니고 있습니다. 넓은 모래사장과 석호를 지닌 동해안, 갯벌이 넓게 발달한 서해안, 크고 작은 섬들이 많은 남해안 등 다양한 아름다움을 지닌 우리 해안이 후손에게도 그대로 전해질 수 있도록 보존하고 더 깨끗하게 관리해 나가야 할 것입니다.

◆ **리아스식 해안** 해안선의 드나듦이 복잡하고 섬이 많은 형태의 해안.

1 **이 글은 무엇에 대한 글인가요?** [ ]

① 우리나라의 크기
② 우리나라 섬의 개수
③ 우리나라 해안의 특징
④ 우리나라 영해의 범위
⑤ 우리나라 해안별 특산물

2 **이 글을 읽고 보기의 질문에 대한 답을 찾을 수 없는 것은 무엇인가요?** [ ]

보기
ㄱ. 반도란 무엇인가요?
ㄴ. 서해안과 남해안처럼 해안선이 복잡한 해안을 무엇이라 부르나요?
ㄷ. 동해안에서 많이 잡히는 어종은 무엇인가요?
ㄹ. 우리나라 북쪽은 어떤 나라와 맞닿아 있나요?

① ㄱ, ㄴ ② ㄱ, ㄹ ③ ㄴ, ㄷ ④ ㄴ, ㄹ ⑤ ㄷ, ㄹ

3 **나 ~ 다 문단에서 사용하지 않은 설명 방식은 무엇인가요?** [ ]

① 구체적인 예를 들어 설명하였다.
② 원인을 밝히고 그 결과를 말하였다.
③ 말의 뜻이 무엇인지 밝혀서 설명하였다.
④ 복잡한 내용을 하나하나 풀어서 설명하였다.
⑤ 사건이 발생한 시간의 순서에 따라 설명하고 있다.

4 **서해안과 남해안의 공통점이 아닌 것은 무엇인가요?** [ ]

① 해안선이 복잡하다.
② 갯벌이 발달되어 있다.
③ 어장이나 양식장이 발달했다.
④ 염전으로 이용되기도 한다.
⑤ 해상 국립 공원으로 지정된 곳이 있다.

5 다음은 이번 여름에 동해안에 다녀온 세훈이와 경수가 나눈 대화입니다. ㉠~㉣ 중 잘못된 것은 무엇인지 기호를 쓰세요. [ ]

> 세훈: 경수야, 나 이번에 동해안으로 휴가를 다녀왔어.
>
> 경수: 우아, 좋았겠다. 나도 작년에 동해안에 다녀왔는데, 아빠 차를 타고 해안도로를 따라 달리면서 보니 ㉠모래사장이 굉장히 길고 넓게 펼쳐져 있더라.
>
> 세훈: 맞아. ㉡그래서인지 동해안에는 해수욕장도 참 많아. 해수욕장을 모두 가 보고 싶었는데, 휴가 기간이 짧아서 그럴 수 없어서 아쉬웠어.
>
> 경수: ㉢난 갯벌 체험했던 것이 가장 기억에 남아. 갯벌에서 걸어 다니는 것이 좀 힘들었지만, 조개와 작은 게들을 많이 잡았었지.
>
> 세훈: ㉣난 넓은 모래사장에서 모래성 쌓기 놀이를 한 것이 제일 좋았어.
>
> 경수: 우리 다음번에는 같이 놀러 가자. 훨씬 재미있을 것 같아.

6 다음은 이 글을 요약한 것입니다. 빈칸에 알맞은 말을 써넣으세요.

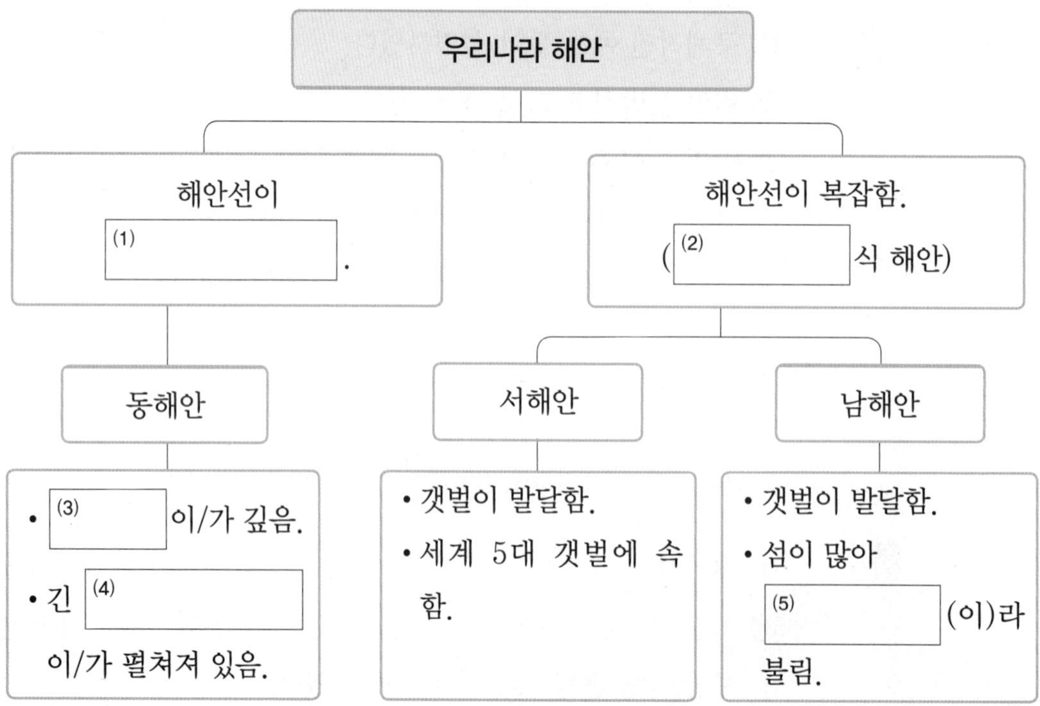

독해 적용

17회 닮았지만 다른 황사와 미세 먼지

오늘은 월 일

독해가 쉬워지는 낱말

» 다음 뜻을 가진 낱말을 보기 에서 찾아 빈칸에 알맞게 넣어 보세요.

1. 어떤 일이나 사물이 생겨남.

보기
- 발생
- 발견

예 화재가 [ ][ ]하지 않도록 각별히 주의해야 한다.

2. 자연의 힘이 아닌 사람의 힘으로 이루어지는.

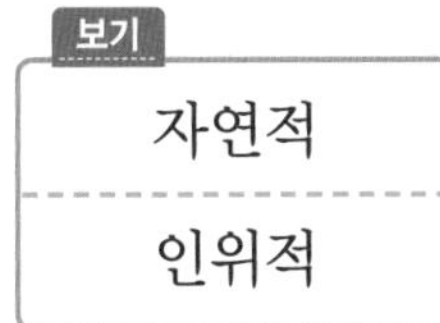
보기
- 자연적
- 인위적

예 약을 먹어 [ ][ ][ ](으)로 살을 빼는 것은 위험하다.

3. 원의 중심을 지나도록 원 위의 두 점을 이은 선분 또는 그 선분의 길이.

보기
- 지름
- 둘레

예 원의 [ ][ ]을/를 반으로 나누면 반지름이다.

독해가 쉬워지는 한마디

황사와 미세 먼지는 봄철, 맑은 하늘을 뿌옇게 하는 대기 오염의 주범이야. 황사와 미세 먼지, 비슷해 보이는 이 두 가지는 어떻게 다를까? 황사와 미세 먼지의 차이점에 대해 알아보자.

독해 완성하기

QR코드를 찍어서 지문을 들어 보세요.

» 다음 글을 읽고, 물음에 답하세요.

가 최근 봄이 되면, 우리는 외출하기 전 일기 예보를 먼저 확인합니다. 맑은 하늘을 뿌옇게 뒤덮는 황사와 미세 먼지 때문입니다. 황사와 미세 먼지 모두 대기 중에 떠다니는 작은 먼지이지만, 엄연히 다른 물질입니다.

나 발생 원인이 다릅니다. 황사는 중국 대륙의 사막이나 황토 땅에 있는 누런 흙먼지가 바람을 타고 날아오는 것입니다. 그러나 미세 먼지는 석탄이나 석유 등 화석 연료를 태울 때 나오는 것으로, 소각장이나 자동차의 배기가스, 건설 현장 등에서 많이 발생합니다. 즉 황사는 자연 물질인 반면, 미세 먼지는 인위적인 화학 물질이라고 할 수 있습니다.

다 주요 구성 성분이 다릅니다. 황사는 흙먼지에서 발생하는 것이기 때문에 칼슘이나 마그네슘 등 토양 성분이 주를 이룹니다. 그러나 산업 활동으로 생긴 미세 먼지는 탄소 화합물, 금속 화합물 등으로 이루어져 있습니다.

라 알갱이의 크기가 다릅니다. 황사는 지름이 20마이크로미터(μm) 이하의 모래 알갱이지만 미세 먼지는 지름이 10마이크로미터 이하의 작은 먼지입니다. 또한 미세 먼지 중 지름이 2.5마이크로미터 이하인 것을 초미세 먼지라고 합니다. 지름이 50마이크로미터인 머리카락과 비교해 보면 미세 먼지는 머리카락의 5분의 1, 초미세 먼지는 20분의 1 정도밖에 되지 않는 아주 작은 물질입니다.

마 이처럼 황사와 미세 먼지는 발생 원인, 성분, 알갱이의 크기가 다르다는 점에서 차이가 있습니다. [㉠] 황사와 미세 먼지 모두 폐나 기관지 등에 들어가 호흡기 질환을 일으킬 뿐만 아니라 눈, 피부에도 염증을 유발하는 등 우리 몸에 좋지 않은 영향을 끼칩니다.

바 최근에는 중국에서 황사와 함께 중금속으로 오염된 미세 먼지가 한데 뒤섞여 우리나라로 날아오고 있습니다. 황사가 심하거나 미세 먼지 농도가 높을 때에는 외출을 자제하고, 보건용 마스크를 착용하는 등 알맞은 ◆대처 방법을 알고 주의를 기울여야겠습니다.

◆ **대처** 어떤 사건에 대하여 알맞은 조치를 취함.

1 이 글은 무엇을 설명하고 있나요? [ ]

① 대기 오염
② 일기 예보
③ 화석 연료
④ 호흡기 질환
⑤ 황사와 미세 먼지

2 나~라 문단에서 주로 사용된 설명 방식은 무엇인가요? [ ]

① 분석 ② 분류 ③ 예시 ④ 비교 ⑤ 대조

3 이 글의 내용으로 적절하지 않은 것은 무엇인가요? [ ]

① 황사와 미세 먼지는 대기 중에 떠다니는 먼지이다.
② 미세 먼지의 주요 성분은 칼슘이나 마그네슘 등이다.
③ 미세 먼지는 산업 활동으로 인해 발생한다.
④ 미세 먼지의 지름은 머리카락의 지름보다 작다.
⑤ 황사와 미세 먼지는 모두 건강에 안 좋은 영향을 미친다.

4 미세 먼지에 해당하지 않는 것은 무엇인가요? [ ]

① 소각장의 연기
② 자동차의 배기가스
③ 사막에서부터 날아온 흙먼지
④ 건설 현장 등에서 발생하는 날림 먼지
⑤ 보일러, 발전 시설 등 화석 연료를 태울 때 생기는 매연

5 ㉠에 들어갈 알맞은 말은 무엇인가요? [ ]

① 또한 ② 그래서
③ 그러나 ④ 그러므로
⑤ 예를 들어

6 다음은 이 글을 정리한 것입니다. 빈칸에 알맞은 말을 써넣으세요.

<table>
<tr><th colspan="2"></th><th>황사</th><th>미세 먼지</th></tr>
<tr><td colspan="2">공통점</td><td colspan="2">• 대기 중에 떠다니는 작은 (1) ____ 임.
• 우리 몸에 좋지 않은 영향을 끼침.</td></tr>
<tr><td rowspan="3">차이점</td><td>발생 원인</td><td>누런 흙먼지가 바람을 타고 날아옴.</td><td>(2) ____ 을/를 태울 때 나옴.</td></tr>
<tr><td>구성 성분</td><td>칼슘, 마그네슘 등의 (3) ____</td><td>탄소 화합물, 금속 화합물 등</td></tr>
<tr><td>알갱이의 크기</td><td>지름 20마이크로미터 이하</td><td>• 미세 먼지: (4) ____ 마이크로미터 이하
• 초미세 먼지: 지름 2.5마이크로미터 이하</td></tr>
</table>

오늘은 월 일

독해 적용

18회

포장 문화의 원형, 달걀 꾸러미

독해가 쉬워지는 낱말

» 다음 뜻을 가진 낱말을 보기에서 찾아 빈칸에 알맞게 넣어 보세요.

1. 같거나 비슷한 여러 개가 만들어져 나온 본바탕.

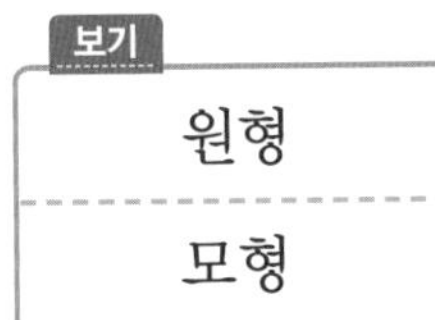

예 불교 문화 영향을 받은 이 건축물은 후대 건축물의 ☐☐이/가 되었다.

2. 하는 구실이나 작용을 함. 또는 그런 것.

보기
성질
기능

예 이 자동차가 오래되어 브레이크의 ☐☐이/가 많이 떨어졌다.

3. 관찰이나 측정을 통하여 수집한 자료를 실제 문제에 도움이 될 수 있도록 정리한 지식. 또는 그 자료.

보기
정보
첩보

예 요즘은 인터넷을 통해 필요한 ☐☐을/를 많이 얻는다.

독해가 쉬워지는 한마디

우리 조상들은 짚으로 달걀 꾸러미를 만들었는데, 달걀을 완전히 다 싸지 않고 반만 쌌어. 그래야 그것을 들고 다니는 사람들이 조심하게 될 거라고 생각한 거지. 우리의 전통적인 달걀 포장인 달걀 꾸러미에 담긴 다양한 의미에 대한 글을 읽어 보자.

독해 완성하기

QR코드를 찍어서 지문을 들어 보세요.

» 다음 글을 읽고 물음에 답하세요.

가 달걀은 깨지기 쉽고, 구르기 쉽고, 썩기 쉬운 특성 때문에 무엇으로 싸 두지 않으면 안 된다. 인류가 맨 처음 물건을 싸는 포장 문화에 눈뜨게 된 것도 어쩌면 달걀 때문이었을지도 모른다. 여기서는 포장 문화의 원형이라 할 수 있는 달걀 꾸러미에 대해서 알아보자.

나 한국인은 짚으로 달걀 꾸러미를 만들었다. 충격과 습기를 막아 주는 그 부드러운 재료 자체가 이미 새의 둥지와 같은 구실을 한다. 그렇다. 짚으로 만든 달걀 꾸러미는 가장 포근하고 안전한 달걀의 집, 제2의 둥지이다.

다 그러나 한국의 달걀 꾸러미가 보여 주는 놀라움은 결코 그 재료의 응용에만 있는 것이 아니다. 그 점이라면 일본의 달걀 꾸러미도 마찬가지이다. 문제는 같은 짚을 사용하면서도 달걀을 완전히 다 싸 버린 일본 사람들과 달리 한국 사람들은 그것을 반만 싸고 반은 그대로 두어 밖으로 드러나게 했다는 데 있다.

라 ㉠왜 반만 쌌는가. 기능만을 생각한다면 일본 사람들처럼 다 싸는 것이 안전하지 않을까. 그러나 물리적인 기능만을 생각하여 그것을 짚으로 다 싸 버린다면 달걀의 형태와 구조는 완전히 가려져 그 의미를 ◆상실하게 될 것이다. 포장한 짚만 보이고 그 알맹이는 보이지 않게 될 것이므로 사람들은 그것이 얼마나 깨지기 쉬운 물건인지를 모르게 될 것이다.

마 그러고 보면 한국 사람들이 달걀을 반만 쌌다는 것은 기능만 생각한 것이 아니라 그 정보성을 중시했다는 증거이다. 달걀 꾸러미를 들고 다니는 사람들은 그것이 깨지기 쉬운 달걀임을 감각으로 느낄 수 있어 조심하게 될 것이다.

바 또 그것이 상품으로 전시되었을 때, 그 신선도나 크기에 관한 정보를 소비자에게 알려 줄 수도 있다. 물리적 정보만이 아니라 형태와 구조를 나타내 보임으로써 달걀 꾸러미는 디자인의 ◆미학을 완성한다. 내용물을 가리면서도 동시에 드러내는 것, 거기에서 한국의 포장 문화는 자신의 존재 이유를 발휘하는 것이다. 짚과 달걀은 그 색채에 있어서나 촉감에 있어서 완벽한 대조와 조화의 아름다움을 자아낸다.

사 한국의 달걀 꾸러미는 깨지지 않게 내용물을 보호하는 ◆합리적인 기능성, 포장된 내용물을 남에게 보여 주는 정보성, 그리고 형태와 구조를 드러낸 아름다움의 세 가지 특성을 동시에 만족하는 포장 문화의 ◆이상적인 본보기라고 할 수 있다.

한국의 달걀 꾸러미 ▶

– 이어령, 『우리 문화 박물지』

◆ **상실** 어떤 것이 아주 없어지거나 사라짐.
◆ **미학** 미의 본질과 구조를 밝히는 학문.
◆ **합리적** 이론이나 이치에 합당한.
◆ **이상적** 생각할 수 있는 범위 안에서 가장 완전하다고 여겨지는.

1 **이 글의 중심 내용으로 가장 적절한 것은 무엇인가요?** [ ]

① 달걀은 깨지기 쉽고, 구르기 쉽고, 썩기 쉬운 특성을 지녔다.
② 한국인은 짚을 사용하여 달걀 꾸러미를 만들었다.
③ 한국의 달걀 꾸러미는 기능성과 정보성을 중요하게 생각했다.
④ 한국의 달걀 꾸러미는 완벽한 대조와 조화의 아름다움을 보여 준다.
⑤ 한국의 달걀 꾸러미는 포장 문화의 이상적인 본보기이다.

2 **이 글의 내용과 일치하지 않는 것은 무엇인가요?** [ ]

① 달걀의 특성으로 인해 달걀 꾸러미는 포장 문화의 원형이라 할 수 있다.
② 짚으로 만든 달걀 꾸러미는 충격과 습기를 막아 준다.
③ 한국의 달걀 꾸러미가 보여 주는 놀라움은 그 재료에서 가장 잘 드러난다.
④ 한국의 달걀 꾸러미는 형태와 구조를 드러냄으로써 아름다움을 강조한다.
⑤ 한국의 달걀 꾸러미는 디자인의 미학을 보여 준다.

3 **다 문단에 쓰인 설명 방식으로 가장 알맞은 것은 무엇인가요?** [ ]

① 구체적인 예를 들어 설명하고 있다.
② 두 대상이 지닌 차이점을 중심으로 설명하고 있다.
③ 일정한 기준에 따라 종류별로 나누어 설명하고 있다.
④ 시간의 흐름에 따라 대상의 변화 과정을 밝히고 있다.
⑤ 대상에 대해 그림을 그리듯이 생생하게 표현하고 있다.

4 **㉠에 대한 답으로 가장 알맞은 것은 무엇인가요?** [ ]

① 충격을 흡수하고 습기를 막아 주기 위해서이다.
② 깨지기 쉬운 달걀이 들어 있음을 알려 주기 위해서이다.
③ 일본의 달걀 꾸러미와는 다른 특색을 보여 주기 위해서이다.
④ 달걀을 싸는 재료로 쓰인 '짚'이 당시에는 흔하지 않았기 때문이다.
⑤ 달걀의 형태와 구조를 완전히 가려야 할 필요성을 느끼지 못했기 때문이다.

5 이 글을 잘못 이해한 학생은 누구인가요? [ ]

① 명기: 이 글의 설명 대상은 '한국의 달걀 꾸러미'야.

② 혜원: 이 글을 통해 우리 조상들의 지혜를 엿볼 수 있어.

③ 윤정: 이 글에서 글쓴이는 타당한 근거를 들어서 자신의 주장을 내세우고 있어.

④ 기문: 이 글은 우리의 전통적인 달걀 포장에 담긴 다양한 의미에 대해서 알려 주고 있어.

⑤ 서연: 글쓴이는 이 글의 처음 부분에서 달걀 포장의 필요성에 대해서 제시함으로써 독자들의 관심을 유도하고 있어.

6 다음은 이 글을 요약한 것입니다. 빈칸에 알맞은 말을 써넣으세요.

포장 문화의 원형, 달걀 꾸러미

포장이 필요한 달걀의 특성	(1) [ ] 의 이상적인 본보기인 한국의 달걀 꾸러미
(2) [ ] 은/는 깨지기 쉽고, 구르기 쉽고, 썩기 쉬운 특성 때문에 포장이 필요함.	• 기능성: 짚으로 만들어서 충격과 (3) [ ] 을/를 막아 줌. • 정보성: 짚으로 반만 싸서 그 안에 깨지기 쉬운 달걀이 들어 있다는 (4) [ ] 을/를 알려 줌. • 아름다움: 짚과 달걀은 대조와 (5) [ ] 의 아름다움을 자아냄.

독해 적용

19회

*제목을 묻는 문제가 출제되어 빈칸으로 제시하였습니다.

독해가 쉬워지는 낱말

» 다음 뜻을 가진 낱말을 보기에서 찾아 빈칸에 알맞게 넣어 보세요.

1. 악기를 다루어 곡을 표현하거나 들려주는 일.

보기
- 연주
- 가창

예 그녀의 취미는 피아노 ☐☐이다.

2. 음악 작품을 창작하는 일. 또는 시(詩)나 가사에 가락을 붙이는 일.

보기
- 작곡
- 작사

예 이 노래는 나의 어릴 적 친구를 위해 ☐☐한 곡이다.

3. 신체 기관이 본래의 제 기능을 하지 못하거나 정신 능력에 결함이 있는 상태.

보기
- 장애
- 불편

예 그는 실명이라는 ☐☐을/를 극복하였다.

독해가 쉬워지는 한마디

청력을 잃고도 끝까지 용기와 의지를 갖고 꿈을 이루기 위해 노력한 세계적인 음악가 베토벤을 알고 있니? 베토벤의 삶과 그가 어려움을 극복한 이야기를 알아보자.

독해 완성하기

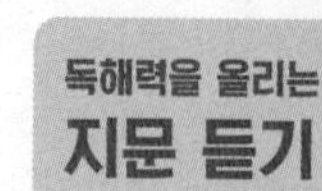

QR코드를 찍어서 지문을 들어 보세요.

» 다음 글을 읽고 물음에 답하세요.

베토벤(L. v. Beethoven)은 가난한 음악가의 아들로 태어났다. 베토벤의 아버지는 베토벤을 모차르트와 같은 천재로 만들기 위해 엄하게 훈련시켰다. 연습을 게을리하면 때렸고, 손가락을 움직일 수 없을 때까지 피아노 연주를 시켰다. 결국, 베토벤은 열네 살에 궁정 오르간 연주자가 되어 ㉠명성을 얻었다.

하지만 어머니가 병에 걸려 베토벤은 다시 집으로 돌아왔다. 어머니가 세상을 떠나자 아버지는 날마다 술로 세월을 보냈다. 베토벤은 어린 두 동생을 돌보기 위해 피아노 선생을 하며 ◆생계를 책임졌다.

그러다가 아버지가 세상을 떠나고 두 동생도 어느 정도 생활이 안정되자 스물두 살에 수도인 빈으로 가서 세계적인 음악가 하이든과 모차르트의 지도를 받았다.

그 뒤 베토벤은 눈부시게 발전해 연주가로서 활발한 활동을 했다. 하지만 사교계의 화려한 생활은 베토벤에게 맞지 않았다.

"내가 존재하는 까닭은 위대한 일을 하기 위해서야."

이렇게 생각한 베토벤은 ◆은둔 생활을 하며 다른 음악가의 음악은 절대로 듣지 않았다.

그러나 사람들은 베토벤을 이상한 사람 취급하며 베토벤이 작곡한 곡을 심하게 비판했다.

그 무렵, ㉡베토벤은 귀가 점점 들리지 않게 되는 장애를 얻게 되었다. 음악가가 귀가 들리지 않는다는 것은 음악을 할 수 없게 되는 것과 마찬가지였다. 그래서 베토벤은 유서를 써 놓고 죽음을 생각하기도 했다. 하지만 다시 마음을 고쳐먹었다.

"나는 음악가다. 들리지 않아도 충분히 음악 활동을 할 수 있어!"

베토벤은 다시 꿈을 가졌다. 병과 싸우면서도 용기를 잃지 않고 음악 활동을 열심히 했다.

그리고 마침내 작곡한 곡을 연주하는 날, 사람들은 베토벤의 음악에 감동하여 ◆우레와 같은 박수를 보냈다. 하지만 박수 소리를 듣지 못한 베토벤은 지휘를 마치고도 그 자리에서 꼼짝하지 않고 있었다. 한 연주자가 베토벤을 돌려세우자 그제야 베토벤은 사람들의 환호와 박수를 느끼고 눈물을 흘렸다고 한다.

가난과 질병과 싸우면서 베토벤은 「운명」, 「전원」, 「합창」 등 아홉 개의 교향곡과 「월광곡」, 「엘리제를 위하여」 등의 피아노곡을 발표했다.

– 조영경, 『한 권으로 끝내는 교과서 위인』

◆ **생계** 살림을 살아 나갈 방도. 또는 현재 살림을 살아가고 있는 형편.

◆ **은둔** 세상일을 피하여 숨음.

◆ **우레** 번개가 친 다음에 크게 울리는 소리.

1 **이 글의 제목으로 가장 적절한 것은 무엇인가요?** [ ]

① 베토벤의 사랑과 우정
② 행복했던 베토벤의 가정사
③ 역경을 극복한 작곡가, 베토벤
④ 세기의 작품, 베토벤의 교향곡
⑤ 재능을 발견한 베토벤의 어린 시절

2 **㉠과 바꾸어 쓸 수 있는 가장 자연스러운 말은 무엇인가요?** [ ]

① 뿌듯해졌다.
② 유명해졌다.
③ 기분이 좋았다.
④ 실력을 키웠다.
⑤ 돈을 많이 벌었다.

3 **㉡ 이후, 베토벤이 한 행동을 요약한 것으로 가장 적절한 것은 무엇인가요?** [ ]

① 귀가 들리지 않아 음악 활동을 포기했다.
② 유서를 써 놓고 죽으려고 여러 번 시도했다.
③ 하이든과 모차르트의 지도로 열심히 음악 공부를 했다.
④ 병과 싸우면서 용기를 잃지 않고 열심히 음악 활동을 했다.
⑤ 작곡을 더 이상 할 수 없어서 학생들의 피아노 지도에 몰두했다.

4 **이 글의 내용과 다른 이야기를 하는 친구는 누구인가요?** [ ]

① 민지: 베토벤은 가난한 음악가의 아들로 태어났어.
② 명수: 베토벤은 두 동생을 돌보기 위해 책임감이 컸을 것 같아.
③ 희준: 모차르트와 베토벤이 단 한번만이라도 만날 수 있었다면 좋았을 텐데.
④ 지효: 귀가 안 들리게 되어도 음악을 멈추지 않았다는 게 정말 놀라워.
⑤ 제웅: 베토벤은 「운명」, 「전원」 등 아홉 개의 교향곡을 발표했어.

5 빈칸에 들어갈 말로 가장 알맞은 것은 무엇인가요? [ ]

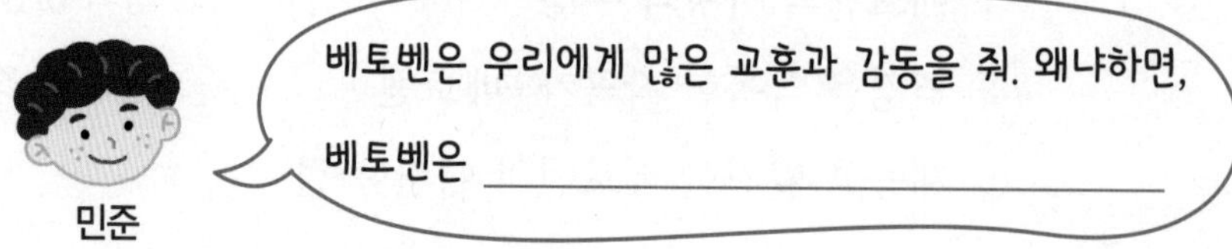

① 성인이 되어서야 겨우 실력을 인정받았지만, 포기하지 않았기 때문이야.
② 가난과 장애를 극복하고 끝까지 꿈을 이루기 위해 노력했기 때문이야.
③ 부모님의 무관심 속에서도 혼자 꾸준히 노력했기 때문이야.
④ 연주가로서 활발한 활동뿐만 아니라 사교계의 화려한 생활도 즐겼기 때문이야.
⑤ 힘든 상황에서도 무려 여섯 개의 교향곡을 만들었기 때문이야.

6 다음은 이 글을 요약한 것입니다. 빈칸에 알맞은 말을 써넣으세요.

(1) [ ] 한 음악가의 아들로 태어나 열네 살에 궁정 연주자가 되어 (2) [ ] 을/를 얻었다.

↓

어머니가 돌아가시고 술만 마시는 아버지를 대신해 어린 두 동생을 돌보고 (3) [ ] 을/를 책임져야 했다.

↓

세계적인 음악가의 지도를 받으며 연주가로서 발전했지만, 작곡한 곡에 대해 (4) [ ] 을/를 받기도 했다.

↓

귀가 점점 들리지 않게 되는 (5) [ ] 을/를 얻게 되어 좌절했지만, 용기를 잃지 않고 음악 활동을 열심히 했다.

↓

베토벤은 가난과 질병을 극복하며 훌륭한 작품을 많이 발표했다.

독해 적용

20회 마지막 수업 _ 알퐁스 도데

독해가 쉬워지는 낱말

» 다음 뜻을 가진 낱말을 보기에서 찾아 빈칸에 알맞게 넣어 보세요.

1. 정해진 시각보다 늦게 출근하거나 등교함.

보기
지각
지연

예 그는 잠이 많고 게을러서 자주 [ ][ ]을/를 한다.

2. 분위기나 의식 따위가 장엄하고 정숙함.

보기
엄숙
고요

예 현충일 기념 의식이 [ ][ ]하게 거행되었다.

3. 말의 구성 및 운용상의 규칙. 또는 그것을 연구하는 학문.

보기
문법
대화

예 위 문장을 [ ][ ]에 맞게 고치시오.

독해가 쉬워지는 한마디

"여러분, 바로 이 시간이 여러분과 함께 하는 내 마지막 수업입니다." 교실 분위기가 평소와는 다르다는 것을 느낀 프란츠. 앞으로 더 이상 학교에서 프랑스어를 배울 수 없었던 프란츠의 이야기를 읽어 보자.

독해 완성하기

QR코드를 찍어서 지문을 들어 보세요.

» 다음 이야기를 읽고 물음에 답하세요.

"얘야. 그렇게 서두를 것 없다. 어차피 지각은 없을 테니까."

그러나 나는 할아버지가 나를 놀리는 말이라고 생각하고 학교를 향해 ㉠헐레벌떡 뛰어갔다.

여느 때 같으면 수업이 시작되는 이 시각쯤 교실에서는 길에서도 들릴 정도로 ㉡시끌벅적한 소리가 흘러나오곤 했다. 책상 서랍을 거칠게 여닫는 소리. 남보다 더 잘 외우려고 귀를 틀어막고 큰 소리로 고래고래 책을 읽는 소리.

그 사이사이로 '조용히 하지 못해?' 하는 고함과 함께 교탁을 내리치는 쇠막대기 소리들이 큰길까지 들려 왔던 것이다.

나는 바로 그런 틈을 이용해서 ㉢슬쩍 교실로 들어가 앉을 생각이었다.

그런데 그 날은 웬일인지 마치 일요일 아침처럼 조용했다.

열려 있는 창문을 통해 제 자리에 단정히 앉아 있는 친구들과 무서운 쇠막대기를 든 채 왔다 갔다 하는 아멜 선생님이 보였다.

나는 할 수 없이 조용하기만 한 교실 문을 ㉣살그머니 열고 안으로 들어갔다. 창피하기도 했지만, 겁이 나서 가슴이 쿵쿵 뛰었다. 그런데 뜻밖의 일이 일어났다. 아멜 선생님은 화를 내거나 꾸짖기는커녕 나를 보더니 부드러운 목소리로 이렇게 말했다.

"프란츠야, 어서 네 자리에 가 앉거라. 하마터면 너를 빼놓고 수업을 할 뻔했구나."

나는 얼른 내 자리로 가 앉았다. 마음이 좀 가라앉자 비로소 평소와는 다른 선생님의 옷차림이 눈에 들어왔다. 장학사가 오는 날이나 상장을 줄 때 입는 멋진 초록색 프록코트에 새하얀 셔츠와 하늘색 넥타이, 그리고 오렌지 색 조끼를 입고 있었던 것이다.

교실 분위기도 평소와는 다르게 뭔가 엄숙하고 무거운 느낌을 주었다. 그러나 무엇보다도 나를 놀라게 한 것은 교실 뒤쪽에 마을 사람들이 와서 우리들처럼 의자에 나란히 앉아 있는 것이었다. 삼각 모자를 쓴 오제르 영감님, 지금은 물러난 전 면장님과 집배원 아저씨, 그 밖에도 몇 사람들이 긴 의자에 앉아 있었다. 어쩐지 모두들 슬퍼 보였다.

오제르 영감님은 모서리가 다 닳아빠진 프랑스 문법책을 무릎 위에 펴놓고 그 위에 안경을 올려놓고 있었다. 내가 어리둥절하고 있는 사이에 아멜 선생님은 교단 위로 올라가더니 아까처럼 부드러우면서도 가라앉은 목소리로 말을 하기 시작했다.

"여러분, 바로 이 시간이 여러분과 함께 하는 내 마지막 수업입니다. 알자스와 로렌 주의 모든 학교에서는 앞으로 독일어만 가르치라는 명령이 베를린으로부터 왔습니다.

내일부터는 새 선생님이 오실 것입니다. 그래서 오늘이 프랑스어로 수업하는 마지막 시간이니까 내 말을 주의 깊게 잘 들어 주기 바랍니다."

이 몇 마디 말은 나를 온통 ㉤뒤죽박죽으로 만들어 버렸다. 이럴 수가! 면사무소 게시판에 붙어 있었던 게 바로 이것이었구나. 이게 마지막 수업이라니…….

나는 이제 겨우 글자를 쓸 수 있는 수준밖에 안 되는데. 그럼 더 이상 프랑스어를 배울 수가 없단 말인가? 이것으로 끝이란 말인가? 나는 그동안 시간을 헛되게 보냈다. 새 둥지나 뒤지고, 얼어붙은 강에서 스케이트를 타면서 수업을 빼먹었던 일들이 몹시 후회되었다.

조금 전까지만 해도 지겹게 여겨지던 문법책과 역사책이 이젠 헤어지기 싫은 오랜 친구처럼 생각되었다.

– 알퐁스 도데/문삼석 엮음, 「마지막 수업」

1 **이 이야기의 시간적 배경은 언제인가요?** [　　]

① 하굣길
② 주말 오후
③ 일요일 아침
④ 등굣길~등교 직후
⑤ 저녁 식사를 앞둔 시간

2 **이 이야기의 주된 등장인물은 누구인가요?** [　　]

① 프란츠
② 면장님
③ 장학사
④ 오제르 영감님
⑤ 집배원 아저씨

3 **㉠~㉤ 중 다음의 뜻을 가진 것은 무엇인가요?** [　　]

숨을 가쁘고 거칠게 몰아쉬는 모양.

① ㉠ ② ㉡ ③ ㉢ ④ ㉣ ⑤ ㉤

4 빈칸에 들어갈 적절한 말은 무엇인가요? [ ]

보람: 프란츠는 교실 문을 열고 들어 왔을 때 평소 교실 분위기와는 다르게 엄숙하면서도 무거운 느낌을 받았어. 왜냐하면 ______________

① 아멜 선생님께서 평소보다도 더 화가 나셔서 너무 무서웠기 때문이야.
② 교실에 프란츠 외에는 아무도 지각한 사람이 없었기 때문이야.
③ 면장님과 집배원 아저씨께서 수업을 지켜보러 오셨기 때문이야.
④ 오늘이 프랑스어로 수업하는 마지막 시간이었기 때문이야.
⑤ 새로운 선생님께서 오셔서 인사를 하고 있었기 때문이야.

5 사건에 따른 '나(프란츠)'의 감정 변화를 바르게 연결한 것은 무엇인가요? [ ]

사건	지각인 줄 알고 달려갔지만 학교가 조용함.	➡	평소와는 마을 사람들이 교실에 앉아 있음.	➡	마지막 수업이라는 생각에 그동안 있었던 일들에 대한 여러 가지 생각이 듦.
감정	(가)		(나)		(다)

	(가)		(나)		(다)
①	겁이 남	–	놀라움	–	감사함
②	겁이 남	–	아쉬움	–	감사함
③	겁이 남	–	놀라움	–	후회스러움
④	슬픔	–	아쉬움	–	후회스러움
⑤	슬픔	–	놀라움	–	아쉬움

6 이 이야기를 읽은 독자의 반응으로 적절하지 않은 것은 무엇인가요? [ ]

① 동훈: 지각을 해서 급히 뛰어가는 프란츠를 보고 나의 경험이 떠올랐어.
② 성미: 학교가 일요일 아침처럼 고요했다는 표현이 인상적이었어.
③ 교준: 마을 사람들이 교실에 있는 걸 보니 평소와 다른 일이 생긴 것이 분명해.
④ 인지: 프랑스어를 더 이상 배울 수 없다는 걸 보니 시대적 상황이 궁금해졌어.
⑤ 동엽: 새로운 선생님이 오신다는 걸 보니 아멜 선생님이 많이 아프신가 봐.

오늘은 　월 　일

독해 적용

21회 언어의 다섯 가지 특성

독해가 쉬워지는 낱말

» 다음 뜻을 가진 낱말을 보기에서 찾아 빈칸에 알맞게 넣어 보세요.

1. 생각이나 느낌 따위를 나타내거나 전달하는 데 쓰는 음성, 문자 등의 수단.

보기
언어
문자

예 나라마다 사용하는 □□이/가 서로 다르다.

2. 반드시 지켜야만 하는 규범.

보기
법칙
교칙

예 예외 없는 □□은/는 없다.

3. 가지고 있는 생각이나 뜻이 서로 통함.

보기
의사소통
만사형통

예 친구와 □□□□이/가 잘 되지 않아 답답하였다.

독해가 쉬워지는 한마디

사람들은 언어를 통해 자신의 생각과 감정을 표현하고, 효율적으로 의사소통하면서 빠르게 문명을 발전시켜 왔어. 이런 언어에는 다섯 가지 특성이 있어. 다음 글을 읽으며 함께 알아보자.

독해 완성하기

QR코드를 찍어서 지문을 들어 보세요.

» 다음 글을 읽고 물음에 답하세요.

인간은 말을 하지 않고 하루라도 살 수 있을까? 또 문자가 없다면 지금처럼 인류가 발전할 수 있었을까? 이처럼 우리의 생각과 느낌을 소리나 문자로 표현하는 언어가 없었다면 일상에서의 의사 전달뿐만 아니라 인류가 진보하는 데 많은 한계가 있었을 것이다. 그렇다면 언어에는 어떤 특성이 있을까?

언어는 대상과 그것을 가리키는 말소리를 정하는 데 정해진 법칙이 없다. 우리나라 말로 '책'이 영어로는 '북(book)', 프랑스어로는 '리브르(livre)'라고 하는 것처럼 같은 대상이라도 나라마다 나타내는 말이 다르다. 이처럼 대상과 그것을 가리키는 말소리가 우연히 결합된 것을 언어의 자의성이라고 한다.

또한, 언어는 그 언어를 사용하는 사람들끼리 약속한 것으로, 한 사람의 마음대로 바꿀 수 없다. 이것을 언어의 사회성이라고 한다. 누군가 '책'이라는 사물을 자기 마음대로 '침대'라고 부르고, "난 침대 보는 것을 좋아해."라고 말하면 사회적 약속에 혼란이 생기며 대화하는 것이 힘들어진다.

언어는 시간이 지나면서 모양과 의미, 부르는 소리가 조금씩 변하거나 새로 생겨나기도 한다. 이를 언어의 역사성이라고 한다. 조선 시대에 창제된 훈민정음으로 쓰여진 『◆용비어천가』에 '불휘 기픈 남ᄀᆞᆫ'이라는 구절이 나온다. '뿌리 깊은 나무'라는 뜻이다. 또 여기에 나오는 '믈'은 '물'로 부르는 소리가 변하였고, '어여쁘다'는 '불쌍하다'에서 '예쁘다'로 뜻이 바뀌었다. 오늘날에는 휴대 전화, 인공위성 같은 새로운 물건들이 생겨나며 그것을 부르는 말도 새롭게 만들어지고 있다.

언어를 사용할 때 지켜야 할 일정한 규칙이 있는데, 이를 언어의 규칙성이라고 한다. "나는 물을 마신다."라는 말을 "나는 물이 마신다."라고 하면 우리말 규칙에 어긋난다. 또한 한정된 단어로 상황에 따라 새로운 문장을 만들어 쓰는데, 이를 언어의 창조성이라고 한다. 앵무새에게 "빨리 오세요."라는 문장을 가르치면 앵무새는 그 말밖에 못 하지만, 사람은 "빨리 왔으면 좋겠다.", "아마 빨리 올걸." 등과 같이 새로운 문장을 만들어 사용한다.

언어는 많은 사람들이 함께 사용하는 사회적 약속이다. 시간이 지나면서 조금씩 그 모양이나 뜻, 소리가 변화하기도 하고, 새로 생겨나기도 한다. 또는 상황에 따라 더 복합하거나 다른 형태의 언어를 만들어내기도 한다. 하지만 언어는 무엇보다 원활한 의사소통을 목적으로 하기 때문에 일정한 규칙을 기본으로 한다.

◆ **용비어천가(龍飛御天歌)** 한글(훈민정음)로 엮은 최초의 책으로, 태조의 조선 왕조 건국을 칭송한 시.

1 **이 글이 설명하는 것은 무엇인가요?** [ ]

① 언어의 특성
② 언어의 중요성
③ 언어의 편의성
④ 언어의 사용법
⑤ 언어의 다양성

2 **이 글의 내용과 맞지 <u>않는</u> 것은 무엇인가요?** [ ]

① 프랑스어로는 책을 '리브르'라고 한다.
② 『용비어천가』는 훈민정음으로 쓴 책이다.
③ '물'은 예전에 '믈'로 발음하였다.
④ '어여쁘다'는 오늘날 '불쌍하다'는 뜻으로 쓰인다.
⑤ 휴대 전화, 인공위성 같은 말들은 대상이 만들어지면서 새롭게 생겨난 말이다.

3 **이 글에 나타난 설명 방식을 <u>잘못</u> 말한 친구의 이름을 쓰세요.** [ ]

> 지은: 이 글은 언어의 특성을 크게 다섯 가지로 분석하여 설명하고 있어.
> 지민: 언어의 특성을 설명할 때에 예를 들어 설명하기도 해서 이해하는 데 도움이 되었어.
> 치수: 언어의 특성을 정의의 방법을 사용해서 분명하게 밝히고 있네.
> 석진: 언어의 특성을 일정한 기준에 따라 분류의 방법으로 나누어 설명하고 있어.

4 **다음의 대화와 가장 관련 있는 언어의 특성은 무엇인가요?** [ ]

> 선생님: 지금부터 선생님이 말하는 문장에 꾸며 주는 말을 넣어 새로운 문장을 만들어 볼까요? "정호는 지은이를 좋아한다."라는 문장을 확장시켜 보세요.
> 진희: 똑똑한 정호는 지은이를 좋아한다.
> 상훈: 재치 있고 똑똑한 정호는 유쾌한 지은이를 좋아한다.

① 자의성 ② 사회성 ③ 역사성 ④ 규칙성 ⑤ 창조성

5 다음에 해당하는 언어의 특성은 무엇인지 쓰세요.

母, 어머니, mother

언어의 ☐☐☐

6 다음은 이 글을 요약한 것입니다. 빈칸에 알맞은 말을 써넣으세요.

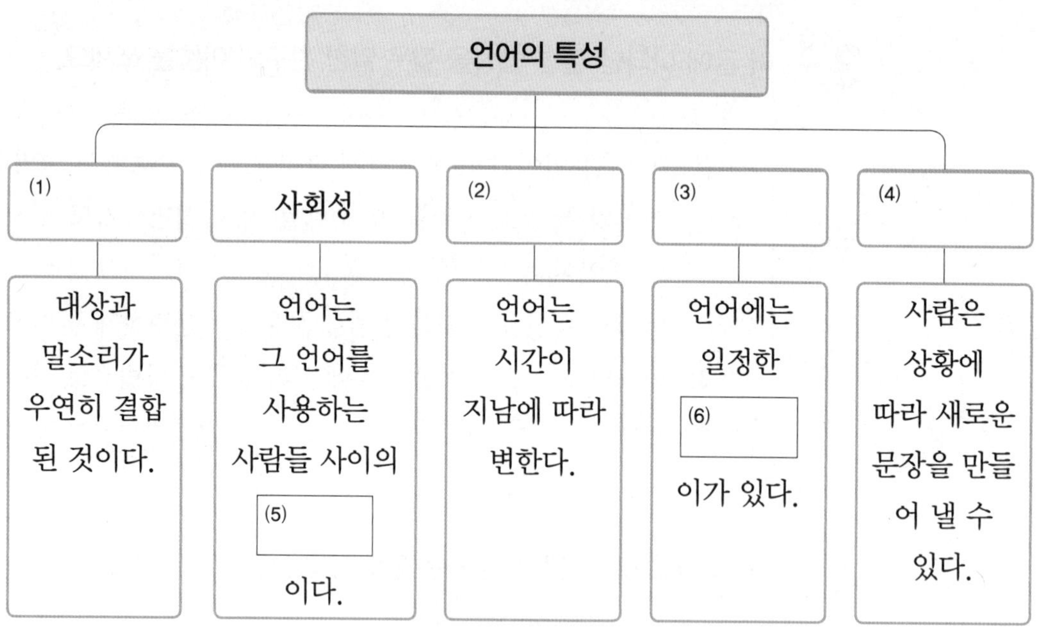

오늘은 월 일

약 또는 독, 항생제

독해가 쉬워지는 낱말

» 다음 뜻을 가진 낱말을 보기에서 찾아 빈칸에 알맞게 넣어 보세요.

1. 미세한 생물체로 병을 일으키거나 부패 작용을 함.

보기: 세균 / 세포

예 자주 손을 씻는 것만으로도 손의 □□을/를 제거할 수 있다.

2. 병이나 상처 따위를 잘 다스려 낫게 함.

보기: 치료 / 성장

예 병을 □□하기 위해 병원에 가야 한다.

3. 약이 지닌 그 본래의 작용 이외에 부수적으로 일어나는 좋지 않은 작용.

보기: 오남용 / 부작용

예 그 약을 복용했더니 □□□(으)로 온몸에 반점이 생겼다.

독해가 쉬워지는 한마디

항생제는 인체에 침입한 세균의 감염을 치료하기 때문에 인류에게 없어서는 안 될 중요한 물질이야. 항생제가 무엇인지와 항생제를 잘 이용하는 방법을 알려 주는 글을 읽어 보며, 항생제에 대해 알아보자.

독해 완성하기

독해력을 올리는 **지문 듣기**

QR코드를 찍어서 지문을 들어 보세요.

» 다음 글을 읽고 물음에 답하세요.

우리는 세균에 감염되면 병원에서 진찰을 받고 약을 먹습니다. 하지만 수백 년 전에는 이런 질병을 치료하지 못해 고통받거나 목숨을 잃기도 하였습니다. 항생제가 개발되기 전까지 세균을 직접 죽이는 방법이 없었기 때문입니다. 그렇다면 항생제란 무엇이며, 어떻게 개발되었을까요?

㉠항생제는 ◆미생물에 의해 만들어진 것으로 다른 미생물의 성장을 막거나 죽이는 물질을 말합니다. 1928년 영국 런던의 세균학자였던 알렉산더 플레밍은 상처를 감염시키는 ◆포도상 구균을 연구하던 중 ◆배양 접시 한쪽에서 푸른곰팡이를 발견하였습니다. 그런데 포도상 구균이 그 부분에서만 자라지 못하고 있었습니다. 플레밍은 푸른곰팡이가 포도상 구균의 성장을 막는다는 사실을 알아낸 후, 푸른곰팡이에서 페니실린이라는 인류 최초의 항생제를 발명해 냈습니다.

항생제가 개발되자 그동안 손쓰지 못했던 수많은 질병을 치료할 수 있게 되었습니다. 상처에 감염됐을 때뿐만 아니라 폐렴이나 디프테리아와 같은 질병을 치료하는 데에도 항생제가 효과적이라는 것이 알려지며 '마법의 탄환'이라고도 불렸습니다. 이렇듯 항생제는 인류에게 질병을 치료하는 최고의 약이 되었습니다.

그러나 항생제가 여기저기 쓰이면서 또 다른 문제가 생겨났습니다. 사람들은 가벼운 감기나 심하지 않은 질병에도 무분별하게 항생제를 사용하였습니다. 그러면서 사람 몸에서 항생제에 대한 내성이 생겼습니다. 내성이란 특정 약을 반복 사용하여 약의 효과가 떨어지는 것을 말합니다. 즉 항생제를 많이 먹으면서 몸속 세균이 항생제에 맞서 살아남기 위해 더 강해진 것입니다. 이 때문에 오히려 질병 치료가 더 어려워졌습니다.

항생제는 약이 되기도 하지만 잘못 사용하면 오히려 독이 될 수도 있습니다. 따라서 세균 감염이 의심되는 경우에만 의사의 진단을 받고 항생제를 복용해야 합니다. 또한, 장기간 항생제를 먹지 않는 것이 좋으며, 한 번에 여러 종류의 항생제를 먹는 것 또한 피해야 합니다. ㉡항생제의 올바른 사용법과 부작용을 알고 복용해야 우리 몸을 더욱 건강하게 보호할 수 있습니다.

◆ **미생물** 눈으로는 볼 수 없는 아주 작은 생물. 세균, 효모 등.

◆ **포도상 구균** 공 모양의 세포가 불규칙하게 모여서 포도송이처럼 된 세균.

◆ **배양 접시** 의 · 약학 실험에 주로 쓰는 둥글고 납작하며 뚜껑이 있는 유리 접시.

1 **이 글에서 다루고 있지 <u>않은</u> 내용은 무엇인가요?** [ ]

① 항생제의 의미
② 항생제의 발명 과정
③ 항생제의 효과
④ 항생제의 종류
⑤ 항생제의 무분별한 사용 시 문제점

2 **㉠에 사용된 설명 방식은 무엇인가요?** [ ]

① 예시 ② 대조 ③ 분석 ④ 정의 ⑤ 분류

3 **보기의 낱말을 모두 사용하여 아래 도식을 완성해 보세요.**

보기
독 효과 질병 내성

항생제

약	VS	(1)
상처에 감염됐을 때 뿐만 아니라 폐렴, 디프테리아 등의 (2) 치료에 (3) 이/가 있다.		세균이 항생제에 맞서 살아남기 위해 더 강해지게 되는 (4) 이/가 생겨 질병 치료가 어려워지게 된다.

4 **이 글의 내용과 맞지 <u>않은</u> 것은 무엇인가요?** [ ]

① 항생제 개발 전에는 세균을 직접 죽이는 방법이 없었다.
② 항생제는 다른 미생물의 성장을 돕는다.
③ 푸른곰팡이에서 최초의 항생제를 발명하였다.
④ 항생제는 폐렴이나 디프테리아의 치료에도 효과적이다.
⑤ 항생제를 많이 사용하면 항생제에 대한 내성이 생긴다.

5 **㉡에 대한 설명으로 올바르지 <u>않은</u> 것은 무엇인가요?** [ ]

① 항생제는 세균 감염이 의심되는 경우에 복용한다.

② 항생제는 의사의 진단을 받아 복용한다.

③ 항생제는 장기간 복용하지 않는다.

④ 효과를 높이기 위해 여러 종류의 항생제를 복용한다.

⑤ 항생제를 가벼운 질병에 무분별하게 복용하지 않는다.

6 **다음은 이 글을 요약한 것입니다. 빈칸에 알맞은 말을 써넣으세요.**

1문단	(1) ______ 이/가 개발되기 전에는 세균을 직접 죽이는 방법이 없었다.
2문단	항생제는 (2) ______ 에 의해 만들어졌으며, 다른 미생물의 성장을 막거나 죽이는 물질로, 플레밍이 최초로 발명해 냈다.
3문단	항생제는 상처의 감염 및 다양한 질병 치료에도 효과가 있었기 때문에 (3) ______ 의 탄환이라고도 불렸다.
4문단	항생제를 오남용하면서부터 세균에 항생제에 대한 (4) ______ 이/가 생기기 시작했다.
5문단	항생제는 올바르게 사용하면 (5) ______ 이/가 되지만, 잘못 사용하면 (6) ______ 이/가 된다.

오늘은 월 일

독해 적용

23회 알에서 태어난 주몽

독해가 쉬워지는 낱말

» 다음 뜻을 가진 낱말을 보기에서 찾아 빈칸에 알맞게 넣어 보세요.

1. 사람이 태어남. 조직, 제도, 국가, 이론 따위가 새로 생김.

보기
- 탄생
- 생산

예 주몽의 ☐☐ 신화는 정말 신기한 것 같아.

2. 나라를 세움.

보기
- 건국
- 건설

예 고조선은 청동기 문화를 바탕으로 하여 ☐☐ 되었다.

3. 한 나라의 수도 또는 수도를 정함.

보기
- 도읍
- 서울

예 고구려 장수왕은 ☐☐ 을/를 국내성에서 평양성으로 옮겼다.

독해가 쉬워지는 한마디

건국 신화는 국가의 시작을 설명하는 이야기로, 고대 국가에서 처음 만들어졌어. 고구려 건국 신화는 주몽의 탄생과 관련이 있어서 주몽 신화라고도 해. 고구려의 건국 신화인 주몽 신화를 알려 주는 글을 읽어 보자.

독해 완성하기

독해력을 올리는 **지문 듣기**

QR코드를 찍어서 지문을 들어 보세요.

» 다음 이야기를 읽고 물음에 답하세요.

고구려의 시조는 주몽(晝夢)이야. 주몽이란 활을 잘 쏘는 사람이라는 뜻이지. 주몽은 기원전 37년 압록강 유역에 있는 졸본에 나라를 세웠는데, 주몽의 탄생과 고구려의 건국에는 특별한 이야기가 있어.

어느 날 하늘의 신인 해모수가 땅에 내려왔어. 그는 강물의 신인 하백의 딸 유화를 보고 반해서 아내로 삼았지. 하백은 딸 유화가 몰래 결혼해서 아이를 갖자 멀리 쫓아 버렸어. ◆부여의 금와왕은 우연히 유화를 보고, 유화의 아름다운 모습에 반해 궁궐로 데려와 함께 살았어. 유화는 얼마 뒤 출산을 했는데, 아이 대신 커다란 알을 낳았어. 금와왕은 깜짝 놀라 알을 밖에 내다 버렸어. 그런데 짐승들이 그 알을 정성껏 보호해 주었고, 깨뜨리려고 해도 깨지지 않았어. 결국, 금와왕은 알을 유화에게 돌려주었어. 유화가 알을 햇빛이 잘 드는 따뜻한 곳에 두니, 알에서 튼튼한 남자아이가 태어났지. 아이는 자라며 무척 영특했고, 활을 매우 잘 쏘아서 항상 ◆백발백중이었지.

[㉠] 금와왕은 아이에게 주몽이라는 이름을 지어 주었어.

금와왕의 자식들은 재주가 뛰어난 주몽을 ◆시기하여 없애려고 했어. 주몽의 어머니인 유화는 금와왕의 아들들이 주몽을 죽이려 한다는 것을 알았지.

[㉡] 주몽에게 부여를 떠나라고 했어. 주몽은 부여에 남겨둔 아내에게 자식이 태어나면 꼭 자신을 찾아오게 하라고 말한 뒤, 오이, 마리, 협보라는 믿음직한 세 부하들과 함께 부여를 떠났어.

주몽이 도망쳤다는 것을 알고 부여의 군사들이 뒤따라 왔어. 강에 이르러 오도 가도 못하게 되자 주몽이 강을 향해 소리쳤어. "나는 하늘의 신 해모수의 아들이자, 강의 신 하백의 손자인 주몽이다." 그 말에 강의 신 하백은 물고기와 자라들을 모아 다리를 만들어 주었어. 주몽은 그 다리를 이용하여 무사히 강을 건넜지.

졸본에 도착한 주몽은 그곳을 도읍으로 정하고, 나라 이름을 고구려라 하였어. 자신의 성을 '고'씨로 하기로 했지. 고주몽은 고구려의 첫 번째 왕인 동명성왕이 되었지.

– 『◆삼국유사』

◆ **부여** 고조선이 멸망하기 직전 만주 송화강 유역에 세워진 나라.

◆ **백발백중(百發百中)** 백 번 쏘아 백 번 다 맞힌다는 뜻.

◆ **시기(猜忌)** 남이 잘되는 것을 샘하여 미워하고 질투함.

◆ **삼국유사** 고려 충렬왕 때 승려 일연이 지은 신라 · 고구려 · 백제 3국의 역사서.

1 **이 이야기의 글감으로 알맞은 낱말을 써넣으세요.**

주몽의 (1) ☐☐ 와/과 고구려의 (2) ☐☐ 과정

2 **이 이야기을 읽고 알 수 없는 것은 무엇인가요?** [ ]

① 주몽 아들의 성품
② 주몽이 태어난 과정
③ 주몽이라는 이름이 붙여진 까닭
④ 주몽이 부여에서 도망친 까닭
⑤ 주몽이 도망치면서 겪은 어려움

3 **㉠과 ㉡에 공통으로 들어갈 알맞은 말은 무엇인가요?** [ ]

① 만약 ② 그런데 ③ 그래서 ④ 그러나 ⑤ 왜냐하면

4 **다음은 주몽 신화를 읽고 난 뒤, 이야기 속에 나타난 영웅적 요소에 대해 친구들끼리 이야기한 것입니다. 바르게 말하지 못한 친구의 이름은 쓰세요.** [ ]

소라: 주몽의 아버지는 하늘의 신 해모수이고, 어머니는 강물의 신 하백의 딸이었어.
현준: 주몽은 알에서 태어났어. 주몽이 태어나기 전 금와왕이 그 알을 깨뜨리려고 했는데 깨지지 않았다고 하네.
영애: 주몽은 오이, 마리, 협보라는 믿음직한 세 부하들과 함께 부여를 떠났지.
유정: 주몽은 물고기와 자라들을 모아 만들어진 다리를 이용하여 강을 건넜어.

5 다음은 신라의 건국 시조인 박혁거세 탄생 신화의 일부분입니다. 주몽의 탄생 신화와 비교하였을 때 공통점은 무엇인가요? (정답 2개) [,]

> 어느 날 사로국의 여섯 명의 촌장들이 우두머리를 세우기 위해 회의를 하고 있었다. 그런데 회의를 하다가 나정이라는 우물가에 신비한 빛이 서려 있어서 그곳으로 가 보니, 흰말이 자줏빛 알 앞에서 무릎을 꿇고 있다가 하늘로 날아갔다. 그 알을 쪼개었더니 그 속에서 아이가 나왔다. 촌장들이 아이를 동천이라는 연못에서 깨끗하게 목욕을 시켰더니, 아이의 몸에서 광채가 났다. 촌장들은 박처럼 생긴 알에서 태어났다고 하여 '박'이라는 성을 붙여 주었다. 그리고 몸에서 세상을 비추는 광채가 난다고 해서 이름은 혁거세라 지었다. 아이는 자라서 임금이 되었는데 그가 바로 신라의 건국 시조인 박혁거세이다.
>
> –『삼국유사』

① 알에서 태어났다.
② 부모가 누구인지 제시되어 있다.
③ 이름을 갖게 된 과정이 나와 있다.
④ 나라를 건국하는 과정에서 어려움을 겪었다.
⑤ 뛰어난 능력 때문에 주변 사람들로부터 위협을 당했다.

6 다음은 이 이야기를 요약한 것입니다. 빈칸에 알맞은 내용을 써넣으세요.

신비한 탄생	(1) [ ] 에서 태어남.
뛰어난 능력	영특하고, (2) [ ] 을/를 잘 쏨.
닥친 어려움	금와왕의 아들들이 죽이려 하여 세 부하들과 함께 부여를 떠난 주몽은 도망치다 (3) [ ] 에 이르러 길이 막힘.
어려움을 극복한 방법	강의 신 (4) [ ] 이/가 물고기와 자라를 모아 다리를 만들어 줌.
결과	부여에서 탈출하는 데 성공하고 (5) [ ] 을/를 건국함.

오늘은 월 일

독해 적용

24회 고흐의 노란 해바라기

독해가 뉘워지는 낱말

» 다음 뜻을 가진 낱말을 보기에서 찾아 빈칸에 알맞게 넣어 보세요.

1. 과일, 꽃, 화병 따위의 스스로 움직이지 못하는 물체들을 놓고 그린 그림.

보기
정물화
풍경화

예 그는 일상생활의 사물을 주제로 한 □□□을/를 그리는 것을 좋아했다.

2. 매우 훌륭한 작품.

보기
걸작
졸작

예 당시 작품 중 □□만을 모아 전시회를 열었다.

3. 몹시 슬프고 괴롭거나 불행하게 얽힌. 또는 그런 것.

보기
비극적
낙관적

예 그 작품은 주인공의 죽음이라는 □□□ 결말로 끝이 난다.

독해가 뉘워지는 한마디

고흐는 네덜란드 출신으로 주로 남프랑스에서 작품 활동을 했던 위대한 화가야. 지금은 온 세계가 그의 작품을 높이 평가하지만, 그의 정열적인 작품이 생전에는 끝내 인정받지 못하고 그는 불행한 삶을 마감했어. 고흐가 그린 정물화 「해바라기」에 대해 설명한 글을 읽어 보자.

독해 완성하기

독해력을 올리는 **지문 듣기**
QR코드를 찍어서 지문을 들어 보세요.

» 다음 글을 읽고 물음에 답하세요.

가 정물화에 자신의 열정을 아낌없이 쏟아부은 화가가 있다. 바로 여러분도 잘 알고 있는 전설적인 화가 고흐이다. 고흐는 예술과 삶, 고통과 슬픔을 정물화에 ◆격정적으로 표현했다. 이글거리는 태양처럼 뜨거웠던 고흐의 정물화에 대해 알아보자.

나 고흐는 해바라기를 무척 좋아했다. 그는 ◆일편단심 태양만을 사랑하는 해바라기가 목숨을 걸고 예술을 추구하는 자신과 같다고 생각했다. 고흐는 지쳐 쓰러질 때까지 ◆분신과도 같은 해바라기 그림을 그리고 또 그렸다.

▲ 고흐의 「해바라기」

다 그런데 특이한 것은 고흐의 해바라기 그림이 온통 노란색이라는 점이다. 배경도, 탁자도, 꽃병도 모두 샛노랗다. 그것은 해바라기를 그릴 때 고흐의 심정이 노랗게 물들었기 때문이다. 붓질도 대담하고 힘이 넘친다. 얼마나 강한 집중력을 가지고 그림을 그렸으면 색채도 붓질도 저토록 폭발할 것처럼 이글거릴까? 고흐의 해바라기는 현실의 해바라기이면서 화가의 감정을 대변하는 영혼의 꽃이기도 하다.

라 너무도 고독했던 고흐는 태양을 닮은 ㉠노란색 해바라기를 그리면서 위안을 얻고 싶어 했다. 이를 증명하는 고흐의 편지가 있는데, 고흐는 자신의 동생 테오에게 "정신을 집중해 해바라기 그림을 그리고 있다. 황금도 녹여 버릴 것 같은 해바라기의 강렬한 느낌을 다시 얻기 위해서다."라고 쓰고 있다.

마 고흐의 해바라기 그림은 ◆런던 내셔널 갤러리의 최고 걸작으로 지금도 많은 사람들의 사랑을 받고 있다. 관객들이 평범한 정물화에 이처럼 관심을 기울이는 까닭은 무엇일까? 노란색 해바라기는 고흐의 짧고 비극적인 삶과 예술에 대한 열정을 거울처럼 반영하고 있기 때문이다.

– 이명옥, 『미술에 대해 알고 싶은 모든 것들』

- ◆ **격정적** 감정이 강렬하고 갑작스러워 누르기 어려운. 또는 그런 것.
- ◆ **일편단심** 한 조각의 붉은 마음이라는 뜻으로, 진심에서 우러나오는 변치 아니하는 마음을 이르는 말.
- ◆ **분신** 하나의 주체에서 갈라져 나온 것.
- ◆ **런던 내셔널 갤러리** 영국의 런던에 1824년에 설립된 국립 미술관으로 유럽 회화 작품 2천 3백여 점이 전시되어 있음.

1 **이 글의 가장 중심이 되는 내용은 무엇인가요?** [ ]

① 고흐의 비극적인 일생
② 고흐의 해바라기 그림
③ 고흐와 해바라기와의 비교
④ 고흐가 그린 다양한 정물화
⑤ 고흐의 그림이 사람들에게 사랑받는 까닭

2 **이 글의 내용과 맞지 않는 것은 무엇인가요?** [ ]

① 고흐는 자신의 분신과도 같은 해바라기를 무척 좋아했다.
② 고흐의 해바라기 그림은 노란색 색채와 세밀하고 절제된 붓질이 특징적이다.
③ 고흐는 노란색 해바라기를 그리면서 고독감에서 벗어나고 삶의 위안을 얻고 싶어했다.
④ 고흐의 해바라기 그림은 지금도 많은 사람들의 사랑을 받고 있다.
⑤ 고흐의 해바라기 그림에는 고흐의 비극적인 삶과 예술에 대한 열정이 반영되어 있다.

3 **가~마 문단에 대한 설명으로 알맞지 않은 것은 무엇인가요?** [ ]

① 가 문단은 설명 대상을 소개하여 독자들의 관심을 유도하고 있다.
② 나 문단은 고흐가 해바라기 그림을 그린 까닭을 설명하고 있다.
③ 다 문단은 고흐의 해바라기 그림에 대한 색채, 표현 기법 등을 설명하고 있다.
④ 라 문단은 고흐가 동생에게 보낸 편지를 통해 형제간의 우애를 드러내고 있다.
⑤ 마 문단은 원인과 결과를 밝혀 설명하는 방법이 나타나고 있다.

4 **고흐에게 ㉠이 갖는 의미로 가장 적절한 것은 무엇인가요?** [ ]

① 분신 같은 존재로 자신의 감정을 대변하는 꽃
② 예술가로서 많은 사람들의 사랑을 받게 해 준 꽃
③ 현실에는 존재하지 않는, 상상을 통해 만들어 낸 꽃
④ 자신의 고독감을 심화시켜 준 예술적 소재로서의 꽃
⑤ 자신을 위대한 화가로 이끌어 준 작품의 소재가 된 꽃

5 **이 글을 읽고 맞지 않은 말을 하는 친구는 누구인가요?** [ ]

① 진철: 고흐는 예술을 추구하는 자신의 모습과 태양만을 향하는 해바라기의 특성이 같다고 생각했어.

② 경재: 글쓴이는 고흐가 그린 해바라기 그림이 많은 사람들의 사랑을 받고 있는 현상을 부정적으로 보고 있어.

③ 재영: 고흐가 그린 해바라기에 색채와 붓질이 대담하고 힘차게 그려진 것은 화가의 감정을 표현했다고 볼 수 있어.

④ 영미: 고흐의 해바라기 그림이 온통 노란색이라는 점에서 해바라기의 강렬한 느낌을 얻고 싶어 한 고흐의 마음을 느낄 수 있어.

⑤ 수진: 고흐가 그린 해바라기 그림이 예술에 대한 고흐의 열정을 반영하고 있다는 것은 고흐가 동생에게 보낸 편지를 볼 때 타당한 설명이라고 볼 수 있어.

6 **다음은 이 글을 요약한 것입니다. 빈칸에 알맞은 말을 써넣으세요.**

가 문단	고흐는 (1) [ ] 에 자신의 열정을 쏟아부었다.
나 문단	고흐는 태양만을 사랑하는 (2) [ ] 이/가 (3) [ ] 을/를 추구하는 자신과 같다고 생각했다.
다 문단	고흐의 해바라기는 현실의 해바라기이면서 화가의 (4) [ ] 을/를 대변하는 영혼의 꽃이다.
라 문단	고흐는 해바라기를 그리면서 (5) [ ] 을/를 얻고 싶어했다.
마 문단	고흐의 해바라기 그림은 그의 짧고 비극적인 삶과 예술에 대한 (6) [ ] 을/를 반영하고 있다.

오늘은 월 일

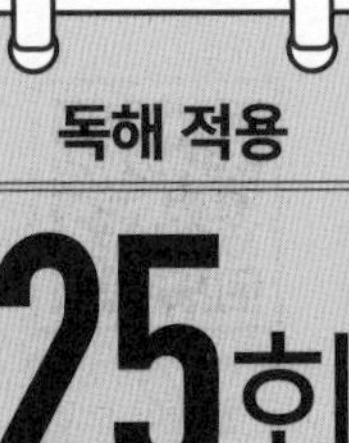

이른 봄 _ 최춘해

독해가 뒤워지는 낱말

» 다음 뜻을 가진 낱말을 보기에서 찾아 빈칸에 알맞게 넣어 보세요.

1. 수증기가 찬 기운을 만나 아주 작은 물방울이 되어 대기 속에 떠 있어 연기처럼 보이는 현상.

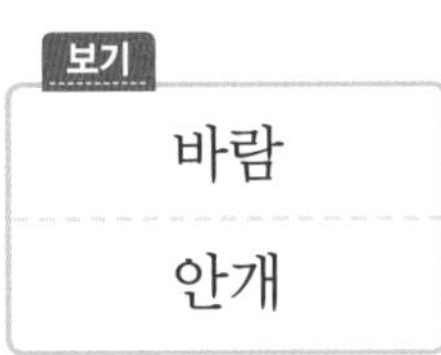

예 ☐☐이/가 낀 새벽, 호숫가에 앉아 옛 생각에 잠겼다.

2. 생물체가 가지고 있는 온도.

보기: 무게 / 체온

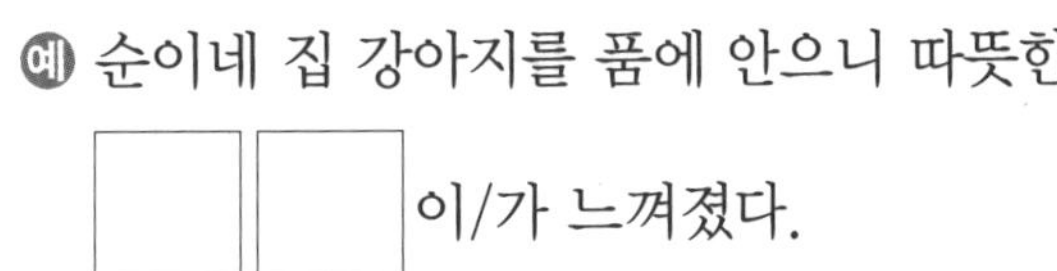

예 순이네 집 강아지를 품에 안으니 따뜻한 ☐☐이/가 느껴졌다.

3. 동물의 젖샘 혹은 필요한 것을 가져다주는 주요한 수단을 비유적으로 일컫는 말.

보기: 젖줄 / 배꼽

예 한강은 한반도와 서울의 ☐☐이다.

독해가 뒤워지는 한마디

봄이 오면 추위로 얼어붙었던 닭장 속 암탉과 병아리들도 활발하게 활동을 하고, 굳었던 마른 땅에도 촉촉이 비가 내려 새싹들이 돋아나. 추운 겨울이 지나고 봄이 오는 모습을 떠올리게 하는 시를 읽어 보자.

독해 완성하기

독해력을 올리는 **지문 듣기**

QR코드를 찍어서 지문을 들어 보세요.

» 다음 시를 읽고 물음에 답하세요.

이른 봄

최춘해

㉮ 암탉이 알을 품듯
봄님이
온 세상을 품고 있다.
안개 낀 아침.

㉯ 닭의 체온으로
보송보송한 예쁜
병아리가 깨이고,

㉰ 봄님의 품 안에서
병아리처럼 고렇게 예쁜
연둣빛 새싹들이 깨일 테지.

㉱ 조올졸 내리는 비는
새싹의 젖줄.

㉲ 새싹이 눈을 감고
강아지처럼 젖줄을 빤다.

1 **이 시의 시간적 배경을 알 수 있는 시어는 무엇인가요? (정답 2개)** ········ [,]

① 봄님 ② 안개 낀 아침
③ 닭의 체온 ④ 조올졸
⑤ 강아지

2 **이 시에서 '봄'을 빗대어 표현한 대상은 무엇인가요?** ········ [ ]

① 암탉 ② 병아리 ③ 새싹 ④ 비 ⑤ 강아지

3 **㉮~㉴에 대한 설명으로 적절하지 <u>않은</u> 것은 무엇인가요?** ········ [ ]

① ㉮에는 시간적 배경이 나타나 있다.
② ㉯는 닭이 알을 품어 병아리가 알을 깨고 나오기를 기대하는 모습을 표현하였다.
③ ㉰는 따뜻한 봄 기운에 새싹이 나오는 모습을 표현하였다.
④ ㉱는 소리를 흉내 내는 말로 빗소리를 실감 나게 표현하였다.
⑤ ㉴는 젖을 빠는 강아지의 모습을 비유적으로 표현하였다.

4 **이 시에서 표현하려는 대상과 빗대어 나타낸 대상을 바르게 연결하지 <u>못한</u> 것은 무엇인가요?** ········ [ ]

	표현하려는 대상		빗대어 나타낸 대상
①	온 세상	–	알
②	봄님의 품 안	–	닭의 체온
③	연둣빛 새싹	–	보송보송한 병아리
④	강아지	–	병아리
⑤	조올졸 내리는 비	–	젖줄

| 5-6 | 「이른 봄」과 「바다」를 읽고 물음에 답하세요.

바다

윤부현

바다는 하늘과 경주하다가 지쳤는지

하늘 끝에 가서 한참 자고

모래밭에 돌아와서는

우우우 우우우

대회 나갔다 이기고 돌아온 선수인 듯

두 손 번쩍 치켜들고 점프를 한다.

5 「바다」에 대한 설명으로 적절하지 않은 것은 무엇인가요? [ ]

① 이 시의 공간적 배경은 바다이다.
② 바다를 마치 사람인 것처럼 나타내었다.
③ 바다를 선수에 비유하는 은유법을 사용하였다.
④ 소리를 흉내 내는 말을 사용하여 생동감을 살렸다.
⑤ 파도가 밀려오는 모습을 '점프를 하는' 행동에 비유하였다.

6 두 편의 시에서 나타나는 공통점은 무엇인가요? [ ]

① 내용이 전개되는 공간이 가상의 세계이다.
② 색을 나타내는 시각적인 표현을 사용하였다.
③ 시의 말하는 이가 시에 직접적으로 드러난다.
④ 자연 현상을 비유적 표현을 사용하여 나타내었다.
⑤ 계절의 변화에 따른 말하는 이의 감정을 제시하였다.

독해 적용

26회 모두를 위한 착한 여행

독해가 쉬워지는 낱말

» 다음 뜻을 가진 낱말을 보기에서 찾아 빈칸에 알맞게 넣어 보세요.

1. 선진국과 비교하면 경제 개발이 뒤떨어진 나라.

보기
- 개발 도상국
- 개발 제한국

예 □□ □□□들은 선진국으로부터 기술 및 지식, 경제 개발 방법 등을 배워 성장하려고 노력 중이다.

2. 어떤 일을 해서 얻는 이익이나 돈.

보기
- 소득
- 이득

예 요즘 장사가 잘 되어 □□이/가 늘어났다.

3. 문화나 생각을 서로 통하게 함.

보기
- 교류
- 교환

예 남북한이 서로 □□하게 된다면 통일은 더욱 빨리 다가올 것이다.

독해가 쉬워지는 한마디

최근 들어 착한 여행에 관한 관심이 커지고 있어. 여행이 착하다는 것은 어떤 의미일까? 착한 여행이란 무엇인지, 왜 사람들은 착한 여행을 고민하게 되었는지 알려 주는 글을 읽으며 착한 여행에 대해 생각해 보자.

독해 완성하기

QR코드를 찍어서 지문을 들어 보세요.

» 다음 글을 읽고 물음에 답하세요.

가 오늘날 관광 산업은 국가 경제에 영향을 미칠 정도로 크게 성장했습니다. 특히 개발 도상국에서는 경제 성장과 일자리 문제가 걸려 있는 관광 산업을 아주 중요하게 생각합니다. 그러나 ㉠관광객 증가로 생긴 이익 대부분은 선진국의 여행사나 항공사가 차지하고, 현지 주민들은 잡일을 하며 적은 보수만 받습니다. 더 큰 문제는 주민들에게 돌아가는 이익은 극히 일부인데, 그들이 살아가야 하는 자연환경은 마구잡이로 훼손된다는 것입니다. 이러한 문제점을 줄이기 위해 등장한 것이 바로 '착한 여행'입니다.

나 착한 여행이란, 먼저 관광이 그 지역 주민들의 소득으로 이어질 수 있도록 하는 것입니다. 예를 들어 숙박할 때 호텔이나 리조트보다 지역 주민이 운영하는 숙박 시설이나 전통 가옥을 찾아 머무릅니다. 또한, 대형 쇼핑몰이나 면세점에서 물건을 사기보다 전통시장이나 지역 상점, 식당을 이용하는 것입니다. 그 지역에서 생산한 물건을 사거나 지역 주민이 만든 음식을 사 먹는 것만으로도 지역 경제 발전에 도움을 줄 수 있습니다. 또한, 지역 주민과 직접 교류하는 과정에서 그 나라와 문화를 더 잘 알게 될 수도 있습니다.

다 또한, ㉡여행하는 동안 환경을 오염시키지 않기 위해 노력하는 것입니다. 관광객들이 무심코 버린 쓰레기는 여행지에 심각한 피해를 줍니다. ㉢필리핀의 보라카이는 여행객들이 버린 많은 쓰레기가 문제가 되었습니다. 그래서 최근에는 환경 정화와 보호를 위해 6개월간 섬을 폐쇄하였습니다. 따라서 어느 곳을 여행하든 일회용품 사용을 줄이고 쓰레기를 함부로 버리지 않아야 합니다. 또한, 탄소 배출량이 적은 대중교통을 이용하거나 도보나 자전거 여행도 좋습니다.

라 ㉣착한 여행은 거창한 것이 아닙니다. 여행 중 숙박, 음식, 쇼핑 등을 선택할 때, 그 기준을 '어느 것이 더 저렴하고 편리한가'에서 '어느 것이 더 착한가'로 생각해 보는 것입니다. 이런 작은 자세의 변화가 지역 주민들의 경제 성장에 도움이 되고, 나 자신에게도 의미 있는 여행이 될 수 있습니다.

1 **글쓴이가 주장하고 있는 것은 무엇인가요?** [ ]

① 착한 여행하기
② 경제적인 여행하기
③ 여행의 목적 세우기
④ 일회용품 사용 줄이기
⑤ 여행 산업의 미래 생각하기

2 **글쓴이가 문제 상황이라고 생각한 것을 보기에서 고른 것은 무엇인가요?** [ ]

보기

ㄱ. 개발 도상국이 관광 산업을 중요하게 여기지 않는 것
ㄴ. 여행 산업의 이익이 현지 주민들의 소득과 연결되지 않는 것
ㄷ. 여행객들 때문에 여행지의 환경이 오염되는 것
ㄹ. 여행지의 대형 쇼핑몰을를 이용하는 사람이 증가하는 것

① ㄱ, ㄴ ② ㄱ, ㄷ ③ ㄴ, ㄷ ④ ㄴ, ㄹ ⑤ ㄷ, ㄹ

3 **이 글을 읽고 난 뒤, 바르게 이해하지 <u>못한</u> 친구는 누구인가요?** [ ]

① 용태: 이번에 여행할 때는 편하게 쉴 수 있도록 호텔을 예약해야겠어.
② 지우: 여행을 가서 지역 주민이 운영하는 전통 가옥에서 머무르는 것도 좋을 것 같아.
③ 은진: 앞으로 여행을 가면 전통시장을 이용해야겠어.
④ 인영: 여행지에 함부로 쓰레기를 버리지 말아야겠어.
⑤ 재호: 그동안 여행할 때 가격과 편리성만 고려했는데, 지역 주민들도 고려해야겠어.

4 **㉠~㉣을 사실과 의견으로 구분하여 기호를 나누어 써 보세요.**

(1) 사실	
(2) 의견	

5 이 글에 대한 설명으로 적절하지 않은 것은 무엇인가요? [ ]

① **가** 문단에서는 착한 여행이 등장하게 된 배경을 설명하고 있다.

② **나** 문단은 현지 주민들에게 이익이 돌아가기 위해 여행자들이 할 수 있는 것들을 설명하고 있다.

③ **다** 문단은 여행지 환경 오염의 심각성을 이야기하기 위해 예를 들어 설명하고 있다.

④ **라** 문단에서는 주장하는 바가 실천하기 어렵기 때문에 더욱 노력해야 한다는 것을 강조하고 있다.

⑤ 이 글을 읽은 사람들은 '나는 착한 여행을 하고 있는가?'라고 한 번쯤 생각해 볼 것 같아.

6 다음은 이 글을 요약한 것입니다. 빈칸에 알맞은 말을 써넣으세요.

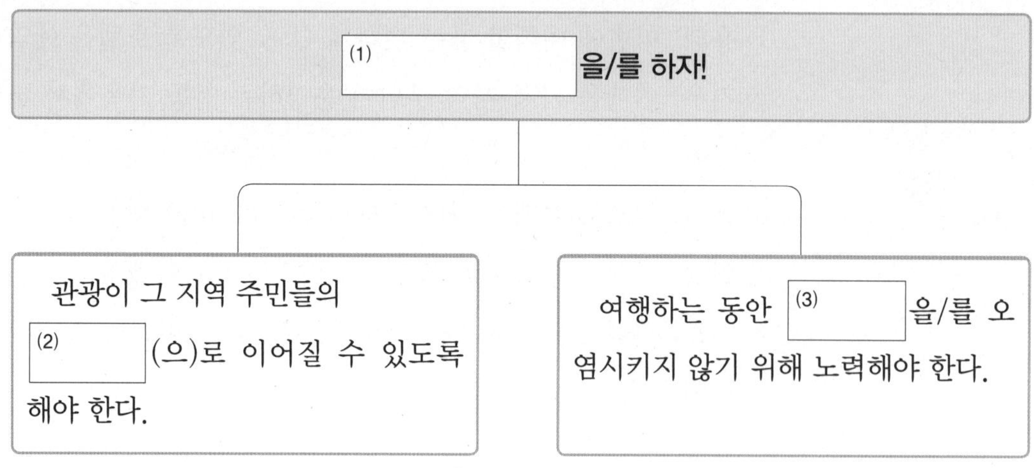

음식은 적당히, 운동은 열심히

독해가 쉬워지는 낱말

» 다음 뜻을 가진 낱말을 보기에서 찾아 빈칸에 알맞게 넣어 보세요.

1. 살이 쪄서 몸이 뚱뚱함.

보기
비만
체중

예 요즘 어린이 □□이/가 심각하다고들 한다.

2. 체내에서 발생하는 에너지의 양. 이것을 이용하여 일정한 체온을 유지하고 음식의 소화를 비롯한 운동을 할 수 있음.

예 체중을 줄일 때에는 □□이/가 높은 식품을 자제해야 한다.

3. 써서 없앰.

보기
소모
고갈

예 사소한 일에 시간을 □□하다.

독해가 쉬워지는 한마디

소아 비만은 유아기에서 사춘기까지의 연령대의 소아에게 발생하는 비만으로, 성인 비만으로 이어지기 쉬워. 그리고 당뇨병, 우울증 등을 동반하는 경우가 많지. 소아 비만은 무엇이고, 어떻게 치료해야 하는지 알려 주는 글을 읽으며 소아 비만에 대해 이해해 보자.

독해 완성하기

QR코드를 찍어서 지문을 들어 보세요.

» 다음 글을 읽고 물음에 답하세요.

가 비만은 다양한 병을 일으키는 원인이다. 최근에는 비만이 어린이와 청소년들에게 생기면서 더 큰 문제가 되고 있다. 어린아이부터 사춘기 청소년들의 체중이 ◆표준 체중보다 20퍼센트 이상인 경우를 일컫는 '소아 비만'의 원인과 치료 방법을 알아보자.

나 소아 비만의 가장 큰 원인은 몸으로 들어오는 열량보다 소모하는 열량이 적은 것이다. 오늘날 경제 성장으로 생활이 편리해지며 텔레비전 시청이나 컴퓨터 게임 등 실내 활동이 늘어났다. 당연히 몸을 움직이는 데 필요한 열량이 줄어들었다. 그런데 고지방·고열량 식품 섭취의 증가와 서구화된 식생활로 열량 섭취는 오히려 증가하였다. 여기서 남은 에너지가 지방으로 쌓여 비만을 일으키는 것이다.

다 문제는 ㉠소아 비만이 성인 비만보다 더 심각하다는 것이다. 어렸을 때 비만은 어른이 될 때까지 이어지기 쉽고, 오래 지속될수록 당뇨나 혈관 질환, 우울증, 사회 부적응 등으로 이어지기 쉽다. 또한, 몸속 지방이 증가하면 성호르몬이 일찍 분비된다. 성호르몬이 일찍 나올수록 성장 ◆호르몬을 억제해 성장판이 일찍 닫히고, 그만큼 키가 잘 자라지 않는다.

라 소아 비만을 치료하는 방법에는 크게 세 가지가 있다. 잘못된 식습관을 ㉡개선하여 열량 섭취를 줄이는 방법, 생활 활동이나 운동으로 열량 소모를 늘리는 방법, 규칙적인 생활 습관으로 적당한 체중을 유지하는 방법이다. 이 세 방법을 함께 한다면 소아 비만을 치료할 수 있다.

마 [㉢] 소아 비만은 짧은 기간 동안 치료하기 어렵다. 어린이는 비만 치료를 위한 끈기와 의지가 부족하여 부모의 도움이 필요할 뿐만 아니라, 평생 건강한 식생활과 활동적인 생활 습관을 계속 유지해야 하기 때문이다. 또한, 체중을 줄이는 데에 성공했다가도, 다시 비만해지거나 이전보다 더 비만해지는 경우도 있다. 따라서 소아 비만은 부모의 관심과 도움 아래 어렸을 때부터 관리하여 어른이 될 때까지 유지할 수 있도록 노력해야 한다.

◆ **표준 체중** 키에 대한 이상적인 체중을 성별에 따라 나타낸 것.

◆ **호르몬** 체내를 순환하며 기관의 작용을 촉진, 억제하는 물질.

1 **이 글의 각 문단에서 다루고 있는 주된 내용을 선으로 이어 보세요.**

(1) 가 •　　　• ㄱ. 소아 비만의 의미
(2) 나 •　　　• ㄴ. 소아 비만의 치료 방법
(3) 다 •　　　• ㄷ. 소아 비만을 짧은 기간에 치료하기 어려운 까닭
(4) 라 •　　　• ㄹ. 소아 비만의 주된 원인
(5) 마 •　　　• ㅁ. 소아 비만이 성인 비만보다 심각한 까닭

2 **㉠의 까닭이 아닌 것은 무엇인가요?** [　　]

① 비만이 어른이 될 때까지 이어지기 쉽다.
② 당뇨, 혈관 질환 등의 질병으로 이어지기도 한다.
③ 사회 부적응의 원인이 될 수 있다.
④ 성호르몬 분비가 늦어질 수 있다.
⑤ 성장판이 일찍 닫혀 키가 잘 자라지 않을 수 있다.

3 **(가)와 (나)에 들어갈 알맞은 말은 무엇인가요?** [　　]

> 소아 비만을 치료하기 위해서는 열량 섭취를 (가), 열량 소모를 (나).

	(가)		(나)
①	늘리고	–	줄여야 한다
②	줄이고	–	늘려야 한다
③	유지하고	–	줄여야 한다
④	줄이고	–	유지해야 한다
⑤	늘리고	–	유지해야 한다

4 ㉡에서 사용한 낱말의 뜻으로 가장 적절한 것은 무엇인가요? [ ]

① 병이나 상처 따위를 잘 다스려 낫게 함.
② 균형이 맞게 바로잡음. 또는 적당하게 맞추어 나감.
③ 일을 하거나 길을 가는 등의 행동을 할 때 함께 짝을 함.
④ 잘못된 것이나 부족한 것, 나쁜 것 등을 고쳐 더 좋게 만듦.
⑤ 어떤 상태나 상황을 그대로 보존하거나 변함없이 계속하여 지탱함.

5 ㉢에 들어갈 알맞은 말은 무엇인가요? [ ]

① 또한 ② 그러나
③ 그래서 ④ 그러므로
⑤ 예를 들어

6 다음은 이 글을 정리한 것입니다. 빈칸에 알맞은 말을 써넣으세요.

소아 비만의 의미	어린아이의 체중이 표준 체중보다 20퍼센트 이상인 경우
소아 비만의 원인	몸으로 들어오는 (1) [ ] 보다 소모하는 열량이 적음.
소아 비만의 치료 방법	• 잘못된 (2) [ ] 을/를 개선하여 열량 섭취를 줄임. • 생활 활동이나 (3) [ ] (으)로 열량 소모를 늘림. • (4) [ ] 인 생활 습관으로 적당 체중을 유지함.

오늘은 월 일

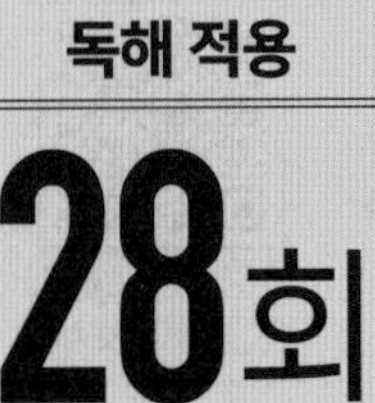

독해 적용

28회 주목해야 할 해양 에너지

독해가 쉬워지는 낱말

» 다음 뜻을 가진 낱말을 보기에서 찾아 빈칸에 알맞게 넣어 보세요.

1. 넓고 큰 바다. 지구 전 표면의 약 70퍼센트를 차지하는 수권(水圈)으로, 태평양, 대서양, 인도양 따위를 통틀어 이르는 말.

보기: 해양 / 대양

예 지구에서 가장 넓은 ☐☐은/는 태평양이다.

2. 석탄, 석유, 천연가스 등으로 먼 옛날 지구상에 살았던 생물의 잔해에 의해 생성된 연료.

보기: 화석 연료 / 대체 연료

예 공기 중 미세 먼지를 줄이기 위해서는 ☐☐ ☐☐의 사용을 줄여야 한다.

3. 지구 온난화를 일으키는 원인이 되는 대기 중의 가스 형태 물질로 이산화 탄소, 메탄, 이산화 질소 등을 말함.

보기: 온실가스 / 배기가스

예 ☐☐☐☐을/를 줄이기 위해 대중교통을 이용하자.

독해가 쉬워지는 한마디

산업화 이후 우리는 화석 연료로 생산한 에너지를 무분별하게 사용했어. 이 때문에 발생한 환경 오염과 자원 고갈은 매우 심각한 문제가 되었고 새로운 에너지 생산 방법을 고민하고 있단다. 해양 에너지에 주목해야 하는 까닭을 알려 주는 글을 읽어 보자.

독해 완성하기

독해력을 올리는 **지문 듣기**

QR코드를 찍어서 지문을 들어 보세요.

» **다음 글을 읽고 물음에 답하세요.**

가 오늘날 우리가 생활하는 데 에너지는 많은 역할을 한다. 그리고 ㉠그중 대부분의 에너지는 석탄이나 석유, 천연가스 등과 같은 화석 연료에서 얻고 있다. 그러나 환경학자들은 지금과 같은 속도로 화석 연료를 사용할 경우 석탄은 50년, 석유는 150년 정도면 ◆고갈될 것이라고 말한다. 또한 화석 연료로 인한 환경 오염 문제도 심각하다. ㉡기후 변화와 ◆지구 온난화의 주원인인 온실가스가 화석 연료를 사용하는 과정에서 나오기 때문이다. 바로 이러한 문제점을 해결하기 위한 방법을 신재생 에너지에서 찾고 있다.

나 신재생 에너지란 태양열, 지열, 풍력, 수력, 해양 에너지 등과 같이 환경을 오염시키지 않으면서도 고갈되지 않는 에너지를 말한다. 특히 ㉢우리나라는 삼면이 바다로 둘러싸여 있기 때문에 바다를 이용한 해양 에너지 개발에 매우 유리하다. 따라서 해양 에너지를 화석 연료를 대체할 에너지원으로서의 가능성과 실효성, 경제성 등을 따져 보아야 한다.

다 우선 해양 에너지는 환경친화적이며 영구적으로 쓸 수 있다. 밀물과 썰물, 파도의 세기, 바다의 온도 차와 같은 자연조건을 활용하기 때문에 ⓐ온실가스나 오염 물질을 거의 배출하지 않으면서 에너지를 생산할 수 있다. 또한 주어진 바다 환경을 활용하기 때문에 화석 연료처럼 고갈되지 않는다. 수력 발전과 비교해 보아도 ㉣해양 에너지는 강수량의 영향을 받지 않아 일 년 내내 에너지를 안정적으로 생산해 낼 수 있다.

라 해양 에너지는 매우 경제적이다. 해양 에너지의 발전 시설을 만드는 초기 비용이 많이 들기는 하지만, 그 이후에는 에너지 생산에 필요한 별도의 자원이 들어가지 않는다. ⓑ바닷물만 있으면 에너지를 생산할 수 있기 때문에 전체 비용이 많이 들지 않는다. 또한 ㉤해양 에너지는 대규모 발전이 가능하여 한꺼번에 많은 전기를 공급할 수 있다. 예를 들어 2011년 전력 생산을 시작한 시화호 조력 발전소는 세계 최대 규모의 발전량을 자랑하며, 연간 50여만 가구에 전기를 공급할 수 있다고 한다.

마 세계 여러 나라는 화석 연료를 대체할 새로운 에너지 개발에 노력 중이다. 이는 에너지 고갈과 환경 오염을 더 이상 외면할 수 없는 우리의 생존과도 밀접하게 연관된 문제이다. 해양 에너지는 환경을 오염시키지 않으면서도 지속적인 에너지 개발이 가능하다. 또한 우리나라는 해양 에너지 개발에 유리한 자연환경도 갖추고 있다. 따라서 ⓒ우리나라는 해양 에너지를 개발하고 활용할 수 있는 방안을 찾는 데 관심과 노력을 기울여야 할 것이다.

◆ **고갈** 어떤 일의 바탕이 되는 돈, 물자, 인력 따위가 다하여 없어짐.

◆ **지구 온난화** 지구의 기온이 높아지는 현상.

1 이 글에서 주장하는 것은 무엇인가요? [ ]

① 에너지 사용을 줄이자.
② 경제적인 에너지를 생산하자.
③ 해양 에너지 개발에 관심을 갖자.
④ 환경 학자들의 경고에 귀를 기울이자.
⑤ 온실가스 배출을 줄이기 위해 노력하자.

2 ㉠~㉤ 중 다음 그래프와 관련 있는 것은 무엇인가요? [ ]

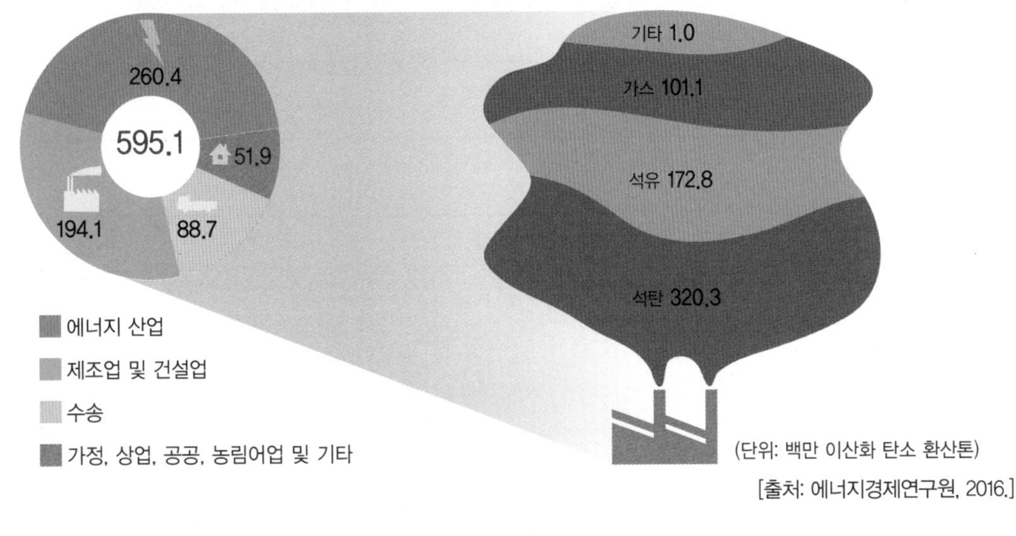

[출처: 에너지경제연구원, 2016.]

① ㉠ ② ㉡ ③ ㉢ ④ ㉣ ⑤ ㉤

3 해양 에너지의 장점으로 적절하지 <u>않은</u> 것은 무엇인가요? [ ]

① 고갈되지 않는 무한한 에너지이다.
② 오염 물질을 거의 배출하지 않는다.
③ 강수량의 영향을 받지 않아 에너지를 안정적으로 생산한다.
④ 발전 시설을 만드는 초기 비용이 적게 든다.
⑤ 에너지 생산에 별도의 자원이 필요 없어 에너지 생산 비용이 저렴하다.

4 이 글에 대한 설명으로 옳지 않은 것은 무엇인가요? [ ]

① 가 문단에서는 문제 상황을 밝히고 있다.
② 나 문단에는 글쓴이의 주장이 드러나 있다.
③ 나 문단에서는 정의의 방법을 사용하여 설명하고 있다.
④ 다 와 라 문단에는 주장을 뒷받침하기 위한 근거가 제시되어 있다.
⑤ 마 문단에서는 다른 사람의 말을 인용하여 주장을 뒷받침하고 있다.

5 ⓐ~ⓒ를 사실과 의견으로 구분하여 기호를 써 보세요.

(1) 사실	
(2) 의견	

6 다음은 이 글을 정리한 것입니다. 빈칸에 알맞은 말을 써넣으세요.

문제 상황	화력 연료의 지속적인 사용으로 인해 자원 (1) ___ 와/과 (2) ___ 문제가 심각하다.
주장	화석 연료를 대체하기 위해 신재생 에너지 중 (3) ___ 에너지에 관심을 가져야 한다.
근거	• 해양 에너지는 환경친화적이며 (4) ___ (으)로 쓸 수 있다. • 해양 에너지는 매우 (5) ___ 이다.

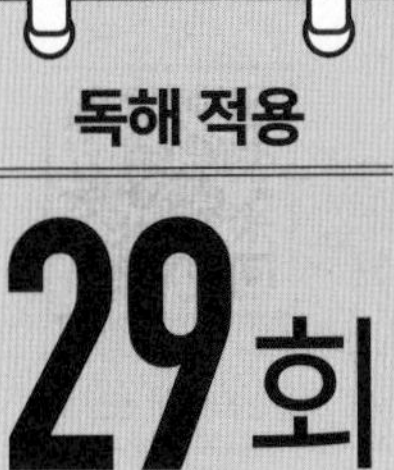

비는 신의 영역? 인공 강우 기술

독해가 쉬워지는 낱말

» 다음 뜻을 가진 낱말을 보기에서 찾아 빈칸에 알맞게 넣어 보세요.

1. 사람의 힘으로 자연에 대하여 가공하거나 작용을 하는 일.

보기: 인공 / 천연

예 우리 동네에 [ ][ ] 호수를 만들고 있다.

2. 비가 내림. 또는 그 비.

보기: 강설 / 강우

예 이번 [ ][ ](으)로 남부 지방의 가뭄이 해소될 것이다.

3. 사물이나 능력, 책임 등이 실제 작용할 수 없는 범위.

보기: 경계 / 한계

예 그는 매일 열심히 노력하여 자신의 [ ][ ]을/를 극복하였다.

독해가 쉬워지는 한마디

오늘날은 과학 기술의 발전으로 인해 하늘에서 비도 내리게 할 수 있다고 해. 그런 기술을 인공 강우 기술이라고 하지. 인공 강우 기술의 원리와 이용 사례, 그리고 인공 강우 기술의 한계에 대해 알려 주는 글을 읽어 보자.

독해 완성하기

독해력을 올리는 **지문 듣기**

QR코드를 찍어서 지문을 들어 보세요.

» **다음 글을 읽고 물음에 답하세요.**

우리나라는 ◆농경 국가였기 때문에 비에 대한 관심이 많았다. 단군신화에는 환웅이 인간세계로 내려올 때 우사(비를 맡은 신)를 데리고 왔다는 기록이 있고 고려 시대에는 비를 내리기 위한 궁전 제사와 조상신에 대한 제사가 있었다. 또한, 조선 시대에는 '물의 신'인 용에게 비는 제사가 있었다고 전해진다. 이처럼 옛날에는 비를 내리기 위해 제사를 지냈지만, 오늘날, 인간은 비를 내리기 위해 과학 기술을 이용할 수 있다. 인공적으로 구름의 성질을 변화시켜 비를 내리게 하는 것을 인공 강우 기술이라고 한다.

인공 강우 기술은 구름에 씨를 뿌려 비를 내리게 하는 원리이다. 구름씨는 드라이아이스나 아이오딘화은, 염화 칼륨 등으로 만들어진다. 이 구름씨를 항공기나 지상에서 로켓을 발사하여 구름에 뿌리면 구름씨 알갱이에 매우 작은 수분 알갱이들이 뭉쳐지게 되고, 이것이 무거워지면 비가 내리게 되는 것이다.

인공 강우 기술은 오랫동안 비가 오지 않아 극심한 가뭄으로 농사짓기가 어려울 때 주로 사용된다. 또한, 불볕더위를 식혀 주거나, 미세 먼지나 황사가 심한 경우, 거대한 산불을 진압하기 위해서 사용되기도 한다. 미국과 오스트레일리아에서는 인공 강우 기술을 사용하여 여름철 농사지을 물을 마련하였고, 중국에서는 인공 강우 기술을 사용하여 2008년 베이징 올림픽 당시 대기 오염으로 뿌연 하늘을 일시적으로 맑게 했다고 한다.

그러나 ㉠인공 강우 기술은 아직 몇 가지 한계점을 가지고 있다. 인공 강우 기술을 사용하여 비를 내리게 하기 위해서는 ◆수증기를 포함한 적절한 구름이 있어야만 한다. 구름 한 점 없는 사막에서는 인공 강우 기술을 사용하더라도 비를 내리게 할 수는 없다. 또한, 현재의 기술로는 인공 강우 기술의 성공률이 높지 않으며 성공하더라도 강우량의 10~20퍼센트 정도밖에 늘릴 수 없으므로 인공 강우 기술을 사용하기 위해 드는 비용에 비해 아직 효과가 크지 않다.

인공 강우 기술은 가뭄을 극복하고 대기 오염으로 뿌옇게 된 하늘을 맑게 해 주며 불볕더위와 산불을 극복하는 데 도움을 준다. [㉡] 현재의 기술로는 아직 여러 한계점을 가지고 있는 만큼 인공 강우 기술의 발전을 위한 끊임없는 연구가 필요하다고 할 수 있다.

◆ **농경 국가** 농사를 경제 활동의 중심으로 하는 국가.

◆ **수증기** 기체 상태로 되어 있는 물.

1 **이 글에서 다루고 있지 않은 내용은 무엇인가요?** [ ]

① 인공 강우 기술의 의미
② 인공 강우 기술의 원리
③ 인공 강우 기술의 한계
④ 인공 강우 기술의 발전 과정
⑤ 인공 강우 기술을 사용한 사례

2 **다음은 인공 강우 기술의 원리를 도식화한 것입니다. 알맞은 낱말을 보기에서 찾아 쓰세요.**

보기
로켓 수분 비 염화 칼륨

드라이아이스, 아이오딘화은, (1) ______ 등으로 구름씨를 만듦.

↓

항공기, (2) ______ 발사 등을 통해 구름씨를 구름에 뿌림.

↓

구름씨 알갱이에 매우 작은 (3) ______ 알갱이들이 뭉쳐짐.

↓

뭉쳐진 것이 무거워지면 (4) ______ 이/가 되어 떨어짐.

3 **인공 강우 기술이 사용되는 사례가 아닌 것은 무엇인가요?** [ ]

① 극심한 가뭄을 해결하는 데 도움을 준다.
② 불볕더위를 식혀 준다.
③ 거대한 산불을 진압하는 데에 사용된다.
④ 사막에서의 강우량을 늘린다.
⑤ 일시적으로 대기 오염을 해소해 하늘을 맑게 한다.

4 ㉠의 내용으로 적절하지 않은 것은 무엇인가요? [ ]

① 수증기를 포함한 적절한 구름이 있어야만 한다.
② 구름 한 점 없는 하늘에서는 비를 내리게 할 수 없다.
③ 강우량을 두 배 정도만큼만 늘릴 수 있다.
④ 현재의 기술로는 성공률이 높지 않다.
⑤ 비를 내리게 하는 데 드는 비용에 비해 효과가 크지 않다.

5 ㉡에 들어갈 적절한 말은 무엇인가요? [ ]

① 그래서 ② 그러나 ③ 그러므로 ④ 그리하여 ⑤ 예를 들어

6 다음은 이 글을 요약한 것입니다. 빈칸에 들어갈 알맞은 말을 써넣으세요.

우리나라는 (1) ______ 였기 때문에 옛날부터 비에 대한 관심이 많았다. 따라서, 비를 내리기 위해 (2) ______ 을/를 지냈다. 오늘날에는 인간은 비를 내리기 위해 인공적으로 (3) ______ 의 성질을 변화시켜 비를 내리게 하는 (4) ______ 기술을 이용한다.

인공 강우 기술은 (5) ______ 극복, 산불 진압 등에 도움을 주지만, 현재의 기술로는 많은 한계점이 있는 만큼 이 기술의 발전을 위한 연구가 필요하다.

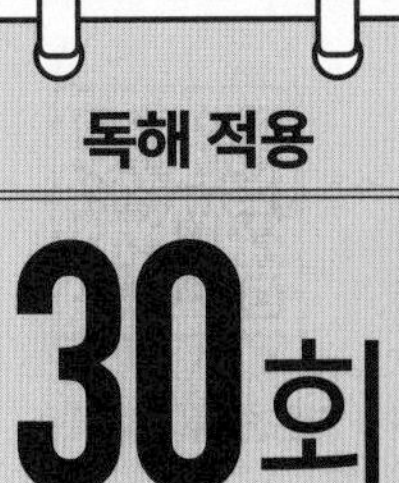

30회 국경을 넘는 아이들 _ 박현숙

독해가 쉬워지는 낱말

» 다음 뜻을 가진 낱말을 보기에서 찾아 빈칸에 알맞게 넣어 보세요.

1. 북한에서 탈출하는 것.

보기
탈북
월북

예 북한의 경제생활이 어려워지면서 ☐☐하는 사람들이 늘어났다.

2. 옻처럼 윤이 나고 새까만 것. 또는 그런 색깔.

보기
대흑
칠흑

예 사진 속 어머님은 ☐☐ 같은 머리를 단정히 빗어 올린 채로 웃고 있었다.

3. 서로 자기가 옳다거나 자기 뜻대로 하겠다고 하면서 말다툼하는 것.

보기
실랑이
투전판

예 뉴스를 보고 싶은 아빠는 드라마를 보겠다는 누나와 ☐☐☐을/를 벌였다.

독해가 쉬워지는 한마디

텔레비전에서 북한 이탈 주민들의 위험천만한 탈북 이야기를 종종 접하는 경우가 있지. 죽음을 무릅쓰고 자유와 희망을 찾아 국경을 넘는 아이들의 현실을 실감 나고 생생하게 그려 낸 강일이의 이야기를 읽어 보자!

독해 완성하기

QR코드를 찍어서 지문을 들어 보세요.

» 다음 이야기를 읽고 물음에 답하세요.

앞 줄거리 나(강일이)는 북한에 사는 어린이이다. 어느 날 엄마는 나와 순종이를 데리고 탈북을 하여 남한으로 가려 한다. 압록강을 건너다 그만 경비 대원에게 발각되어 엄마와 헤어지게 된다. 나와 순종이는 수용소로 끌려가 갖은 고생을 하다가 탈출하려 한다.

칠흑 같은 어둠이었다. 건물 뒤는 더 어두워 바로 앞도 ◆분간할 수 없었다. 게다가 굵어진 빗줄기가 자꾸 앞을 막았다. 나는 두 손을 내밀고 앞을 더듬어 나갔다. 몸을 꽁꽁 묶어 놓을 것 같은 어둠도 시간이 지나자 조금씩 익숙해졌다.

"저기인 것 같다."

순종이가 속삭였다. 바로 앞에 윗부분이 약간 움푹 파인 담장이 보였다. 하지만 높이는 그리 만만해 보이지 않았다.

"봐라, 중간에 벽돌이 빠지고 깨진 곳이 있다. 선덕이 이모 말이 딱 맞다. 여기를 딛고 올라가면 되겠다."

순종이가 엉성한 담장 틈을 찾아냈다. 그곳을 딛고 기어오르면 못 오를 것도 없었다.

"네가 먼저 올라가라. 내가 엉덩이를 받쳐 줄 테니."

나는 순종이를 앞세웠다. 순종이가 담을 기어오르기 시작했다. 하지만 한 발 올라가면 도로 한 발 미끄러졌다. 빗물 때문에 미끄러워 마음먹은 대로 되지 않았다. 나는 내 어깨에 순종이 발을 올렸다.

"자, 빨리 기어 올라가라."

어깨가 빠질 것처럼 아팠지만 꾹 참았다. 순종이는 몇 번이나 ◆헛발질을 하며 내 어깨를 짓눌렀다. 나는 금방이라도 주저앉고 싶을 만큼 고통스러웠다. 한참을 그렇게 담과 실랑이를 하던 순종이가 드디어 담장 위로 기어올랐다.

"큰일 났다."

순종이가 갑자기 우는소리를 했다.

"내려갈 수가 없다. 무, 무섭다."

순종이는 담장 위에 배를 깔고 엎드려 꼼짝도 하지 않았다.

"기다려."

나는 일단 순종이를 안심시켰다. 그리고 담을 기어오르기 시작했다. 벽돌이 깨진 곳을 딛고 한 발 한 발 집중했다. 순종이보다는 쉽게 담장 위에 올라설 수 있었다.

"여기에 가만히 있어라. 내가 먼저 내려가서 받아 줄 테니 내 어깨를 딛고 내려오면 된다."

나는 조심스럽게 뒷걸음으로 담을 내려가기 시작했다. 내려가기는 올라오기보다 몇 배는 더 힘들었다. 발이 자꾸 미끄러져 중심을 잡을 수가 없었다.

"아아."

쿵!

나는 그대로 떨어져 엉덩방아를 찧었다. 다행히 빗소리 때문에 엉덩방아를 찧는 소리는 그렇게 크지는 않았지만 순간 움직일 수가 없었다.

"괜찮니?"

순종이가 나지막한 목소리로 물었다. 하지만 너무 아파 얼른 대답이 나오지 않았다.

"주, 죽었니?"

순종이가 금방 울 듯했다.

"괘, 괜찮다. 안 죽었다."

나는 조금씩 엉덩이를 움직여 보았다. 얼얼했다. 나는 손바닥으로 땅을 짚고 겨우 일어나 어기적거리며 담 밑에 붙어 섰다.

"몸을 저쪽으로 돌리고 다리를 내려라. 내가 잡아 줄 테니 겁먹지 말고."

나는 팔을 번쩍 들며 말했다. 팔을 움직이는데 엉덩이가 당기고 아팠다. 순종이가 위에서 어기적거렸다. 그러더니 곧 순종이 다리가 내려왔다. 나는 까치발을 하고 순종이 다리를 양손으로 꽉 잡아 천천히 내 어깨에 올렸다.

"손으로 담을 짚어. 깨진 벽돌이 있으니 그걸 잡으면서."

목이 꽉 막혀 나오지 않았지만 나는 있는 힘을 다해 말했다. 나는 천천히 몸을 낮췄다. 완전히 쪼그리고 앉았을 때 온몸에 땀이 흘렀다. 그건 빗물이 아니었다.

㉠나는 순종이 손을 잡고 뛰기 시작했다. 어느 쪽으로 가야 압록강인지 알 수 없었다. 무조건 이곳에서 멀어지는 것이 중요했다.

– 박현숙, 「국경을 넘는 아이들」

◆ **분간하다** 사물이나 사람의 옳고 그름, 좋고 나쁨 따위를 구별하거나 가려서 앎.

◆ **헛발질** 빗나간 발길질.

1 이 이야기에서 알 수 있는 '나'의 성격으로 적절한 것은 무엇인가요? [　　]

① 겁이 많고 나약한 성격
② 침착하고 사려 깊은 성격
③ 조금만 아파도 엄살을 피우는 성격
④ 자신을 먼저 생각하는 이기적인 성격
⑤ 뭐든 빨리 해야 직성이 풀리는 성격

2 이 이야기의 배경이 되는 시간과 장소에 'O'표 하세요.

(1) 시간:

아침	점심	저녁	한밤중

(2) 장소:

수용소 방	강일이네 집 담장	순종이네 집 담장	수용소 담장

3 이 이야기에서 일이 일어난 순서대로 기호를 써 보세요.

ㄱ. '나'가 담을 기어오름.
ㄴ. 순종이가 담을 기어오름.
ㄷ. 순종이가 담에서 내려옴.
ㄹ. '나'와 순종이가 손을 잡고 뛰기 시작함.
ㅁ. '나'가 담에서 내려옴.

☐ → ☐ → ☐ → ☐ → ☐

4 이 이야기를 읽고 알 수 있는 것은 무엇인가요? [ ]

① '나'의 엄마는 압록강을 건너다가 경비 대원에게 잡혀갔다.
② '나'와 순종이는 사람들을 괴롭혀서 수용소에 들어오게 되었다.
③ '나'와 순종이는 한밤중에 담장을 넘었다.
④ '나'와 순종이가 담장을 거의 다 넘을 때쯤 비가 내리기 시작했다.
⑤ 순종이는 '나'보다 먼저 탈출하고 싶어 담을 먼저 올랐다.

5 ㉠의 '나'의 마음으로 알맞은 것은 무엇인가요? [ ]

① 신남 ② 화남 ③ 억울함 ④ 두려움 ⑤ 부끄러움

6 이 이야기에 대한 감상으로 적절하지 않은 것은 무엇인가요? [ ]

① 수용소에서 몰래 탈출을 하려는 긴박한 상황이 잘 드러나 있어.
② 순종이의 말과 행동으로 보아 순종이는 겁이 많은 성격인 것 같아.
③ 주인공이 담장을 넘는 부분에서는 손에 땀을 쥘 정도로 긴장되었어.
④ 탈북하는 과정이 얼마나 어렵고 무서운 일인지 실감 나게 보여주고 있어.
⑤ 순종이가 주인공을 자꾸 괴롭히는 것을 보면 주인공과 사이가 좋지 못한 것 같아.

자신감 스티커

독해력 자신감을 풀 때마다 '독해 일지'에 스티커를 붙여 학습 만족도를 확인하세요.

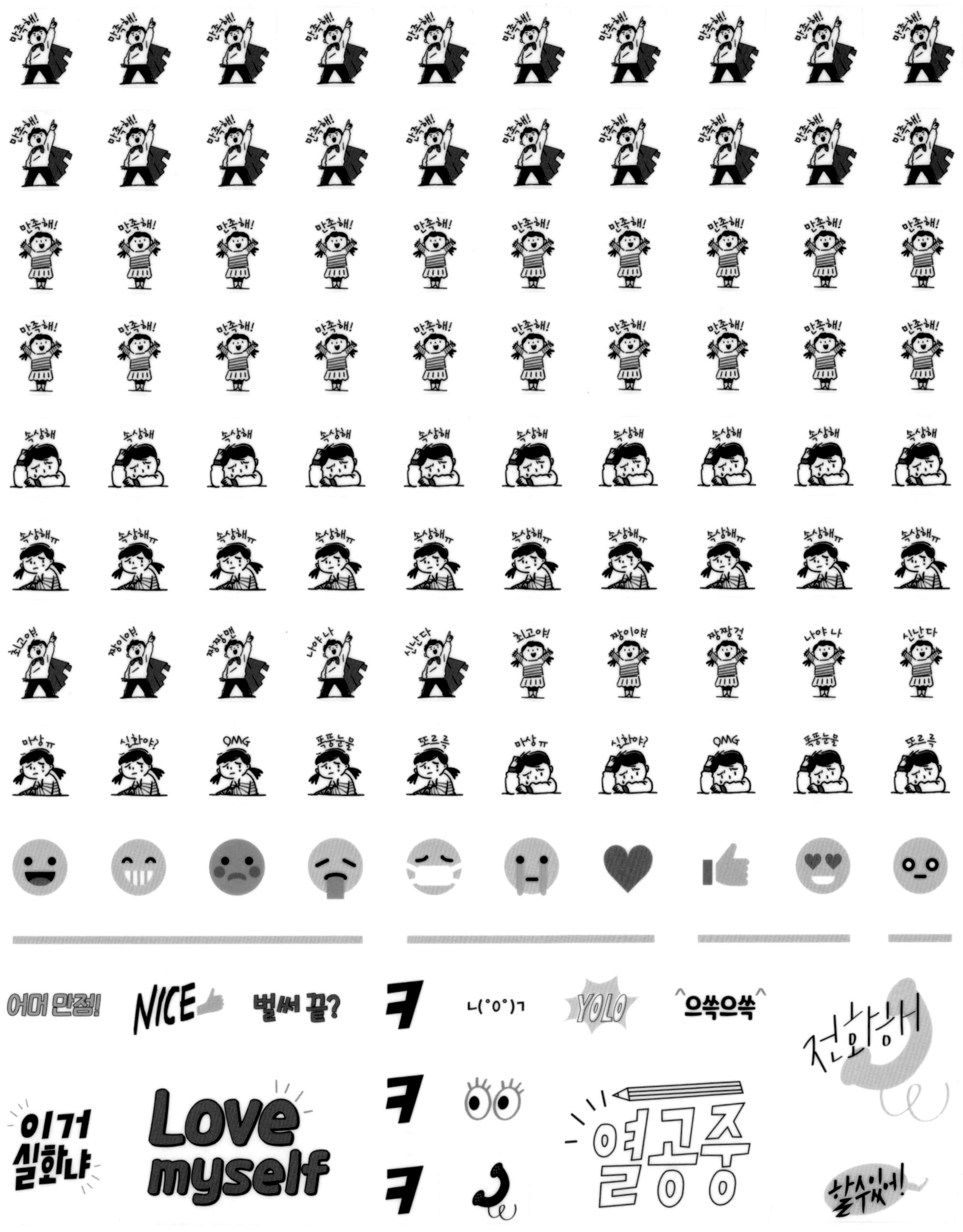

만족해! 만족해! 만족해! 만족해! 만족해! 만족해! 만족해! 만족해! 만족해! 만족해!

만족해! 만족해! 만족해! 만족해! 만족해! 만족해! 만족해! 만족해! 만족해! 만족해!

만족해! 만족해! 만족해! 만족해! 만족해! 만족해! 만족해! 만족해! 만족해! 만족해!

만족해! 만족해! 만족해! 만족해! 만족해! 만족해! 만족해! 만족해! 만족해! 만족해!

속상해 속상해 속상해 속상해 속상해 속상해 속상해 속상해 속상해 속상해

속상해ㅠ 속상해ㅠ 속상해ㅠ 속상해ㅠ 속상해ㅠ 속상해ㅠ 속상해ㅠ 속상해ㅠ 속상해ㅠ 속상해ㅠ

최고야! 짱이야! 짱짱맨 나야 나 신난다 최고야! 짱이야! 짱짱걸 나야 나 신난다

마상ㅠ 실화야? OMG 폭풍눈물 또르르 마상ㅠ 실화야? OMG 폭풍눈물 또르르

어머 만점! NICE 벌써 끝? ㅋ ㄴ(°o°)ㄱ

^으쓱으쓱^

ㅋ ㅋ ㅋ

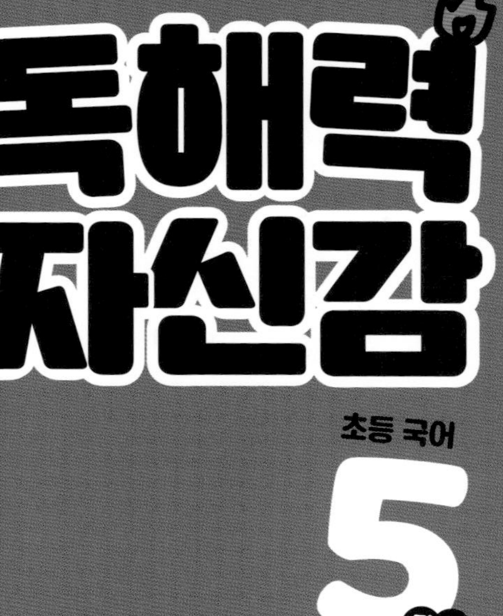

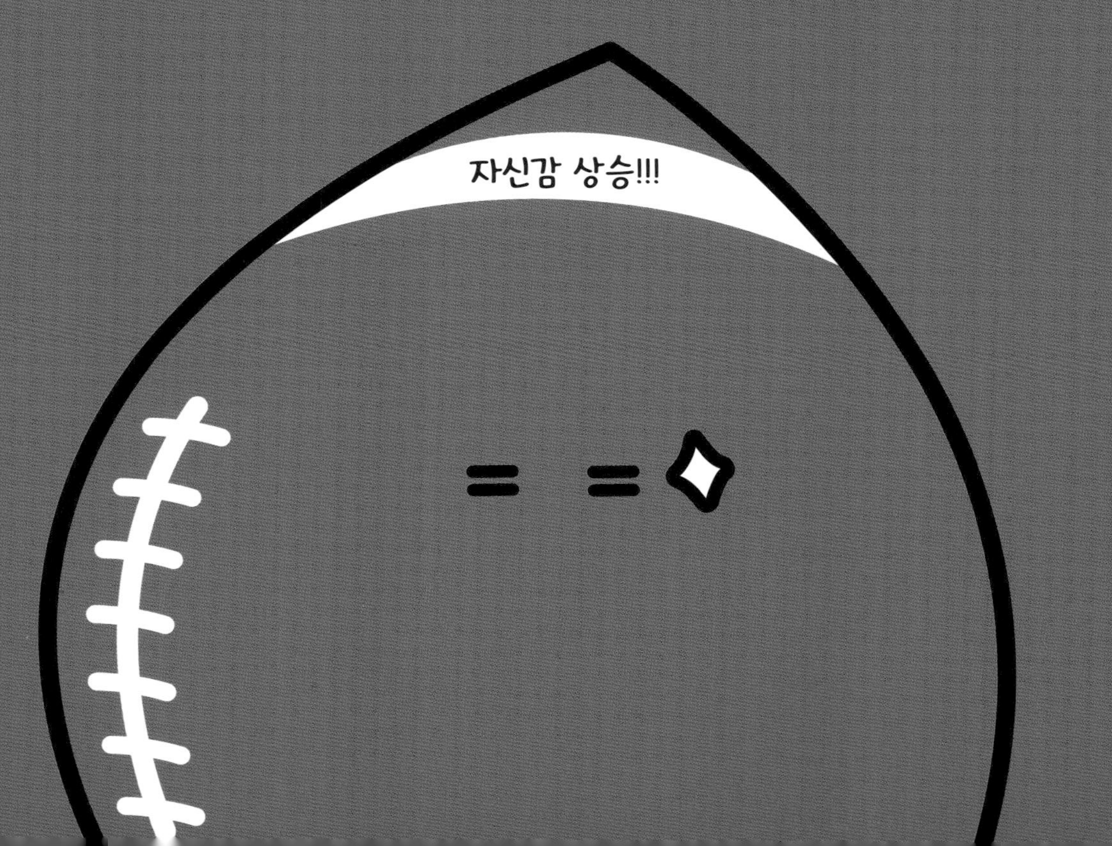

지학사

독해 기술 1회

글의 주제 파악하기

10~11쪽

01 ②	02 ①
03 ③	04 ④

01 1문단의 중심 내용은 '인터넷 쇼핑을 할 때 주의할 점'이고, 2문단의 중심 내용은 '인터넷 쇼핑을 할 때는 구매자들의 평가를 확인해야 함.'입니다. 두 문단의 중심 내용을 한데 모아서 생각해 보면, 이 글의 주제는 ②입니다.

02 이 글의 첫 부분에서 인터넷 쇼핑은 시간과 장소에 구애받지 않고 물건을 구매할 수 있다고 하였으므로 ①이 글의 내용과 일치합니다.

03 1문단의 중심 내용은 '직업을 선택할 때 고려하고 준비해야 할 것이 있음.'이고, 2문단의 중심 내용은 '다양한 직업의 특성을 이해해야 함.'이며, 3문단의 중심 내용은 '나의 재능을 찾아 발전시켜야 함'입니다. 따라서 세 문단의 중심 내용을 한데 모아 생각해 보면, 이 글의 주제는 ③입니다.

04 글쓴이는 성적 때문에 꿈을 바꾸거나 잃게 되는 것에 대하여 안타까움을 느끼고 있으며, 독자들에게 자신의 재능을 찾아 발전시키기를 권하고 있습니다.

독해 기술 2회

설명의 대상과 방식 알기

13~15쪽

01 ⑤	02 ②	03 ①
04 ③	05 ⑤	06 ④

01 이 글은 '그린컨슈머'라는 대상에 대해 설명하는 설명문입니다. 설명 대상은 글 전체를 끌어가는 중심 낱말입니다.

02 ㉠에서는 '그린컨슈머'가 하는 행동의 예를 들고 있습니다.

03 글의 첫 문단을 살펴보면 이 글에서 설명하고 있는 대상이 '우리말의 분류'인 것을 알 수 있습니다.

04 이 글은 우리말을 '고유어', '한자어', '외래어'로 분류하여 각각 설명하고 있습니다.

05 이 글에서 설명하고 있는 대상은 '열등감'입니다.

06 이 글은 중심 낱말인 열등감을 정의, 원인, 증세로 나누어 설명하고 있으므로, '분석'의 설명 방식을 사용했습니다.

독해 기술 3회

주장과 근거 알기

17~19쪽

01 ④	02 ①	03 (1) 가 (2) 나, 다 (3) 라
04 ③	05 ③	

01 이 글은 '신조어의 사용을 줄이자.'라고 주장하는 논설문의 서론 부분에 해당하는 글입니다. 글쓴이는 '신조어의 사용 급증'을 문제라고 느끼고 있습니다. 일반적으로 논설문에서 문제 상황은 서론에 제시됩니다.

02 글쓴이는 '신조어를 사용하는 것이 장점도 있으나 단점도 많으므로 사용을 줄여야 한다.'고 주장하고 있습니다.

03 이 글은 논설문으로 '서론–본론–결론'으로 구성되어 있습니다. 문제 상황과 주장이 드러나는 가 문단은 '서론', 주장에 대한 근거가 나타나는 나, 다 문단은 '본론', 글쓴이의 주장을 강조하며 마무리하는 라 문단은 '결론'에 해당합니다.

04 ㉠은 청소년 보호법 개정안으로 '사실'이며, ㉡과 ㉣은 글쓴이의 주장이므로 '의견', ㉢은 통계청의 통계 결과를 인용한 것이므로 '사실'입니다.

05 다 문단에서는 학생들이 끼니를 거르는 현상을 문제로 인식하고 해결 방안을 밝히는 것이 아니라, 게임 셧다운 제도를 실시해야 하는 '근거'로 제시하고 있습니다.

다양한 자료가 있는 글 읽기

21~23쪽

01 ④	02 ③	03 ⑤
04 ④	05 ④	06 ②

01 신문 기사의 표제는 글의 핵심 내용을 한눈에 알아볼 수 있도록 작성됩니다. 이 글의 내용은 '초등학생의 학교 폭력 위험'입니다.

02 그래프에 제시된 수치를 확인해 보면, 초등학생의 학교 폭력 경험은 48.6퍼센트임을 알 수 있습니다.

03 이 글은 지학초등학교 알뜰 바자회 수익 현황에 대한 보고서 유형의 글입니다.

04 제시된 표를 보면, 1학기와 2학기의 총 수익(1학기의 수익 + 2학기의 수익)은 '수익 계'에 제시된 것과 같이 724,000원입니다.

05 이 글의 표제인 '속력의 과학'을 봐도 알 수 있듯이 글은 다양한 대상의 '속력'에 관한 글입니다.

06 대상의 속력을 비교하여 나타낸 그래프를 살펴보면, 가장 빠른 대상은 그래프의 길이가 가장 긴 '빛'으로 시속 10억 킬로미터의 속력을 지녔습니다. 따라서 가장 빠른 것은 로켓이 아니라 '빛'입니다.

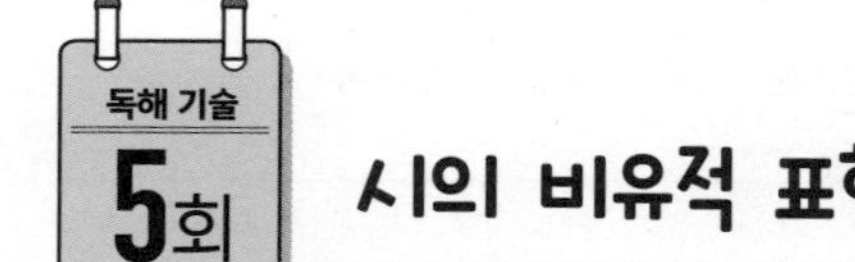

시의 비유적 표현 알기

25~27쪽

01 ②	02 ④	03 ①, ③
04 (1) 직유법 (2) 은유법		05 ④

01 ㉠은 '고개를 내민 새싹들'을 1학년 아이에 빗대어 표현하고 있습니다. '~처럼'을 사용하여 대상을 직접 빗대어 나타내는 '직유법'이 사용되었습니다.

02 ㉠에 빗대어 표현하려는 대상은 '배꼽'입니다. 나를 엄마의 풍선으로 비유한 점과 풍선 꼭지와 배꼽의 생김새에 공통점이 있음을 생각해 보면 정답은 '배꼽'임을 알 수 있습니다.

03 ① 이 시에서 '나'는 어머니를 떠올리고 있는 아이입니다. ③ ㉡은 엄마의 배 속에 있던 '나'를 엄마의 풍선으로 빗대어 표현한 것입니다. 엄마의 배와 풍선의 동그란 모양의 공통점을 통해 은유적으로 표현하였습니다.

04 ㉠은 '아이들처럼' 굴렁쇠를 돌린다고 직접 빗대어 표현하였으므로 직유법이, ㉡은 공통점을 통해 '해'를 굴렁쇠에 직접 연결하여 표현하였으므로 은유법이 사용되었습니다.

05 ㉢은 둥근 굴렁쇠에 빗대어 둥근 '보름달'을 표현했습니다.

이야기의 3요소 알기

30~31쪽

01 ③	02 ③
03 ②	04 ⑤

01 공간적 배경은 주요 사건이 발생한 장소를 의미합니다. 이 이야기에서 '길 한복판에 지갑과 누런 지폐가'라는 부분을 볼 때, 공간적 배경은 길 한복판임을 알 수 있습니다.

02 이 이야기의 등장인물은 '나'와 민호입니다. '나'와 민호가 겪은 주요 사건은 길 한복판에서 오만 원을 발견하고 주운 일입니다.

03 이 이야기에 등장하여 사건을 이끌어 가는 중심 인물은 '헌이'입니다.

04 노루가 보리 싹은 뜯어 먹다가 덫에 걸린 것도 사건이라고 할 수 있지만, 이 이야기에서 일어난 가장 중요한 사건은 '보리 싹을 먹다 덫에 걸린 노루를 헌이가 구해 준 일'입니다.

독해 적용 1회

우리나라 전통 가옥, 한옥

33쪽

1 한옥 2 기후
3 처마

34~36쪽

1 한옥 2 ⑤ 3 ③ 4 ② 5 ③
6 (1) 한옥 (2) 친환경 (3) 기후 (4) 상징

가 최근 우리나라의 전통 가옥인 한옥(중심 낱말)에 관한 관심이 부쩍 높아지고 있다. 한국의 멋과 전통을 간직한 한옥 마을은 필수 관광 코스가 되었고 ①한옥에서의 *숙박 체험 행사를 즐기려는 사람들도 크게 늘었다. 사람들이 한옥에 관심을 갖는 까닭은 무엇일까?(문단의 중심 문장) 한옥의 특징에서 그 답을 찾을 수 있다. ➡ 높아지는 한옥에 대한 관심

나 첫째, 한옥은 친환경적인 재료로 만들어진다.(문단의 중심 문장) ②자연에서 쉽게 구할 수 있는 나무와 흙, 돌 등을 재료로 사용하여 짓는다. 집터를 잡아 주춧돌을 놓은 후 나무로 기둥을 세우고 흙을 발라 벽을 세운다. 지붕에는 흙을 구워서 만든 ㉠기와나 볏짚을 얹었다. ③나무와 흙은 집 안의 습도를 잘 조절해 주고 공기를 항상 깨끗하게 유지시켜 건강한 환경을 제공해 준다. ➡ 한옥의 특징 ① 친환경적인 재료로 만듦.

다 둘째, 한옥은 우리나라 기후에 맞게 과학적으로 지어졌다.(문단의 중심 문장) 덥고 습한 여름과 추운 겨울의 특징에 맞게 한옥에는 ㉡마루와 ㉢온돌, 그리고 ㉣처마가 균형 있게 설계되었다. 방과 방 사이에 설치되어 바람이 잘 통하도록 만들어진 마루는 더운 여름을 시원하게 날 수 있게 도와준다. *아궁이에서 불을 때어 따뜻한 기운이 오랫동안 방바닥을 데워 주는 온돌은 최고의 난방 장치이다.(온돌의 특징) ④한옥에서만 찾아볼 수 있는 처마는 여름철에 뜨거운 햇볕을 막아 그늘을 만들어 준다. ➡ 한옥의 특징 ② 우리나라 기후에 맞게 과학적으로 지음.

라 셋째, 한옥은 한국적인 미의 상징이다.(문단의 중심 문장) 특히 ⑤처마의 곡선은 한국적인 미의 상징으로 한국 전통의 우아한 아름다움이 살아 있다. ㉤창호지 문틈 사이로 들어오는 햇살과 처마 끝에서 떨어지는 빗방울 소리는 한옥과 자연의 아름다운 조화를 보여 준다. ➡ 한옥의 특징 ③ 한국적인 미의 상징임.

마 이처럼 한옥은 친환경적인 재료로 우리나라 기후 특징에 맞게 과학적으로 만들어진 한국의 미를 상징하는 대표적인 건축물이다.(글 전체의 중심 문장) 우리의 삶과 함께하는 미래 공간으로 한옥이 발전하기를 기대해 본다. ➡ 한옥의 발전을 기대함.

주제 우리나라 전통 가옥인 한옥은 우리 조상들의 지혜와 슬기가 담긴 우리나라 전통 가옥이다.

1 이 글은 사람들이 한옥에 관심을 갖는 까닭을 한옥의 특징을 통해 설명하는 글로 중심 글감은 '한옥'입니다.

2 이 글은 한옥의 특징을 크게 세 가지로 정리하여 하나하나 설명하는 나열 짜임을 사용한 글입니다. '나열 짜임'이란, 하나의 주제에 대하여 몇 가지 특징을 늘어놓아 설명하는 글의 짜임을 말합니다.

3 다 문단에서 온돌은 아궁이에서 불을 때어 따뜻한 기운이 오랫동안 방바닥을 데워 주는 최고의 난방 장치라고 설명하고 있습니다. 따라서 '온돌'에 대한 설명임을 알 수 있습니다.

4 제시된 글에서 '아토피나 천식 등의 병을 고치기 위하여 한옥으로 이사하려는 사람들이 늘고 있는 것도 친환경적인 한옥의 특징 때문이다.'로 나와 있습니다. 따라서 한옥의 특징 중 친환경적인 재료와 관련된 설명을 하고 있는 나 문단에 이어지는 것이 적절합니다.

5 나 문단에서 나무와 흙은 집 안의 습도를 잘 조절해 준다고 설명하고 있으므로 '나무와 흙은 집 안의 습도를 높여 주는 역할을 한다.'라는 설명은 알맞지 않습니다.

오답풀이 ①, ②, ④, ⑤는 글의 초록색 부분에서 확인할 수 있습니다.

독해 적용 2회

보호받지 못하는 어린이보호구역

37쪽

1 주의력　2 과속
3 제한 속도

38~40쪽

1 ⑤　2 ③　3 ①　4 ②
5 ④　6 (1) 보호 (2) 과속 (3) 제한 속도

진행자 최근 어린이보호구역 내에서 안전사고가 끊임없이 발생하여 학생들의 안전을 위협하고 있습니다. 김지수 기자의 보도입니다. (중심 낱말) → 진행자의 도입

기자 ③어린이보호구역이란 유치원, 학원, 초등학교, 특수학교, 어린이집 등의 주변 도로에 ②교통사고의 위험으로부터 어린이를 보호하기 위하여 「도로교통법」에 의해 지정된 구역으로 ④스쿨존(School Zone)이라고도 불립니다. 상대적으로 주의력이 부족하고 돌발 행동이 많은 어린이를 보호하기 위한 장치입니다. → 기자의 보도: 어린이보호구역의 정의

경찰관 ①어린이보호구역 내에 안전사고의 주된 원인 중 하나는 바로 어린이보호구역 내 과속입니다. ⑤현행법상 어린이보호구역 내에서는 운행 속도를 최대 시속 30킬로미터 이하로 제한하고 있지만 제대로 지켜지지 않고 있습니다. → 경찰관의 의견: 어린이보호구역 내 사고의 원인

기자 어린이보호구역 최대 제한 속도인 시속 30킬로미터를 지켰을 때와 초과한 경우 보행자와 충돌했을 때 부상 정도를 비교한 실험이 있어 눈길을 끕니다. → 기자의 보도: 어린이보호구역 내 제한 속도와 관련된 실험 안내

연구원 시속 30킬로미터와 시속 60킬로미터의 속도로 달리는 두 차량이 보행자와 충돌했을 때 보행자가 다치는 정도를 비교하는 실험을 하였습니다. 실험은 각각의 차량과 마네킹 모형을 충돌시키는 방식으로 진행되었습니다. 같은 교통사고였지만 [㉠] 에 따라 결과는 매우 달랐습니다.

실험 결과, 시속 60킬로미터의 차량이 마네킹과 충돌한 경우 마네킹은 공중에서 360도 회전한 뒤, 땅에 떨어졌습니다. 마네킹은 무릎 아래가 부서졌고 차량의 *보닛은 찌그러지고 앞 유리는 마네킹의 머리와 충돌하면서 완전히 깨졌습니다. [㉡] 앞 실험과 같은 조건에 차량의 속도만 시속 30킬로미터로 줄여 충돌한 경우에는 마네킹은 공중에 떠오르지 않고 차량의 보닛 위에 올라탔습니다. 마네킹의 다리도 부서지지 않았으며 자동차의 앞 유리와도 충돌하지 않았습니다. → 연구원의 실험 결과

기자 미래의 꿈나무이자 희망인 전국의 어린이들을 교통사고로부터 보호하기 위해 어린이보호구역 내 제한 속도 *준수가 꼭 필요한 시점입니다. (글 전체의 중심 문장) 김지수 기자였습니다.
→ 기자의 요약: 어린이보호구역 내 제한 속도 준수 필요

주제 어린이들을 교통사고로부터 보호하기 위해 어린이보호구역 내 제한 속도를 준수해야 한다.

1 기자의 요약에서 알 수 있듯이 전국의 어린이를 교통사고로부터 보호하기 위해 어린이보호구역 내 제한 속도 준수가 필요하다고 말하고 있습니다. 따라서 빈칸에 들어갈 알맞은 말은 '어린이보호구역 내에서 제한 속도를 준수해야 한다.'입니다.

2 글의 초록색 부분에서 볼 수 있듯이 어린이보호구역이란 '유치원, 학원, 초등학교, 특수학교, 어린이집 등의 주변 도로에 교통사고의 위험으로부터 어린이를 보호하기 위하여 「도로교통법」에 의해 지정된 구역'으로, 스쿨존이라고도 불린다고 말하고 있습니다. 따라서 유치원 주변 도로에는 어린이보호구역이 없다고 말한 '예서'가 잘못 이해했다고 할 수 있습니다.

3 시속 30킬로미터와 시속 60킬로미터의 속도로 달리는 두 차량이 보행자와 충돌했을 때 보행자가 다치는 정도를 비교하는 실험을 하였다고 했습니다. 즉 차량의 속도를 달리하여 실험을 한 것이기 때문에 '차량의 속도'에 따라 결과가 매우 달랐다고 하는 것이 적절합니다.

4 ㉡의 앞부분에는 시속 60킬로미터의 차량이 마네킹과 충돌한 경우 피해가 심각했다는 결과에 대해 말하고 있는 반면에 ㉡의 뒷부분에는 시속 30킬로미터의 차량이 마네킹과 충돌하였을 때는 피해가 적었다고 말하고 있습니다. 따라서 앞의 내용과 반대되는 내용을 이어줄 때에는 '그러나'가 들어가는 것이 가장 적절합니다.

오답풀이 ① 그래서, ③ 그러므로: 앞의 내용이 뒤의 내용의 까닭이나 원인, 근거가 될 때에 사용하는 말
④ 그리하여: 앞의 내용이 뒤의 내용의 원인이거나 앞의 내용이 발전하여 뒤의 내용이 전개될 때 이어 주는 말
⑤ 왜냐하면: 앞의 내용에 대한 원인, 까닭을 뒤에 설명할 때에 사용하는 말

5 시속 60킬로미터의 차량이 마네킹과 충돌했을 때보다 시속 30킬로미터의 차량이 마네킹과 충돌했을 때 피해가 훨씬 줄어든다고 말하고 있습니다.

독해 적용 3회

범죄자의 신상을 공개해야 할까?

뉴스에 나오는 범죄자들의 모습을 본 적이 있나요? 하나같이 모자와 마스크를 쓴 채 고개를 푹 숙이고 있는 것을 볼 수 있어요. 한 번도 범죄자의 얼굴을 제대로 본 적이 없죠. 하지만 ⓐ범죄자의 신상을 감춰 주는 것은 옳지 않아요. 왜 그런지 지금부터 범죄자의 신상 공개를 찬성하는 입장의 까닭을 알아보도록 해요. → 범죄자의 신상 공개에 대한 찬성 입장

(중심 낱말: 신상)

첫째, 국민의 알 권리를 존중해야 해요. 특히 안전을 위해 꼭 필요한 정보의 경우, 더욱 더 알 권리를 존중해야 합니다. 국민들은 국가를 위해 세금을 내요. 세금을 받는 국가가 국민에게 필요한 정보를 주는 것은 당연한 일이지요. 범죄자의 권리보다 범죄자로부터 피해를 입은 사람들의 권리, 그리고 혹시 피해를 볼지 모르는 많은 사람들의 권리가 더 중요해요. 따라서 (㉠) → 근거 ① 국민의 알 권리를 존중해야 함.

(문단의 중심 문장: 국민의 알 권리를 존중해야 해요.)

유럽과 미국 등 여러 선진국은 범죄자의 신상을 공개하는 데 있어 우리보다 훨씬 더 적극적이에요. ⓑ영국, 프랑스에서는 범죄자의 이름과 얼굴을 공개하지요. 독일 역시 여러 사람을 위해 필요하다고 생각된다면 방송국, 신문사에서 범죄자의 이름과 얼굴 등의 정보를 공개해도 법적인 책임을 묻지 않는다고 해요. 미국에서도 범죄자의 이름과 얼굴이 텔레비전 뉴스에 자세히 나오지요. 우리나라에서 모자이크 효과나 마스크, 모자 등으로 범죄자의 얼굴을 가리는 것과 비교되지요. 이처럼 많은 나라에서 국민의 알 권리, 범죄 피해를 입지 않도록 보호받을 권리를 위해 범죄자의 신상을 공개하고 있어요. → 범죄자의 신상을 공개하는 다른 나라 사례

(문단의 중심 문장: 이처럼 많은 나라에서 국민의 알 권리, 범죄 피해를 입지 않도록 보호받을 권리를 위해 범죄자의 신상을 공개하고 있어요.)

둘째, 범죄자의 소재를 파악하여 관리하기 쉬워요. 범죄자의 신상을 공개하는 것은 그 사람이 어느 지역에 살고 있는지 감시할 수 있고, 인근에 유사한 범죄가 발생하였을 때 *용의자를 가려내는 데 유용한 자료로 쓸 수 있어요. → 근거 ② 범죄자의 관리가 쉬움.

(문단의 중심 문장: 범죄자의 소재를 파악하여 관리하기 쉬워요.)

셋째, ⓒ사람들이 범죄자의 정보를 알게 되면 범죄를 예방할 수 있어요. 만약 친하게 지내는 사람이 큰 죄를 지은 범죄자라는 사실을 알게 된다면 어떨까요? 범죄자인지 몰랐다면 내가 제2의 피해자가 될 수도 있을 거예요. 이런 사실을 알게 되면 그를 멀리하고 조심하여 범죄의 그늘에서 벗어날 수 있어요. 또한 ㉡범죄자의 신상 공개는 사람들에게 '죄를 짓지 말아야겠다.'는 경각심을 갖게 하여 범죄를 저지르지 못하도록 *억제하는 효과가 있어요. → 근거 ③ 범죄를 예방할 수 있음.

(문단의 중심 문장: 사람들이 범죄자의 정보를 알게 되면 범죄를 예방할 수 있어요.)

이처럼 ⓓ범죄자의 신상을 공개하는 것은 여러 가지 장점과 까닭이 있어요. 국민의 알 권리와 범죄자의 관리, 더 큰 범죄의 예방을 위해 범죄자의 신상 정보를 공개해야 해요. → 주장의 강조 및 마무리

(글 전체의 중심 문장: 국민의 알 권리와 범죄자의 관리, 더 큰 범죄의 예방을 위해 범죄자의 신상 정보를 공개해야 해요.)

주제 국민의 알 권리와 범죄자의 관리, 더 큰 범죄의 예방을 위해 범죄자의 신상을 공개해야 한다.

41쪽

1 신상 **2** 소재 **3** 경각심

42~44쪽

1 ③ **2** ③ **3** ⑤ **4** ⑤ **5** (1) ⓑ (2) ⓐ, ⓒ, ⓓ **6** (1) 공개 (2) 알 권리 (3) 관리 (4) 예방

1 이 글은 '범죄자의 신상을 공개하자.'고 주장하는 글입니다.

2 이 글에서 말하고 있는 국민의 '알 권리'는 범죄자의 이름, 얼굴 등과 같은 신상을 가리키는 것입니다.

3 국가가 국민의 알 권리를 존중하여 국민에게 범죄자가 누구인지, 어디에 사는지 등 국민에게 필요한 정보를 주어야 한다고 주장하고 있기 때문에 ⑤가 들어가는 것이 알맞습니다.

4 ㉡은 범죄를 저지르면 자신이 공개될 수 있다는 경각심을 가져 범죄를 덜 저지르도록 하는 효과가 있다고 설명하고 있으므로, 범죄자의 신상 공개를 염려해 범죄를 억제하려는 입장을 설명한 '희선'이가 가장 바르게 이해하고 있다고 할 수 있습니다.

오답풀이 ① 죄를 지어도 당당하게 얼굴을 공개할 수 있다는 입장은 ㉡의 경각심과는 반대되는 내용입니다.
② 세금과 범죄의 관련성은 이 글에 나타나 있지 않습니다.
③ 범죄자의 얼굴을 아는 것은 피해자들에게도 도움이 된다고 하였으므로 맞지 않는 표현입니다.
④ 범죄자의 얼굴은 모자와 마스크 등을 써 가려왔으므로, 범죄자의 신상을 공개하게 되면 모자와 마스크를 쓰지 않게 될 것입니다.

5 (1) ⓑ는 다른 나라의 사례를 든 것으로, '사실'입니다.
(2) ⓐ는 글쓴이의 주장을 ⓒ, ⓓ는 글쓴이의 주장에 대한 근거를 나타낸 것으로 '의견'에 해당합니다.

독해 적용 **4회**

세계 3대 박물관

45쪽

1 박물관 2 소장
3 희귀한

46~48쪽

1 ① 2 ⑤ 3 ② 4 ③ 5 ④
6 (1) 루브르 박물관 (2) 벽화 (3) 미켈란젤로 (4) 런던

제목: 하늘이에게

보낸 사람 사랑하는 삼촌 *******@********.net

받는 사람 조카 김하늘 kimhaneul@********.com

가 하늘아, 잘 지내고 있지? ①삼촌은 지금 유럽의 여러 나라를 여행 중이란다. ②삼촌이 여행한 곳 중 꼭 너에게 소개해 줄 것이 있어 이렇게 메일을 쓴단다. 바로 세계 3대 박물관(중심 낱말)이야. 박물관이 무엇을 하는 곳이라는 것은 너도 잘 알고 있지? 박물관은 여러 나라의 문화유산을 소개함과 동시에 그 유산들을 보존하고 관리하는 역할을 해. 자, 그럼 먼저 루브르 박물관을 소개해 볼게. → 첫인사

나 루브르 박물관은 프랑스 파리에 있어.(문단의 중심 문장) 이 박물관은 세계에서 가장 많은 미술품을 소장하고 있지. 유명한 화가나 조각가에서부터 *거장들의 작품을 직접 접할 수 있는 곳으로 전 세계의 미술가나 연구가들이 끊임없이 관람하러 오고 있단다. ③삼촌이 방문했을 때도 관람객들이 어마어마했어. 가장 유명한 대표작에는 레오나르도 다빈치의 「모나리자」, 들라크루아의 「민중을 이끄는 자유의 여신」 등이 있어. → 루브르 박물관 소개

다 다음은 바티칸 박물관이야.(문단의 중심 문장) 세계에서 가장 작은 나라인 바티칸 교황국 내에 있는 곳이지. 이곳에는 역대 로마 *교황들이 수집한 방대한 미술품 자료들이 있단다. 특히 ④건물의 안쪽 벽에는 벽화들이 그려져 있는데, 눈으로 보고도 믿을 수 없을 만큼 찬란하고 아름답단다. 삼촌이 이 벽화 중 꼭 하나 소개하고 싶은 그림이 있어. 그것은 바로 미켈란젤로의 「아담의 창조」야. 사람과 신이 손가락을 맞대고 있는 그림으로 예배당 천장에 그려 놓은 총 9장의 그림 중 ㉠이 그림은 네 번째 그림에 해당한단다. 건물의 벽마저도 유명한 작품으로 구성되어 있으니 참 대단하지 않니? → 바티칸 박물관 소개

라 마지막으로 소개할 곳은 영국 런던에 있는 영국 박물관이야.(문단의 중심 문장) 이곳은 세계적으로 희귀한 *고고학 수집품들을 소장하고 있어. ⑤주로 이집트, 아시리아, 바빌로니아, 인도, 그리스, 로마, 중국 등 각국 각 시대의 문화를 대표하는 작품들을 전시하고 있고 인류 역사의 중요한 증거가 되는 유물들이 많이 있다는 것이 특징이야. 예를 들면 로제타 지방에서 발견된 로제타석이라는 유물이 있는데, ㉡이것은 이집트 상형 문자의 수수께끼를 푸는 열쇠가 되었단다.(예시의 설명 방식) 음, 그런데 이 영국 박물관에는 소장품 대다수가 약탈한 유물이라는 점이 참 아쉬웠어. → 영국 박물관 소개

마 하늘이 너도 세계의 여러 문화유산과 박물관에 관심이 많은 것으로 알고 있는데 도움이 되었으면 좋겠구나. 직접 정리한 대표작 파일을 첨부하였으니 읽어보렴. 기회가 되면 직접 가보는 것도 좋을 것 같아. 하늘아, 다음 주 한국에 도착하면 꼭 집에 들를게. 안녕. → 당부와 끝인사

주제 유럽 여행을 간 하늘이의 삼촌이 하늘이에게 세계 3대 박물관을 소개해 주고 있다.

1 이 글에서 세계 3대 박물관에 대해 공통으로 소개하고 있는 것은 박물관의 '위치'입니다.

2 영국 박물관에는 이집트, 아시리아, 바빌로니아, 인도, 그리스, 로마, 중국 등 각국 각 시대의 문화를 대표하는 작품들이 전시되고 있다고 하였습니다. 따라서 '주로 유럽을 대표하는 작품을 전시하고 있다.'는 설명과 맞지 않습니다.

오답풀이 ①, ②, ③, ④는 초록색 부분에서 확인할 수 있습니다.

3 ㉠의 '이 그림'은 바티칸 박물관 건물 안쪽에 그려진 벽화들 중 미켈란젤로의 「아담의 창조」를 가리키는 것입니다. ㉡의 '이것'은 로제타석을 가리키는 것으로, 로제타석은 이집트 상형 문자의 수수께끼를 푸는 열쇠가 되었기 때문에 인류 역사의 중요한 증거라고 표현하였습니다.

4 라 문단에서는 영국 박물관에 인류 역사의 중요한 증거가 되는 유물들이 많이 전시되어 있다고 하면서, 로제타석을 예로 들어 설명해 주고 있습니다. 따라서 이 문단에서 사용한 설명 방식은 '예시'입니다.

5 영국 박물관의 소장품 대다수가 약탈한 유물이라 아쉬웠다는 삼촌의 설명이 있지만, 그렇다고 해서 모든 유물을 약탈한 것이라는 뜻은 아닙니다. 따라서 영국 박물관의 모든 유물이 훔친 것들이라는 '신지'가 잘못 이해하고 있습니다.

독해 적용 5회

완두콩 _ 이원수

49쪽

1 꼬투리　2 무수히
3 맺다

50~52쪽

1 ④　2 ①, ④　3 ①　4 ⑤
5 ②　6 ④

㉮ 완두콩 하얀 꽃 피었다고
(중심 낱말)
좋아했더니
어느새 콩이 열렸네.
㉯ 연둣빛 고운 콩꼬투리

㉰ 햇볕에 비쳐
속이 환히 보이네.
하나 둘 셋 넷…… 일곱 여덟 개
연하디 연한 어린 콩알 나란히 들어 있네.

바깥엔 무슨 바람 불어와도
모른 체 나란히 들어 있는 콩
우리 식구도 여덟이란다.
㉱ 아! 완두야, 잘 자라라.
엄마 배 속에 든 아기처럼—
(꼬투리 속에 들어있는 완두콩을 엄마 배 속에 든 아기로 비유한 표현)

㉲ 완두밭엔 여전히 흰 꽃들 피어 있고,
비 한 번 안 와도
꽃은 이어 피고
㉠콩은 무수히 맺어 자란다. 자란다. 예쁜 우리 완두콩.
(잘 자라는 완두콩을 바라보는 화자의 따뜻한 시선이 느껴지는 표현)

작품 해제

- **구성:** 4연 17행
- **제재:** 완두콩
- **주제:** 완두콩이 자라는 과정을 바라보는 뿌듯함과 잘 자라기를 바라는 마음
- **특징:** 완두콩을 아기에 비유하여 잘 자라기를 바라는 화자의 마음을 표현한 시로, 꽃과 열매의 색을 묘사하는 시어를 사용하여 생동감 있게 표현함.

1 이 시에서 표현하려는 대상은 '완두콩'입니다.

2 ㉮에는 꽃이 피었을 때의 기쁨과 그 뒤 열매를 맺은 것에 대한 즐거움이 나타나 있습니다. ㉱에는 완두콩이 잘 자라길 바라는 말하는 이의 마음이 엄마의 배 속에서 자라는 아이에 비유되어 나타나 있습니다.

3 '예쁜 우리 완두콩'이라는 표현에서 무수히 맺어 자라나는 완두콩을 바라보는 말하는 이의 뿌듯한 마음을 짐작해 볼 수 있습니다.

4 완두콩을 키우는 화자의 상황과 유사한 할머니의 상황을 떠올리고 할머니의 감정에 공감하는 것은 이 시를 읽고 난 뒤에 보일 반응으로 적절합니다.

오답풀이 ① 9행의 '바깥엔 무슨 바람 불어와도'에서 바람이 불어옴에도 꿋꿋이 자라나는 완두콩의 모습을 알 수 있지만, 바람이 불어야 잘 자란다는 것은 아닙니다.
② 완두콩이 자라는 과정을 월별로 상세하게 나타내는 것은 실험 보고서 유형의 글에 적합한 내용으로, 이 시에서는 나타나지 않습니다.
③ 인간과 완두콩의 성장 과정에 비슷한 점이 있어 비유적으로 표현했으나, 완전히 똑같다고 보기는 어렵습니다.
④ 완두콩의 효능을 제시하고 있지 않으며, 말하는 이의 주장을 독자에게 설득하는 글이 아니라 자신의 경험과 감정을 표현한 시입니다.

5 「귀뚜라미 우는 밤」 2행의 '멀리 떠나간 동무가 그리워져요.'라는 표현에서 떠나간 동무(친구)를 그리워하는 말하는 이의 마음을 짐작해 볼 수 있습니다.

6 「완두콩」은 '엄마 배 속에 든 아기처럼'에서 완두콩이 잘 자라나길 바라는 마음을 표현하기 위해 완두콩을 엄마 배 속의 아기에 비유한 '직유법'을 사용하였고, 「귀뚜라미 우는 밤」은 동무에 대한 그리움을 '멀리 떠나간 동무가 그리워져요.'와 같이 직접적으로 표현하고 있습니다.

독해 적용 6회

잠과 생활 방식

53쪽

1 형질 2 진화
3 휴면

54~56쪽

1 ③ 2 ④ 3 ① 4 ② 5 ①, ④
6 (1) 진화 (2) 생활 방식 (3) 수면 유형 (4) 환경

가 동물들은 생활 방식과 유전 형질, 살아가는 환경에 따라 여러 가지 방식으로 진화한다. 잠을 자는 방식도 이러한 자연 선택으로 다듬어진 진화의 *산물이라고 할 수 있다. 각 동물은 자신의 특성에 맞는 다양한 수면 유형을 보인다. (중심 낱말) ➡ 동물들의 수면 유형은 진화의 산물임.

나 ① 대부분의 동물, 특히 포유류와 조류는 본격적으로 잠을 잔다. 파충류, 양서류, 어류는 본격적으로 자는 것은 아니지만 때때로 휴면 상태에 접어든다. 눈을 뜨고 있지만, 수면을 위해 움직임을 멈추고 일종의 잠을 자는 것이다. ➡ 본격적으로 잠을 자는 동물들과 때때로 휴면 상태인 동물들

다 돌고래는 잠을 자지 않는다는 보고가 있지만 실제로 그들의 뇌는 반만 수면 상태에 들고 나머지 반은 깨어 있다. 알다시피 돌고래는 비록 물속에서 생활하지만, 허파로 숨을 쉬는 포유동물이라서 자면서도 *주기적으로 수면 위로 올라와 숨을 쉬어야 하기 때문이다.(원인) 그래서 그 움직임을 지속하기 위해 항상 뇌의 반쪽은 깨어 있는 것이다.(결과) ➡ 뇌의 반만 수면 상태인 돌고래

라 쥐나 토끼 같은 동물들이 밤낮을 가리지 않고 계속 돌아다닌다면 그만큼 더 자주 *포식 동물들을 만나게 될 것이다.(원인) ② 그래서 힘없고 작은 동물들은 안전하게 숨을 곳이 있다면 잠을 길게 자는 편이다.(결과) 반면 큰 동물이라도 ㉠소나 말처럼 둥지를 만들지 않는 동물들은 잠을 충분히 자지 못한다. 그런가 하면 사자는 아무 때나 자고 싶으면 쓰러져 잔다. 이렇게 동물들의 수면 유형은 그 동물들의 생활 방식에 따라 변화했다. 오랜 시간 동안 자신의 생활 방식에 맞도록 수면 유형이 진화한 결과라고 할 수 있다. ➡ 동물들의 생활 방식에 따라 변화한 수면 유형

마 사람도 마찬가지다. 과거 전기가 없고 대부분의 사람들이 농업에 종사하던 시절에는 해가 뜨기 직전 새벽에 깨어나 하루 일과를 시작하고, 해가 지면 집으로 돌아와 잠을 잤다. 그러나 ③ 전기가 발명되어 밤이 대낮처럼 밝아진 현대 사회의 사람들은 해가 뜨고 지는 시각에 상관없이 자신의 직업이나 생활 방식에 맞추어 잠을 잔다. 낮에 근무하는 사람들은 밤에 자고, 밤에 근무하는 사람들은 낮에 잔다. 교대 근무를 하는 사람들은 며칠은 낮에 자다가 며칠은 밤에 자는 등 수시로 수면 유형을 바꾸기도 한다. 좀 더 세세하게 살펴보면, ④ 각각의 신체 구조, 성격, 성별, 나이, 직업, 경험 등에 따라서 다양한 수면 유형이 나타난다. ➡ 사람들의 다양한 수면 유형

바 이렇듯 ⑤ 다양한 수면 유형들은 여러 가지 환경과 상황 속에서 생명체가 갖게 된 나름의 행동 리듬을 바탕으로 *생성된 것이다. (글 전체의 중심 문장) ➡ 여러 가지 환경과 상황 속에서 생성된 다양한 수면 유형

주제 동물들의 다양한 수면 유형들은 동물들이 처한 여러 가지 환경과 상황 속에서 생성된 것이다.

1 이 글에서는 가 문단에 직접적으로 나타나 있듯이, 진화의 산물이라 할 수 있는 '동물들의 다양한 수면 유형'에 대해서 설명하고 있습니다.

2 이 글은 동물들의 다양한 수면 유형이 환경과 상황에 따른 진화의 결과임을 말하고 있습니다. 바 문단에 이 글의 중심 내용이 직접적으로 드러나고 있습니다.
오답풀이 ①은 중심 내용을 설명하기 위한 도입 내용에 해당합니다.
② 동물들의 진화가 아니라 동물들의 수면 유형이 이 글의 중심 내용입니다.
③은 이 글에 나타나지 않습니다.
⑤ 힘없고 작은 동물들과 소나 말과 같은 큰 동물이 수면 유형이 다르다는 내용은 나타나고 있으나 그것이 중심 내용은 아닙니다.

3 다 문단에는 돌고래의 뇌가 반만 수면 상태인 까닭이, 라 문단에는 힘없고 작은 동물들이 잠을 길게 자는 까닭이 나타나 있습니다. 모두 원인과 결과를 밝히는 설명 방식이 제시되고 있습니다.

4 소나 말처럼 둥지를 만들지 않는 동물들은 안전하게 잠을 잘 곳이 없어서 잠을 충분히 자지 않는다고 볼 수 있습니다.

5 포유류는 본격적으로 잠을 자며, 사람도 여러 요인으로 다양한 수면 유형이 나타난다고 글에 나타나 있습니다.
오답풀이 ②, ③, ⑤는 글의 초록색 부분에서 확인할 수 있습니다.

독해 적용 7회

전열 기구 사용 시 안전 수칙

57쪽

1 전열 2 수치 3 내장재

58~60쪽

1 ④ 2 ④ 3 ① 4 ④ 5 ③
6 (1) 화재 사고 (2) 안전 수칙 (3) 불 (4) 플러그 (5) 점검

①추운 겨울 날씨 때문에, 보온을 위한 전열 기구 사용이 늘어나는 요즘입니다. 때문에 ②그로 인한 화재 사고도 역시 증가하고 있습니다. 석유난로가 쓰러지거나 전열 기구를 장시간 사용하여 화재가 발생하는 것이 그 예인데요, 오늘은 겨울철 화재 예방을 위한 전열 기구 사용 시 안전 수칙에 대해 알려드립니다. → 겨울철 전열 기구 사용으로 인한 화재 사고 위험 증가

중심 낱말

전열 기구 사용 시 안전 수칙

우선, 석유난로는 불이 붙어 있는 상태에서 이동하거나 주유하지 않도록 주의해 주세요. 난로 주변에 세탁물을 건조하거나 커튼 등이 난로에 닿는 일이 없도록 잘 살펴주시기 바랍니다. 화기 주변에는 항상 소화기나 모래를 ㉠비치해, 만일의 사태에 대비할 수 있도록 해 주시고 난로가 넘어지지 않도록 평평한 곳에 안정적으로 설치해 주세요.

전기 화재 예방을 위해서는 사용하지 않는 플러그는 빼두는 것이 좋습니다. 많은 전열 기기를 한 개의 콘센트에 문어발식으로 여러 개 꽂는 것도 위험합니다. ③누전과 과전류로 인한 화재를 막을 수 있도록 누전 차단기, 과전류 차단기를 설치하는 것도 좋은 방법입니다.

공장, 사무실, 창고 등 시설물의 내장재는 ◆불연성 소재로 하는 것이 좋으며, 소화기나 소화전 등 소방 시설은 꼭 정기적으로 점검해 주세요. ⑤화재가 발생한 것을 발견했다면 당황하지 말고 소화기를 사용해 초기 진압을 해 주시면 됩니다. "불이야!"하고 크게 외친 뒤 소화기가 ㉡비치된 장소로 이동해 주세요. 안전핀을 뽑고, 방출 호스 끝부분을 잡은 후 빗자루로 땅을 쓸듯이 화재를 진압해 주시면 됩니다. → 전열 기구 사용 시 안전 수칙

오늘은 겨울철 화재 예방을 위한 ㉢전열 기구 사용 시 안전 수칙에 대해 알려드렸습니다. 손발까지 꽁꽁 어는 듯한 추위! 겨울철 자주 사용하는 전열 기구 사용 시 안전 수칙을 잘 확인하시고, 화재 없이 건강한 겨울 보내시기를 바랍니다. 글 전체의 중심 문장

→ 전열 기구 사용 시 안전 수칙을 지킬 것을 당부

주제 겨울철 화재 예방을 위해 전열 기구 사용 시 안전 수칙을 잘 확인하고 지켜서 겨울을 안전하게 지내자.

1 이 글은 겨울철 '화재 예방을 위한 전열 기구 사용 시 안전 수칙'에 대해 알려 주는 글입니다.

2 ㉠과 ㉡의 앞뒤 문맥으로 보아 '준비해 놓다.', '마련하여 놓다.' 등의 의미로 쓰였음을 알 수 있습니다. 따라서 '마련하여 갖추다.'가 가장 잘 설명한 의미입니다.

오답풀이 ①, ②, ⑤ '준비해 놓다.'의 의미로는 해석할 수 있지만, 모래나 소화기의 특성을 고려해 볼 때 '소화기를 뿌려 놓는다, 모래를 벽에 달아 놓거나 깊숙하게 넣어 놓는다.' 등은 자연스럽지 않습니다.
③ '준비해 놓다.'의 의미와 어느 정도 통하지만, '구매하다.'는 의미로 해석하기는 자연스럽지 않습니다.

3 2문단에서는 '난로 주변에 세탁물을 건조하거나 커튼 등이 난로에 닿는 일이 없도록 잘 살펴주시기 바랍니다.'라고 안내하고 있으므로 ①은 해당하지 않습니다.

4 겨울철 전열 기구 사용 안전 수칙을 지키자는 것이지 전열 기구 사용 자체를 줄이자고 하는 것은 아니므로 '민수'가 잘못 이해한 것입니다.

오답풀이 ①, ②, ③, ⑤는 글의 초록색 부분에서 확인할 수 있습니다.

5 문제가 생기기 전에 미리 대처하여 막는 것, 즉 예방의 중요성을 강조한 속담은 '소 잃고 외양간 고친다.'입니다.

오답풀이 ① 누워서 침 뱉기: 남에게 해를 입히려고 한 일이 오히려 나에게 해가 될 때를 일컬음.
② 마른하늘에 날벼락: 뜻하지 아니한 상황에서 뜻밖에 입는 재난.
④ 낫 놓고 기역 자도 모른다.: 글자를 하나도 모를 정도로 아주 무식하다는 뜻
⑤ 열 번 찍어 아니 넘어가는 나무 없다.: 어려운 일도 여러 번 시도하면 결국 이루어진다는 뜻

독해 적용 8회

청소년의 팬클럽 활동

61쪽

1 시각 **2** 소속감 **3** 대중문화

62~64쪽

1 ② **2** (1) ㄱ (2) ㄴ, ㄷ, ㄹ (3) ㅁ **3** ② **4** ① **5** ④ **6** 해설 참조

가 한 설문 조사에 따르면, 대부분 청소년은 자기가 좋아하는 연예인이나 운동선수가 있는 것으로 나타났다. 그중 일부 학생들은 좋아하는 스타의 팬클럽에 가입하여 적극적으로 활동하기도 한다. 그런데 이를 바라보는 어른들의 시각은 긍정적이지 않다. 한창 공부해야 할 시기에 시간을 낭비하며, 팬클럽 활동(중심 낱말)으로 무리하게 돈을 쓴다고 생각하기 때문이다. (㉠) 이러한 생각은 팬클럽 활동의 긍정적인 면을 생각지 못한 선입견일 수도 있다. ➡ 청소년의 팬클럽 활동에 대한 부정적인 어른들의 시각과 긍정적인 시각의 필요성 주장

나 많은 청소년들이 팬클럽 활동을 하며 행복감을 느낀다.(문단의 중심 문장) 청소년 시기는 불확실한 미래 때문에 불안해 하거나 학업이나 진로 및 교우 관계에서 많은 스트레스를 받는다. 이럴 때 그들이 좋아하는 스타를 보며 위로받기도 하고, 스트레스를 이겨 낼 수 있는 에너지를 얻으며 삶에 대한 만족도가 높아지기도 한다. ➡ 근거 ① 청소년이 행복감을 느낌.

다 또한 소속감과 정서적 안정감을 얻기도 한다.(문단의 중심 문장) 팬클럽 구성원들은 좋아하는 스타에 관해 정보나 소식을 공유하면서 함께 소통하고 공감대를 갖는다. 일종의 *또래 문화가 형성되는 것이다. 청소년 심리학과 교수는 '청소년기에는 사회적으로 소외감을 느끼는데, 이것이 정서적 불안을 느끼게 하는 요인 중 하나'라고 한다. 그런데 팬클럽 활동과 같은 사회 활동을 하면 자기가 어느 집단에 소속되어 있다고 느껴 정서적 안정감을 되찾기도 한다고 말한다. ➡ 근거 ② 소속감과 정서적 안정감을 얻음.

라 요즘은 청소년들이 팬클럽 활동으로 사회에 참여할 기회도 갖게 된다.(문단의 중심 문장) 요즘 팬클럽들은 자신들이 좋아하는 스타를 위해 *자발적이고 조직적인 활동을 한다. 예를 들어 스타와 함께 봉사 활동을 하거나 팬클럽 이름으로 기부를 하기도 하고, 사람들에게 좋은 음악이나 영화 등을 소개해 대중문화를 알리기도 한다. 어른들이 시키지 않아도 팬클럽 활동을 사회에 긍정적 활동으로 만들어 나가고 있는 것이다. ➡ 근거 ③ 청소년이 사회에 참여할 기회를 얻음.

마 청소년의 팬클럽 활동은 그동안 부정적 측면만 보여져 왔다. 그러나 오히려 청소년들에게 행복감과 소속감, 안정감을 느끼게 하며 사회 활동에 참여할 기회를 제공하기도 한다. (㉡) 청소년 팬클럽 활동에 대해 긍정적인 시각으로 지켜봐 준다면 더욱 성숙한 팬클럽 문화를 형성해 나갈 것이다.(글 전체의 중심 문장) ➡ 청소년의 팬클럽 활동에 대한 긍정적인 시각 당부

주제 청소년들이 더욱 성숙한 팬클럽 문화를 형성해 나가도록 청소년의 팬클럽 활동을 긍정적인 시각으로 바라보자.

1 이 글은 청소년들의 팬클럽 활동을 긍정적인 시각으로 바라보자고 주장하는 글로, 청소년 팬클럽 활동이 주는 긍정적인 효과를 근거로 들어 주장을 뒷받침하고 있습니다. 글쓴이가 제시하고 있는 문제 상황은 '청소년 팬클럽 활동을 어른들의 시각에서 무조건 나쁘게만 생각하는 것'입니다.

2 (1) — ㄱ, (2) — ㄴ, ㄷ, ㄹ, (3) — ㅁ

논설문은 일반적으로 '서론 - 본론 - 결론'으로 구성되어 있습니다. 서론에는 글쓴이가 주장하려는 문제가 제기되어 있으므로 가 문단이 해당하고, 주장에 대한 근거가 드러나 있는 나, 다, 라 문단은 본론에 해당합니다. 끝으로 본론의 내용을 요약하고 정리하고 있는 마 문단은 결론에 해당합니다.

3 나 문단에서는 청소년들이 팬클럽 활동을 통해 행복감을 얻을 수 있는 경우를 설명하고 있는데, 설문 조사 결과를 제시하지는 않았습니다.

4 ㉠의 앞뒤 내용은 서로 반대되는 내용이므로 '그러나'가 적절하며, ㉡의 앞뒤에는 원인과 결과에 해당하는 내용이 나오므로 '따라서', '그러므로' 등이 와야 합니다.

5 이 글의 글쓴이는 청소년 팬클럽 활동을 무조건 나쁘게만 볼 것이 아니라, 긍정적인 시각으로 보려는 노력이 필요하다고 주장하고 있습니다. '주현'이는 누나가 팬클럽 활동에 많은 시간을 할애하여 가족들이 걱정하고 있는 사례로, 부정적인 시각에 해당하므로 글쓴이의 생각과 다른 사례라고 할 수 있습니다.

6 정답 (1) 긍정적 (2) 행복감 (3) 소속감 (4) 안정감 (5) 사회

독해 적용 9회

우리나라 전통 악기

65쪽

1 현악기　2 관악기
3 타악기

66~68쪽

1 ②　2 ②　3 (1) ㄷ, ㅁ (2) ㄱ, ㅂ
(3) ㄴ, ㄹ　4 ③　5 ③　6 해설 참조

오늘날 우리들에게 우리나라 전통 음악과 전통 악기보다는 서양 음악, 서양 악기가 오히려 익숙한 상황이 되어 버렸다. 요즘 청소년들 전통 서양 악기에 비해서 우리 전통 악기가 단순하고 다양하지 못하다고 인식하고 있다. 하지만 우리나라 전통 악기② 역시 서양 악기 못지않게 다양하고 여러 가지 방법으로 소리를 내며, ⑤ 소리 내는 방식에 따라 현악기, 관악기, 타악기로 구분된다. (중심 낱말) ➡ 우리나라 전통 악기에 대한 인식과 종류

현악기는 줄(絃)을 진동시켜 소리를 내는 방식의 악기이다. (문단의 중심 문장) 줄을 진동시키는 방법은 크게 세 가지로 나뉜다.④ 거문고나 가야금처럼 손이나 도구로 줄을 퉁겨서 소리 내는 방법과 해금이나 아쟁처럼 활이나 막대로 줄을 문질러서 소리 내는 방법, 양금처럼 채로 줄을 쳐서 소리 내는 방법이 있다. (예시) 우리나라 현악기의 줄은① 양금을 제외하고 모두 명주실을 꼬아서 사용하기 때문에 자연스럽고 부드러운 소리가 난다. 양금은 조선 시대 때 청나라에서 들여온 것으로 *주석으로 만든 줄을 사용하여 소리가 우리 고유의 현악기와는 아주 다르다. ➡ 현악기의 의미와 종류

관악기는 관에 숨을 불어넣어 소리를 내는 방식의 악기이다. (문단의 중심 문장) 우리 고유의 관악기는 대부분 대나무로 만든 목관 악기이며 부는 모양에 따라 가로로 부는 것과 세로로 부는 것으로 나뉜다. 소금과 대금이 가로로 부는 대표적인 관악기이며, 피리와 단소, 퉁소가 세로로 부는 관악기에 속한다. (예시) 그 외에 태평소, 나발, 나각, 생황도 관악기에 포함된다. 관악기는 구멍을 뚫어 손가락으로 열거나 막아서 음높이를 만들기도 하고, 숨을 부는 세기를 다르게 해서 조절하기도 한다. ➡ 관악기의 의미와 종류

마지막으로 타악기는 손이나 채로 직접 두드리거나 서로 부딪혀서 소리 내는 방식의 악기이다.③ (문단의 중심 문장) 타악기는 악기 중에서 가장 역사가 오래되었으며 종류도 많다. 손이나 채로 쳐서 소리를 내는 것에는 장구, 꽹과리, 징, 북, 소고, 좌고, 축, 편경과 편종 등이 있으며, 서로 부딪혀 소리 내는 것에는 자바라, 박 등이 있다. (예시) ➡ 타악기의 의미와 종류

우리 고유의 악기도 서양 악기 못지않게 종류도 다양하고 다채로운 소리를 내는 우수한 악기이다. 이제부터라도 우리 고유의 전통 악기에 관심과 애정을 가지고 잘 지켜서 후손들에게 아름다운 우리 음악, 우리 악기들을 물려주어야 할 것이다. (글 전체의 중심 문장) ➡ 우리 전통 악기에 대해 우리들이 가져야 할 태도

주제 우리나라 전통 악기는 소리 내는 방식에 따라 현악기, 관악기, 타악기로 구분된다.

1 이 글에서는 우리나라 전통 악기를 소리 내는 방식에 따라 현악기, 관악기, 타악기로 구분하여 설명하였습니다. 따라서 '우리나라 전통 악기의 종류'에 대한 글입니다.

2 이 글은 우리나라 전통 악기를 '소리 내는 방식'이라는 기준에 따라 현악기, 관악기, 타악기로 분류하고, 악기 종류별로 다시 '소리 내는 방법'에 따라 세부적으로 분류하여 설명한 글입니다.

3 (1) 현악기: 거문고, 가야금, 해금, 아쟁, 양금 등
(2) 관악기: 소금, 대금, 피리, 단소, 퉁소, 태평소, 나발, 나각, 생황 등
(3) 타악기: 장구, 꽹과리, 징, 북, 소고, 좌고, 축, 편경과 편종, 자바라, 박 등

4 글의 초록색 부분에서 확인할 수 있듯이 '타악기는 악기 중에서 가장 역사가 오래되었고 종류가 많다.'는 설명이 이 글과 일치합니다.
오답풀이 ① 양금은 주석으로 만든 줄을 사용하는 악기입니다.
② 우리나라 전통 악기도 서양 악기 못지않게 종류가 다양합니다.
④ 손이나 도구로 줄을 퉁겨서 소리 내는 악기에는 거문고와 가야금이 있습니다.
⑤ 우리나라 전통 악기는 소리 내는 방식에 따라 현악기, 관악기, 타악기로 나눌 수 있습니다.

5 아쟁은 손으로 퉁겨서 소리 내는 현악기가 아닌 활이나 막대로 줄을 문질러서 소리 내는 현악기에 속하기 때문에 '태윤'이의 말이 바르지 않습니다.

6 **정답** (1) 채로 줄을 쳐서 소리 내는 것 (2) 가로로 부는 것 (3) 세로로 부는 것 (4) 서로 부딪혀 소리 내는 것

독해 적용 10회

간서치전 _ 이덕무

69쪽

1 고서　2 스며드는
3 우짖는

70~72쪽

1 ⑤　2 ④　3 책만 읽는 바보
4 ⑤　5 ③　6 ①

①목멱산(서울 남산) 아래에 어떤 어리석은 사람이 살고 있었다. 그는 말을 잘하지 못하고, 더듬거렸으며, 게으르고 생각이 좁았다. ㉠세상 돌아가는 일도 잘 알지 못하고 장기나 바둑 같은 것도 할 줄 몰랐다. ②사람들이 ㉡욕을 해도 화내거나 따지지 않고, ㉢칭찬을 해도 뽐내지 않았다. 오직 즐기는 것은 책을 보는 일이어서 추위나 더위, 배고픔이나 아픔도 전혀 느끼지 못했다. → 목멱산 아래에 책만 보는 어리석은 사람이 살고 있었음.

그는 어릴 때부터 스물한 살이 될 때까지 하루도 손에서 고서를 놓은 적이 없었다. 그의 방은 매우 좁았지만, 동쪽, 남쪽, 서쪽으로 창문이 있어서 해가 동쪽에서 서쪽으로 움직일 때 그 밝은 빛을 따라다니며 스며드는 밝은 빛을 받아 책을 읽었다. ㉣읽지 못한 책을 만나면 즐거워하며 웃었다. 그래서 집안 사람들은 ㉤그가 웃는 것을 보면, '좋은 책을 만났나 보다.'라고 생각했다. → 그는 스물한 살이 될 때까지 하루도 손에서 고서를 놓은 적이 없었음.

④그는 두보의 「오언율시」를 무척 좋아해서 앓는 소리처럼 웅얼웅얼 읊었다. 그러다가 깊은 뜻을 깨우치면 매우 기뻐하며 일어나 이리저리 왔다 갔다 했는데, 기뻐하면서 내는 소리가 마치 ⓐ갈까마귀가 우짖는 듯했다. 어떤 때는 아무 소리도 없이 눈을 휘둥그렇게 뜨고 자세히 살피기도 하고, 꿈꾸는 사람처럼 중얼거리기도 했다. → 그는 책을 읽다가 깊은 뜻을 깨우치면 매우 기뻐했음.

그래서 ⑤사람들이 그를 '간서치(看書癡, 책만 읽는 바보)'라고 불렀는데 그도 그 이름을 좋아했다. 그의 전기를 써 주는 사람이 없어서 내가 붓을 들어 적고 제목을 '간서치전'이라 붙였다. 그가 누구인지 이름은 적지 않는다. → 사람들은 그를 '간서치'라고 부름.

(중심 낱말)

줄거리 책 읽는 것만 좋아하고, 세상의 다른 일에는 관심이 없어 책만 읽는 바보로 불리웠던 어떤 사람의 이야기이다.

1 간서치전에서 이야기를 전해 주는 이는 '이야기 밖의 제삼자(작가)'로, 인물과 관련된 모든 것을 다 알고 설명하고 있습니다.

2 직유법은 '~같이', '~처럼', '~듯이'와 같은 표현을 사용하여 대상을 직접 빗대어 나타내는 방식으로, ⓐ의 '갈까마귀가 우짖는 듯'은 직유법을 사용하여 주인공이 기쁠 때 내는 소리를 나타내었습니다. 보기에서 직유법을 사용한 것은 ㄱ과 ㄷ이 해당합니다. ㄴ은 '~은 ~이다.'는 은유법을 사용하였습니다.

3 간서치는 '책만 읽는 바보'라는 뜻입니다.

4 ㉠~㉣은 인물의 성격을 짐작할 수 있는 행동들입니다. 하지만, ㉤은 다른 사람들이 그의 행동을 관찰한 것입니다.

5 이 글에 '주인공의 가족 관계'는 나와 있지 않습니다.
오답풀이 ①, ②, ④, ⑤는 글의 초록색 부분에서 확인할 수 있습니다.

6 좋아하는 책을 읽고, 그 책 속의 깊은 뜻을 깨우친 간서치가 매우 기뻐하면서 내는 소리가 갈까마귀 같다는 것이지, 주인공이 갈까마귀를 좋아한다는 '우진'이의 말은 바르지 않습니다.
오답풀이 ② 간서치는 스물한 살이 될 때까지 하루도 손에서 책을 놓은 적이 없다고 한 것으로 보아 책을 정말 좋아하는 것을 알 수 있습니다.
③ 사람들은 그를 간서치(책만 읽는 바보)라고 불렀습니다. '바보'라는 표현에서 그를 답답해한다는 것을 추론할 수 있습니다.
④ 간서치를 책을 읽을 때 추위, 더위, 배고픔, 아픔 등을 느끼지 못할 정도로 책을 읽는 것에 집중하였습니다.
⑤ 그의 전기를 써 주는 사람이 없어 글쓴이가 적는다고 나와 있는 것으로 보아 간서치에 대해 좋은 감정이 있는 것으로 추측할 수 있습니다.

독해 적용 11회

사이버 폭력 없는 학교

73쪽

1 사이버 2 SNS
3 방관

74~76쪽

1 ⑤ 2 ① 3 ⑤ 4 ④ 5 방폭
6 (1) 사이버 (2) 예방 (3) 사례 (4) 관심 (5) 도움

가 ①학교 폭력이 나날이 교묘해지고 지능적으로 변하고 있다. 과거의 학교 폭력은 신체적 폭력이 대부분을 차지하였지만, 최근에는 ②초등학생들의 스마트폰 사용이 늘어나면서 사이버 폭력이 심각해지고 다양화되는 추세이다. 전체 학교 폭력 피해 사례는 줄었지만, 유독 사이버 폭력(중심 낱말) 피해만 늘어나고 있는 현상도 주목할 만하다. 사이버 폭력 예방을 위한 대책 마련이 필요하다.(글 전체의 중심 문장) ➡ 사이버 폭력의 실태

나 사이버 폭력은 메신저나 인터넷, SNS 등의 사이버 공간에서 특정 학생을 괴롭히는 것을 말한다.(문단의 중심 문장, 사이버 폭력의 정의) 사이버 폭력에는 '떼카'(단체 대화방에 초대하여 집단으로 욕설을 하거나 괴롭히는 것)(예시 ①), '카톡감옥'(괴롭힘을 참지 못하고 단체 대화방을 나가면 계속 초대하여 괴롭히는 것)(예시 ②), '방폭'(단체 대화방에 초대한 뒤 모두 나가서 혼자 남겨 놓는 것)(예시 ③) 외에도 ③그 종류가 다양하며, 점점 더 많아지고 있는 것이 문제이다. 전문가들은 이러한 사이버 폭력의 경우, 시간과 공간의 제약이 없어 기존의 학교 폭력보다 정신적인 면에서 더 큰 피해를 줄 수 있다고 지적하였다. ➡ 사이버 폭력의 의미, 예시, 심각성

다 이러한 사이버 폭력의 문제를 해결하려면 학교 차원에서 학생 대상으로 사례 중심의 사이버 폭력 예방 교육이 실시되어야 한다.(문단의 중심 문장) 초등학생들은 학기별 1회 이상 학교폭력 예방 교육을 받도록 되어 있는데 ㉠서울특별시 ○○초등학교 학생 700명을 대상으로 한 설문조사에서 '학교 폭력 예방 교육의 내용이 너무 광범위하고 이론 중심으로 구성되어 있다.'는 응답이 나왔다.(뒷받침 자료: 연구 및 조사 자료) 최근 피해가 급증하고 있는 사이버 폭력을 중점적으로 다루면서 사례 중심으로 이루어져 학생들에게 보다 효과가 높은 교육이 실시되어야 한다. ➡ 대책 ① 사례 중심의 사이버 폭력 예방 교육 실시

라 다음으로는 ④학생 개인이나 학교뿐만 아니라 모두의 관심과 도움이 필요하다.(문단의 중심 문장) ㉡김○○ 청소년상담복지센터장은 "사이버 폭력을 방관하지 않는 주변 학생들의 자세, 선생님의 꾸준한 관리와 지속적인 생활 지도가 필요하며, 학부모 역시 자녀의 교우 관계를 면밀히 관찰하는 등의 관심이 있어야 한다."고 말하였다.(뒷받침 자료: 전문가의 의견) 더불어 관련 기관 및 지역 사회 또한 사이버 폭력 현상에 관심을 가지고 함께 협력하여 예방에 앞장서야 한다고 당부하였다. 그러므로 사이버 폭력은 나와 관련 없는 일, 남의 일이라고 생각하지 말고 모두 함께 관심을 가져야 한다. ➡ 대책 ② 모두의 관심과 도움 필요

마 나날이 교묘해지고 다양해지는 사이버 폭력은 우리 사회가 꼭 해결해야 할 과제이다.(문단의 중심 문장) 보다 효과적인 사례 중심의 사이버 폭력 예방 교육과 학생, 교사, 학부모, 지역 사회 모두의 관심과 도움이 뒷받침될 때에 학교 폭력 없는 학교, 모두가 행복하고 안전한 학교를 만들 수 있을 것이다. ➡ 주장의 강조 및 마무리

주제 점점 심각해지고 다양해지는 사이버 폭력을 예방하기 위해 더 효과적인 사례 중심의 교육과 모두의 관심 및 도움이 뒷받침되어야 한다.

1 이 글에서는 사이버 폭력이 점점 심각해지고 다양화되는 문제점을 지적하며 사이버 폭력을 예방하기 위한 대책으로 사례 중심의 학교 폭력 예방 교육, 모두의 관심과 도움이 필요하다는 것을 주장하고 있습니다. 따라서 이 글의 주제는 '사이버 폭력의 문제점과 예방법'입니다.

2 제시된 그래프는 학교 폭력 발생 건수를 나타낸 것입니다. 자료를 살펴보면 전체 학교 폭력 발생 건수는 2012년 32,000건에서 2016년 28,000건으로 감소하였으나, 사이버 폭력의 발생 건수는 2012년 900건에서 2016년 2,122건으로 증가한 것을 확인할 수 있습니다. 따라서 전체 학교 폭력 피해 사례는 줄었지만 유독 사이버 폭력 피해만 늘어나고 있는 현상에 대해 설명한 가 문단과 관련이 있습니다.

3 가 문단에서 사이버 폭력은 시간과 공간의 제약이 없어 기존의 학교 폭력보다 정신적인 면에서 더 큰 피해를 줄 수 있다고 지적하였으므로 '신체적인 면'에서 더 큰 피해를 준다는 것은 이 글의 내용과 다릅니다.

오답풀이 ①, ②, ③, ④는 글의 초록색 부분에서 확인할 수 있습니다.

4 ㉠은 서울특별시 ○○초등학교 학생을 대상으로 한 '연구 자료 및 조사 자료'이며, ㉡은 믿을 만한 '전문가의 의견'을 인용하여 주장을 뒷받침하는 데 자료로 활용하였습니다.

5 그림을 보면 단체 대화방에서 한 명을 남겨둔 채 모든 사람들이 나가는 것을 볼 수 있습니다. 이것은 단체 대화방에 초대한 뒤 모두 나가서 혼자 남겨 놓는 '방폭'에 해당합니다.

독해 적용 12회

생태계의 보고, 갯벌

77쪽

1 썰물 **2** 정화 **3** 보고

78~80쪽

1 ⑤ **2** ③ **3** ③ **4** ① **5** ②
6 (1) 점토질 (2) 조수 간만 (3) 영양분 (4) 스펀지 (5) 정화

갯벌이란 바닷물이 들어올 때는 물에 잠기고, 빠져나갈 때는 물 밖으로 드러나는 모래 점토질의 땅을 말합니다.(중심 낱말) ① 갯벌은 육지와 바다 사이에서 하루에 두 번씩 드러나는데,(문단의 중심 문장) 특히 해안선의 모양이 복잡하고 *조수 간만의 차가 큰 지역에 발달되어 있습니다. 따라서 우리 나라에서는 해안선이 ㉠단조롭고 조수 간만의 차가 적은 ② 동해안보다 서해안이나 남해안에서 주로 볼 수 있습니다. → 갯벌의 의미와 발달 지역

갯벌은 아무것도 살 수 없는 진흙 벌판처럼 보입니다. 하지만 밀물과 썰물이 드나들며 육지와 바다의 특성을 모두 갖추고 있고, 산소와 영양분을 공급하여 여러 종류의 생물들이 *서식할 수 있습니다. 실제로 전어, 숭어, 농어, 밴댕이와 같은 어류뿐만 아니라 백합, 꼬막 등의 조개류와 낙지, 갯지렁이 등이 갯벌에서 살고 있습니다.(갯벌에서 볼 수 있는 생물들 ①) 또한, 이러한 ③ 바다 생물들은 새들에게 풍부한 먹이가 됩니다.(갯벌에서 볼 수 있는 생물들 ②) 그래서 갯벌 근처에는 두루미, 황새 등 약 120여 종의 물새들도 서식합니다.(갯벌에서 볼 수 있는 생물들 ③) 이렇듯 갯벌은 수많은 동식물이 살아가는 생물들의 보금자리입니다.(문단의 중심 문장) → 역할 ① 생물의 보금자리

④ 갯벌에는 오랜 시간에 걸쳐 육지에서 흘러 내려온 흙과 모래가 쌓여 있습니다. 흙과 모래가 틈을 만들며, 그 사이로 많은 물을 흡수할 수 있습니다. 그래서 갯벌에 한꺼번에 많은 물이 흘러들어오면 물을 흡수한 후, 다시 천천히 흘려보냅니다. 이 때문에 물살의 흐름이 느려지고 물이 쉽게 넘치지 않습니다. 그래서 바닷가 근처에서 홍수가 나면 갯벌이 스펀지 역할을 하여 인명과 재산 피해를 줄여 줍니다.(문단의 중심 문장) → 역할 ② 홍수의 피해 감소

㉡흔히 갯벌을 '바다의 콩팥' 또는 '자연의 콩팥'이라고 부릅니다. ⑤ 사람의 장기 중 콩팥이 우리 몸속 노폐물을 걸러 주듯이, 갯벌이 육지에서 생긴 여러 오염 물질들을 정화시켜 주는 역할을 하기 때문입니다. 갯벌의 흙과 모래가 청소기 필터 역할을 하여 오염 물질을 거르고, 갯벌에 사는 생물들이 오염 물질을 분해하는 것입니다.(문단의 중심 문장) → 역할 ③ 오염 물질 정화

수많은 생물의 보금자리인 갯벌은 그 자체만으로 생태계의 보고입니다. 또한, 홍수로 인한 피해를 줄여 주고, 오염 물질을 정화시켜 주는 등 인간에게 이로움을 주는 소중한 자연이라 할 수 있습니다.(글 전체의 중심 문장) → 인간에게 이로움을 주는 갯벌

주제 생물의 보금자리인 갯벌은 홍수 피해를 줄이고 오염 물질을 정화시켜 주는 우리의 소중한 자연이자 생태계의 보고이다.

1 이 글은 갯벌에 사는 다양한 생물을 소개하며 홍수의 피해를 줄여 주고, 오염 물질을 정화시켜 주는 갯벌의 기능에 대해 설명하는 것으로 보아 '갯벌에 사는 생물과 갯벌의 다양한 기능'을 알려주는 글입니다.

오답풀이 ① 갯벌이 소중한 자연이자 생태계의 보고라고 설명하고 있습니다.
② 글에서 설명하고 있지 않습니다.
③ 홍수의 피해를 줄여 주는 갯벌의 기능이 설명되어 있습니다.
④ 1문단에 설명되어 있지만, 글에서 설명하고 있는 주된 내용은 아닙니다.

2 ㉠이 포함된 문장의 앞 내용에서 갯벌은 해안선의 모양이 복잡한 곳에 발달한다고 하였습니다. 해안선이 단조로운 곳에서는 거의 없다는 것으로 보아 '단조롭고'의 반대의 의미를 가진 단어는 '복잡하고'입니다.

3 2문단에서는 갯벌에 사는 다양한 생물에 대해 설명하고 있습니다. 갯벌에서 '갈치, 고등어'를 볼 수 있다는 내용은 글에서 확인할 수 없습니다.

4 4문단에서 갯벌은 오염된 바다를 정화시켜 주는 역할을 하기 때문에 '바다의 콩팥' 또는 '자연의 콩팥'이라고 부른다고 나와 있습니다. '빠른 물의 흐름을 느리게 한다.'는 3문단에서 설명하고 있는 홍수의 피해를 줄여 주는 기능에 해당되는 내용입니다.

5 1문단에서 갯벌은 해안선의 모양이 복잡하고 조수 간만의 차가 큰 지역에 발달되어 있다고 하면서, 우리나라의 서해안이나 남해안에서 주로 볼 수 있다고 하였습니다. 해안선이 단조로운 동해안에서는 갯벌을 보기 어렵기 때문에 ②가 이 글과 일치하지 않습니다.

오답풀이 ①, ③, ④, ⑤는 글의 초록색 부분에서 확인할 수 있습니다.

무역을 하는 까닭

81쪽

1 무역　2 수입
3 수출

82~84쪽

1 ⑤　2 ④　3 (1) ○ (2) × (3) ○ (4) ○　4 ②
5 (1) ㉡ (2) ㉤　6 (1) 필요 (2) 이익 (3) 수입 (4) 수출

엄마 수정아, 엄마랑 마트 가자.
수정 네, 엄마. 제가 좋아하는 바나나도 사 주세요.
엄마 엄마가 어릴 땐 바나나가 귀하고 비싼 과일이었는데, 지금은 바나나가 외국에서 많이 들여와서 가격도 싸고, 쉽게 구할 수 있지.
수정 바나나는 주로 어디에서 오나요?
엄마 ①㉠바나나는 필리핀 같은 열대 지방에서 대부분을 수입해 온단다.
수정 아하, 바나나가 다른 나라에서 온 것이군요. 그럼 바나나 말고도 또 외국에서 들여오는 과일들이 있나요?
엄마 많이 있지! ⓐ망고, 오렌지, 파인애플 등도 열대 지방에서 잘 자라는 것으로 대부분 외국에서 가져온단다.(수입하는 과일의 예시) 다른 나라에서 가져오는 것도 많이 있지만, 다른 나라가 우리나라로부터 가져가는 것들도 많아. 이렇게 나라 간에 물건이나 기술, 서비스 등을 사고파는 것을 무역이라고 해.(무역의 정의, 중심 낱말)
수정 학교에서 배웠어요. ⓑ우리나라가 다른 나라에 파는 것은 수출, 다른 나라에서 우리나라에 사 오는 것은 수입이라고요.(수입과 수출의 정의) ➡ 무역과 정의
엄마 수정이가 잘 알고 있네. 그럼 무역이 왜 이루어지는지도 알고 있겠네?
수정 네, 우리나라에 없거나 부족한 것은 외국에서 수입하고,(수입하는 경우 ①) 많은 것은 외국에 수출한다고 들었어요.(수출하는 경우 ①) ②㉡예를 들어 석유는 우리나라에서 거의 나오지 않아서 대부분 수입해요.
엄마 ㉢맞아. 또, 우리나라에서 생산하는 것보다 수입하는 것이 더 저렴한 경우에도 수입해 온단다.(수입하는 경우 ②) ③밀가루의 원료인 밀과 면의 원료인 목화는 우리나라에서 생산 비용이 많이 들어서 오히려 운송료나 여러 가지 비용을 내더라도 수입해 오는 것이 저렴해.
수정 전자계산기나 선풍기 같은 소형 가전제품들은 요즘 중국이나 베트남에서 만든 것이 많던데, 그것도 비슷한 까닭인가요?
엄마 그렇단다. ④우리나라는 소형 가전제품을 만들 수 있는 기술 수준은 충분하지만, ㉣인건비가 비싸서 오히려 중국이나 베트남처럼 *인건비가 싼 나라에서 만드는 것이 저렴해 수입한단다. 반대로 우리나라는 높은 기술 수준을 이용하여 다른 나라보다 제품을 더 잘 만들어 이를 다른 나라에 수출하기도 해.(수출하는 경우 ②)
수정 우리나라의 높은 기술 수준을 이용하여 수출하는 제품에는 어떤 것들이 있나요?
엄마 ⑤㉤반도체나 스마트폰, 텔레비전, 냉장고와 같은 가전제품, 자동차 등이 대표적인 우리나라 수출품이지. 우리나라는 이런 제품들을 수출하여 경제적으로 많은 이익을 얻고 있어.
수정 세계 여러 나라는 서로 자신들의 경제적인 이익을 따져 그 나라에서 생산할지 다른 나라에서 수입할지를 결정하는 거군요.
엄마 그래. 나라마다 필요한 것을 구하고, 경제적인 이익을 얻기 위해 무역이 이루어진단다.(글 전체의 중심 문장) ➡ 무역을 하는 까닭

주제 나라마다 필요한 것을 구하고, 경제적인 이익을 얻기 위해 각 나라의 상황을 고려하여 무역을 한다.

1 이 글에 우리나라의 높은 기술 수준을 이용하여 수출하는 제품들을 소개하고 있지만, '우리나라에서 가장 많이 수출하는 제품'은 언급되지 않았습니다.

2 우리나라는 소형 가전제품은 중국이나 베트남과 같이 인건비가 우리나라보다 상대적으로 저렴한 나라에서 수입한다고 설명하고 있습니다. 그러나 모든 소형 가전제품을 수입하는 것은 아닙니다.
오답풀이 ①, ②, ③, ⑤는 글의 초록색 부분에서 확인할 수 있습니다.

3 이 글에서는 무역을 '나라 간에 물건이나 기술, 서비스 등을 사고파는 것'으로 정의하고 있습니다. 따라서 (2)는 틀린 내용입니다.

4 ⓐ는 바나나처럼 외국에서 들여오는 과일의 종류를 예를 들어 설명하고(예시), ⓑ는 수출과 수입의 뜻을 밝히고(정의) 있습니다.

5 (1) 우리나라에서 주로 수입하는 제품들에 관한 그래프로, 우리나라에서 거의 생산되지 않아 수입하는 석유를 예로 든 ㉡과 가장 관련이 있습니다.
(2) 우리나라에서 주로 수출하는 제품들에 관한 그래프로, 우리나라의 높은 기술 수준으로 수출하는 반도체, 스마트폰, 텔레비전 등을 예로 든 ㉤과 가장 관련이 있습니다.

독해 적용 14회

천년 고도를 다녀와서

85쪽

1 전설 2 보존
3 왜구

86~88쪽

1 ⑤ 2 ① 3 ③ 4 ②
5 ③ 6 해설 참조

지난주 금요일 우리 가족은 신라 천 년의 수도 경주에 다녀왔다. (중심 낱말) 경주는 '도시 전체가 하나의 박물관이다.'라는 말이 있을 만큼 이곳저곳에 신라인들의 흔적이 많이 남아 있다. 나는 역사책에서만 보던 신라의 유적과 문화재들을 직접 보고 느끼고 싶어 이번 여행을 계획하게 되었다. ➡ 경주 여행을 계획한 까닭

서울에서 약 6시간 정도 차를 타고 고속 국도를 신나게 달려 도착한 그곳은 요금소부터 다른 곳과 달리 옛 궁궐의 문처럼 되어 있었다. ㉠천 년 전으로 시간 여행을 하게 될 것만 같은 설레는 기분을 느끼며 경주로 들어갔다. ➡ 서울에서 약 6시간 정도 달려 경주에 들어감.

우리는 제일 먼저 국립경주박물관으로 갔다. 내가 가장 보고 싶어 했던 '에밀레종'을 보기 위해서이다. 에밀레종은 박물관 정문으로 들어가면 가장 먼저 보이는 곳에 있었다. ①원래 명칭은 성덕 대왕 신종이고, 봉덕사라는 절에 걸려 있었기 때문에 (원인) '봉덕사종'으로도 불린다. (결과) 사진으로 보고 상상했을 때보다 크기가 어마어마하게 커서 깜짝 놀랐다. 이 종은 만들 때 아이를 *시주하여 넣었다는 전설이 있어 아이의 울음소리를 본 따 에밀레종이라고 부른다고 안내판에 적혀 있었다. ㉡1200여 년 전 만들어졌지만 아직까지 아름다운 소리를 낼 수 있다고 하여 기대하고 있었는데 진짜가 아닌 녹음된 소리를 들려주어 조금 실망했다. 그렇지만 종을 보존하기 위해서라고 하니 아쉬운 마음을 달랠 수밖에 없었다. ➡ 국립경주박물관에서 본 에밀레종

다음으로 천마(天馬)총으로 향했다. 천마총은 경주를 오면 다녀가지 않은 사람이 없을 정도로 유명한 장소라고 하여 꼭 방문해야 한다는 아버지의 주장에 따라 가게 되었다. ②천마총은 주인이 누구인지 알 수 없는 무덤인데, 무덤 안에서 하늘을 나는 천마(天馬)가 그려진 그림, 즉 천마도가 발견되어, 천마총이라고 불린다고 한다. ③시간이 오래 흘러 천마도가 그려진 가죽은 매우 낡았지만, ㉢천마의 모습은 여전히 하늘을 향해 힘차고 용감하게 달려가는 것 같았다. 그 모습이 마음에 들어 한참이나 바라보았다. 천마총 안에는 이 외에도 신라왕들이 쓰던 금관을 비롯하여 여러 물건이 전시되어 있었다. 난생처음 보는 유물들이 신기하여 눈을 가까이 대고 살펴보았다. ➡ 천마총에 전시된 물건들

천마총을 뒤로하고 *수중릉을 향하여 발길을 옮겼다. 수중릉은 신라의 삼국 통일을 완성한 문무대왕의 무덤으로 대왕암이라고도 불리며, 바닷가로부터 200여 미터 떨어져 있다. ④우리는 수중릉을 가까이서 보기 위해 보트를 빌려 타고 들어갔다. ⑤멀리서 볼 때는 그냥 바위섬 같았는데, 다가가서 보니 여러 개의 비석이 박혀 있었다. 파도가 거친 바다에 홀로 서 있는 수중릉을 보니, ㉣거친 바다에 서서 왜구의 침입을 몸소 막으려는 문무대왕의 나라를 사랑하는 마음이 느껴졌다. ➡ 수중릉에 대한 견문과 감상

우리 가족의 여행은 여기서 끝이 났다. ㉤경주의 많은 문화재를 다 볼 수 없어서 아쉽긴 했지만, 그동안 보고 싶었던 문화재들을 직접 가까이서 만나서 너무 감동적인 하루였다. (글 전체의 중심 문장) 돌아오는 길에 문화재에 대한 각자의 느낌을 이야기하느라 정신이 없었다. 즐겁고 행복한 여행이었다. ➡ 경주 기행문에 대한 마무리

주제 경주를 여행하면서 신라의 유적과 문화재들을 직접 보고, 듣고, 느낀 것을 기록했다.

1 이 글은 경주를 여행하면서 보고, 듣고, 느낀 것을 쓴 기행문입니다. 기행문을 쓰는 목적은 여행 과정에서 얻은 견문과 감상을 기록하기 위함입니다.

2 초록색 부분에서 볼 수 있듯이 에밀레종의 원래 명칭은 성덕 대왕 신종이며, 봉덕사라는 절에 걸려 있어서 봉덕사종으로도 불린다고 설명되어 있습니다.
오답풀이 ② 주인을 알 수 없는 지배 계급의 무덤은 '총'으로 부릅니다. 천마총 역시 그 주인이 누구인지 알 수 없습니다.
③ 천마도는 시간이 오래 흘러 그려진 가죽이 매우 낡았다고 하였습니다.
④ 수중릉은 바닷가로부터 200여 미터 떨어져 있어, 글쓴이는 수중릉을 가까이서 보기 위해 보트를 빌려 타고 들어갔습니다.
⑤ 수중릉은 여러 개의 비석이 박혀 있는 돌무덤입니다.

3 글쓴이는 실제로 성덕 대왕 신종을 봤을 때 사진으로 보고 상상했을 때보다 크기가 어마어마하게 커서 깜짝 놀랐다고 하였습니다.

4 ㉡은 에밀레종의 만든 시기와 현재 상태에 대한 견문에 해당합니다.

5 ① 천마도 ② 수중릉 ③ 감은사지 3층 석탑 ④ 에밀레종(성덕 대왕 신종) ⑤ 금관으로, 제시된 글에 석탑과 관련된 내용은 찾아볼 수 없습니다.

6 **정답** (1) 수중릉 (2) 주인 (3) 천마총 (4) 에밀레종(성덕 대왕 신종) / (다) → (나) → (가)

독해 적용 15회

병아리와 메추리 _ 이준섭

89쪽

1 메추리　2 따스한
3 하동대다

90~92쪽

1 ①　2 ⑤　3 ⑤　4 ②
5 ③　6 ⑤

봄도 이른 따스한 날 (이 시의 시간적 배경)
개봉초등학교 교문 앞 (이 시의 공간적 배경)
라면 박스에 담겨 나온
병아리와 메추리 떼들
㉠귀엽고 사랑스런 것들

서로 몸 부비면서
시끌사끌 시끌사끌
보골보골 보골보골
아이 추워 아이 추워
에이취 에이취 에취

몸에 몸을 기대고
덜덜 들들 떨면서
부들부들 떨면서도
서로들 따스함 나누며
서로들 햇살 감으며

어서 봄바람 불어라
어서 새싹 솟아올라라
악쓰며 외쳐대는구나
따스함 찾아 하동대누나
㉡봄은 병아리처럼 따스해라. (봄을 병아리에 빗대어 표현함(직유법).)

작품 해제

- **구성:** 4연 20행
- **제재:** 병아리와 메추리
- **주제:** 병아리와 메추리를 구경하던 추억, 봄의 따스함
- **특징:** 교문 앞에서 병아리와 메추리를 보고 있는 모습이 사실적으로 묘사되고 있으며, 따스함을 나누고 있는 병아리에 빗대어 봄의 따스함을 상징적으로 표현하고 있음.

1 이 시의 시간적 배경을 나타내는 시어는 '봄도 이른 따스한 날'입니다.

2 1연 5행에서 말하는 이는 병아리와 메추리 떼들을 '귀엽고 사랑스런 것들'이라고 표현한 것으로 보아 긍정적인 시선으로 바라보고 있음을 알 수 있습니다.
오답풀이 ① 이 시의 공간적 배경은 '개봉초등학교 교문 앞'입니다.
② 병아리와 메추리 떼들은 부들부들 떨면서도 서로 따스함을 나누고 있는 것으로 보아 고통을 호소하고 있다고 보기 어렵습니다.
③ 병아리와 메추리 떼들은 '라면 박스' 안에 있습니다.
④ 구경하고 있는 아이들은 시에 나타나 있지 않습니다.

3 ㉠은 병아리와 메추리 떼들에 대한 감상을 직접적으로 드러내고 있습니다. ㉡은 '~처럼'이 사용된 것으로 보아 직유법을 사용하여 봄을 병아리에 빗대어 표현하였습니다.

4 '봄 햇살이 엄마처럼 나를 따뜻하게 감싸 주었어요.'는 실제로 엄마가 '나'를 안아주었음을 표현하는 것이 아니라, 엄마처럼 봄 햇살이 따뜻하게 안아 주었다는 뜻입니다.

5 두 시에서는 모두 봄(봄 햇살)에 대한 긍정적인 태도가 나타나 있습니다.
오답풀이 ② 대상(병아리와 메추리, 봄 햇살)에 대한 비판적인 시선은 나타나지 않습니다.
⑤ 「솜이불 속 햇살」에서 엄마와 이불을 널었던 일을 떠올리고 있다고 볼 수도 있으나, 「병아리와 메추리」에서는 어떤 대상과 함께 한 추억이 드러나지 않습니다.

6 상자 안에서 하동대고 있는 병아리와 메추리 떼들은 몸을 부비며 따스함을 나누고 있습니다. 이런 병아리와 메추리 떼들이 살기 위해 발버둥을 치고 있다는 것은 적절하지 않습니다.

독해 적용 16회

우리나라 해안의 특징

93쪽

1 반도 2 해안선 3 염전

94~96쪽

1 ③ 2 ⑤ 3 ⑤ 4 ⑤ 5 ㉢
6 (1) 단조로움 (2) 리아스 (3) 수심 (4) 모래사장 (5) 다도해

가 우리나라는 동쪽과 서쪽, 남쪽이 바다로 둘러싸이고 북쪽은 육지에 이어진 반도 국가입니다. 육지와 바다가 만나는 동쪽과 서쪽, 남쪽을 각각 동해안, 서해안, 남해안이라고 일컫는데, 이들 해안(중심 낱말)은 각기 다른 지리적 특징이 있습니다. ➡ 우리나라는 삼면이 바다로 둘러싸인 반도 국가임.

나 먼저 울릉도와 독도를 제외하고 섬이 거의 없는 동해안은 해안선이 무척 단조롭습니다(문단의 중심 문장). 직선 형태의 밋밋한 해안선을 따라 긴 모래사장이 펼쳐져 있고, 바다의 수심이 깊어 여름에는 해수욕을 하려는 사람들로 붐빕니다. 또한 석호라고 불리는 호수가 많습니다. 석호는 육지 쪽으로 들어간 바다의 입구가 막히며 만들어진 호수를 말합니다(석호의 정의). 아름다운 석호의 경치를 보기 위해 찾는 관광객들도 많습니다. ➡ 동해안의 특징

다 동해안과 달리 ①서해안과 남해안은 해안선의 굴곡이 매우 복잡한 *리아스식 해안입니다(문단의 중심 문장). 이곳에는 ②갯벌이 넓게 발달해 있습니다. 바닷물이 들어오고 빠져나갈 때 높이의 차이, 즉 조수 간만의 차가 매우 크기 때문입니다(갯벌의 발달 원인과 결과). 특히 서해안은 세계 5대 갯벌에 속할 정도로 갯벌이 넓게 발달해 있습니다. 갯벌은 각종 조개류와 바다 생물들이 서식할 뿐만 아니라 오염 물질을 정화해 주는 역할도 하여 생태학적으로 매우 가치가 큰 곳입니다. 서해안과 남해안의 갯벌은 주로 ③어장과 양식장 등으로 활용되거나, ④염전으로 이용되기도 합니다(갯벌의 활용 예시). 남해안은 다도해라고 불릴 정도로 크고 작은 섬들이 많습니다. 그 개수가 약 2,000여 개 정도인데, 그중에서도 ⑤경치가 아름답기로 유명한 해상 국립 공원은 해마다 많은 관광객들이 찾고 있습니다. ➡ 서해안과 남해안의 특징

라 이처럼 우리나라는 동해안과 서해안, 남해안이 각기 다른 모습을 지니고 있습니다(글 전체의 중심 문장). 넓은 모래사장과 석호를 지닌 동해안, 갯벌이 넓게 발달한 서해안, 크고 작은 섬들이 많은 남해안 등 다양한 아름다움을 지닌 우리 해안이 후손에게도 그대로 전해질 수 있도록 보존하고 더 깨끗하게 관리해 나가야 할 것입니다. ➡ 우리나라 해안을 잘 보존하고 관리해야 함.

주제 우리나라 동해안과 서해안, 남해안이 각기 다른 모습과 특징을 지니고 있다.

1 이 글은 '우리나라 해안의 특징'을 동해안, 서해안, 남해안으로 나누어 설명하는 글입니다.

2 이 글에는 우리나라 동해안, 서해안, 남해안 각각의 특징을 나열하듯이 설명하고 있습니다. 그러나 ㄷ의 '동해안에서 많이 잡히는 어종'과 ㄹ의 '우리나라 북쪽이 맞닿아 있는 나라'에 대해서는 설명하고 있지 않습니다.

3 나~다 문단은 우리나라 해안을 동해안과 서해안, 남해안으로 나누어 전체적으로는 분석의 방법으로 설명하고 있습니다. 이때 석호가 무엇인지 그 의미를 밝혀 설명하였으며(정의), 갯벌의 발달과 관련하여 원인과 결과를 밝혀 설명하였습니다(인과). 또한, 서해와 남해의 갯벌 활용과 관련해서는 예를 들어 설명하였습니다(예시). 하지만 ⑤와 같이 '사건이 발생한 시간의 순서에 따라 설명하는 방식(서사)'은 사용하지 않았습니다.

4 해상 국립 공원으로 지정된 곳은 남해안에만 해당하는 설명입니다.
오답풀이 ①, ②, ③, ④는 글의 초록색 부분에서 확인할 수 있습니다.

5 ㉢은 해안선이 복잡하고 갯벌이 발달한 서해안과 남해안의 특징에 해당하는 내용이므로 동해안에 관해 이야기하고 있는 세훈이와 경수의 대화에 어울리지 않습니다.

독해 적용 **17회**

닮았지만 다른 황사와 미세 먼지

97쪽

1 발생　2 인위적
3 지름

98~100쪽

1 ⑤　2 ⑤　3 ②　4 ③　5 ③
6 (1) 먼지 (2) 화석 연료 (3) 토양 성분 (4) 10

가 최근 봄이 되면, 우리는 외출하기 전 일기 예보를 먼저 확인합니다. 맑은 하늘을 뿌옇게 뒤덮는 황사와 미세 먼지(중심 낱말) 때문입니다. ① 황사와 미세 먼지 모두 대기 중에 떠다니는 작은 먼지이지만, 엄연히 다른 물질입니다. ➡ 엄연히 다른 황사와 미세 먼지

나 발생 원인이 다릅니다.(문단의 중심 문장) 황사는 중국 대륙의 사막이나 황토 땅에 있는 누런 흙먼지가 바람을 타고 날아오는 것입니다.(황사의 예) 그러나 ② 미세 먼지는 석탄이나 석유 등 화석 연료를 태울 때 나오는 것으로, 소각장이나 자동차의 배기가스, 건설 현장 등에서 많이 발생합니다.(미세 먼지의 예) 즉 황사는 자연 물질인 반면, 미세 먼지는 인위적인 화학 물질이라고 할 수 있습니다. ➡ 발생 원인에 따른 차이

차이점(대조)

다 주요 구성 성분이 다릅니다.(문단의 중심 문장) 황사는 흙먼지에서 발생하는 것이기 때문에 칼슘이나 마그네슘 등 토양 성분이 주를 이룹니다. 그러나 ③ 산업 활동으로 생긴 미세 먼지는 탄소 화합물, 금속 화합물 등으로 이루어져 있습니다. ➡ 구성 성분에 따른 차이

라 알갱이의 크기가 다릅니다.(문단의 중심 문장) 황사는 지름이 20마이크로미터(μm) 이하의 모래 알갱이지만 미세 먼지는 지름이 10마이크로미터 이하의 작은 먼지입니다. 또한 미세 먼지 중 지름이 2.5마이크로미터 이하인 것을 초미세 먼지라고 합니다. 지름이 50마이크로미터인 머리카락과 비교해 보면 ④ 미세 먼지는 머리카락의 5분의 1, 초미세 먼지는 20분의 1 정도밖에 되지 않는 아주 작은 물질입니다. ➡ 알갱이의 크기에 따른 차이

공통점(비교)

마 이처럼 황사와 미세 먼지는 발생 원인, 성분, 알갱이의 크기가 다르다는 점에서 차이가 있습니다. (㉠) ⑤ 황사와 미세 먼지 모두 폐나 기관지 등에 들어가 호흡기 질환을 일으킬 뿐만 아니라 눈, 피부에도 염증을 유발하는 등 우리 몸에 좋지 않은 영향을 끼칩니다.(문단의 중심 문장) ➡ 황사와 미세 먼지의 공통점

바 최근에는 중국에서 황사와 함께 중금속으로 오염된 미세 먼지가 한데 뒤섞여 우리나라로 날아오고 있습니다. 황사가 심하거나 미세 먼지 농도가 높을 때에는 외출을 자제하고, 보건용 마스크를 착용하는 등 알맞은 *대처 방법을 알고 주의를 기울여야겠습니다.(문단의 중심 문장) ➡ 황사와 미세 먼지에 대한 대처 당부

주제 황사와 미세 먼지는 발생 원인, 구성 성분, 알갱이의 크기 등이 엄연히 다른 물질로, 우리 몸에 좋지 않은 영향을 끼친다.

1 이 글은 '황사와 미세 먼지'에 대해 주로 설명하고 있는 글입니다.

2 나 ~ 라 문단에서는 황사와 미세 먼지의 발생 원인, 구성 성분, 알갱이의 크기에 따른 차이점을 설명하고 있습니다. 이처럼 둘 이상의 대상을 견주어서 차이점을 중심으로 설명하는 방식을 '대조'라고 합니다.

오답풀이 ① 분석: 대상을 작은 요소들로 나누어 설명하는 방식
② 분류: 대상을 일정한 기준에 따라 묶어 설명하는 방식
③ 예시: 이해를 쉽게 하기 위해 예를 들며 구체적으로 설명하는 방식
④ 비교: 둘 이상의 대상을 견주어서 공통점을 중심으로 설명하는 방식

3 칼슘이나 마그네슘 등의 토양 성분은 황사의 주요 성분입니다. 미세 먼지의 주요 성분은 탄소 화합물, 금속 화합물 등 대기 오염 덩어리이므로 ②가 적절하지 않습니다.

오답풀이 ①, ③, ④, ⑤는 글의 초록색 부분에서 확인할 수 있습니다.

4 미세 먼지는 석탄이나 석유 등 화석 연료를 태울 때 나오는 것으로, 소각장이나 자동차의 배기가스, 건설 현장 등에서 많이 발생하는 인위적인 화학 물질입니다. '사막에서부터 날아온 흙먼지'는 황사에 해당합니다.

5 ㉠의 앞에는 황사와 미세 먼지의 차이점을 정리하고 있는 반면, 뒤에는 황사와 미세 먼지 모두 우리 몸에 좋지 않은 영향을 끼친다는 공통점이 있음을 말하고 있습니다. 따라서 앞의 내용과 반대되는 내용을 이어 줄 때 사용하는 '그러나'가 들어가는 것이 알맞습니다.

독해 적용 18회

포장 문화의 원형, 달걀 꾸러미

101쪽

1 원형 2 기능
3 정보

102~104쪽

1 ⑤ 2 ③ 3 ② 4 ② 5 ③
6 (1) 포장 문화 (2) 달걀 (3) 습기 (4) 정보 (5) 조화

가 달걀은 깨지기 쉽고, 구르기 쉽고, 썩기 쉬운 특성 때문에 무엇으로 싸 두지 않으면 안 된다. 인류가 맨 처음 물건을 싸는 포장 문화에 눈뜨게 된 것도 어쩌면 달걀 때문이었을지도 모른다. 여기서는 ①포장 문화의 원형이라 할 수 있는 달걀 꾸러미에 대해서 알아보자. ➡ 포장 문화의 원형인 달걀 꾸러미

나 ②한국인은 짚으로 달걀 꾸러미를 만들었다. 충격과 습기를 막아 주는 그 부드러운 재료(중심 낱말) 자체가 이미 새의 둥지와 같은 구실을 한다. 그렇다. 짚으로 만든 달걀 꾸러미는 가장 포근하고 안전한 달걀의 집, 제2의 둥지이다. ➡ 달걀 꾸러미의 재료

다 그러나 ③한국의 달걀 꾸러미가 보여 주는 놀라움은 결코 그 재료의 응용에만 있는 것이 아니다. 그 점이라면 일본의 달걀 꾸러미도 마찬가지이다. 문제는 같은 짚을 사용하면서도 달걀을 완전히 다 싸 버린(비교) 일본 사람들과 달리 한국 사람들은 그것을 반만 싸고(대조) 반은 그대로 두어 밖으로 드러나게 했다는 데 있다.(문단의 중심 문장) ➡ 달걀 꾸러미의 형태

라 ㉠왜 반만 쌌는가. 기능만을 생각한다면 일본 사람들처럼 다 싸는 것이 안전하지 않을까. 그러나 물리적인 기능만을 생각하여 그것을 짚으로 다 싸 버린다면 달걀의 형태와 구조는 완전히 가려져 그 의미를 *상실하게 될 것이다. 포장한 짚만 보이고 그 알맹이는 보이지 않게 될 것이므로 사람들은 그것이 얼마나 깨지기 쉬운 물건인지를 모르게 될 것이다.(문단의 중심 문장) ➡ 짚으로 반만 싼 달걀 꾸러미의 기능성

마 그러고 보면 한국 사람들이 달걀을 반만 쌌다는 것은 기능만 생각한 것이 아니라 그 정보성을 중시했다는 증거이다.(문단의 중심 문장) 달걀 꾸러미를 들고 다니는 사람들은 그것이 깨지기 쉬운 달걀임을 감각으로 느낄 수 있어 조심하게 될 것이다. ➡ 달걀 꾸러미의 정보성

바 또 그것이 상품으로 전시되었을 때, 그 신선도나 크기에 관한 정보를 소비자에게 알려 줄 수도 있다. ④물리적 정보만이 아니라 형태와 구조를 나타내 보임으로써 ⑤달걀 꾸러미는 디자인의 *미학을 완성한다. 내용물을 가리면서도 동시에 드러내는 것, 거기에서 한국의 포장 문화는 자신의 존재 이유를 발휘하는 것이다. 짚과 달걀은 그 색채에 있어서나 촉감에 있어서 완벽한 대조와 조화의 아름다움을 자아낸다.(문단의 중심 문장) ➡ 달걀 꾸러미의 아름다움

사 한국의 달걀 꾸러미는 깨지지 않게 내용물을 보호하는 *합리적인 기능성, 포장된 내용물을 남에게 보여 주는 정보성, 그리고 형태와 구조를 드러낸 아름다움의 세 가지 특성을 동시에 만족하는 포장 문화의 *이상적인 본보기라고 할 수 있다.(글 전체의 중심 문장) ➡ 포장 문화의 이상적인 본보기인 한국의 달걀 꾸러미

한국의 달걀 꾸러미 ▸

주제 한국의 달걀 꾸러미는 기능성, 정보성, 아름다움의 세 가지 특성을 동시에 만족하는 포장 문화의 이상적인 본보기이다.

1 사 문단에 이 글의 중심 내용이 잘 요약되어 있습니다. ①~④의 내용도 이 글에 나타나고 있으나 뒷받침 내용입니다.

2 다 문단에 한국의 달걀 꾸러미가 보여 주는 놀라움은 그 재료의 응용에만 있는 것이 아니라고 말하고 있으므로 ③이 이 글과 일치하지 않습니다.
오답풀이 ①, ②, ④, ⑤는 글의 초록색 부분에서 확인할 수 있습니다.

3 다 문단에는 일본의 달걀 꾸러미와 한국의 달걀 꾸러미의 차이점을 말하고 있으므로 두 대상이 지닌 차이점을 중심으로 설명하고 있습니다.

4 ㉠은 달걀 꾸러미를 반만 싼 까닭에 대한 질문입니다. 그 까닭은 라와 마 문단에 '달걀 꾸러미 속에 달걀이 들어 있다는 것을 알게 하여 사람들이 달걀을 조심히 들고 다니게 하기 위해서'라고 나타나 있습니다.

5 이 글은 한국의 달걀 꾸러미가 지닌 다양한 의미에 대해서 설명하는 글입니다. 따라서 타당한 근거를 들어 자신의 주장을 내세우는 글은 아니므로 '윤정'이가 잘못 이해했습니다.
오답풀이 ① 이 글의 설명 대상은 가 문단에 직접적으로 제시되고 있습니다.
② 달걀 꾸러미를 짚으로 만들어서 충격과 습기를 막고, 반만 싸서 그 속에 달걀이 들어 있다는 정보를 제시하고, 짚과 달걀의 아름다움을 자아낸 것에서 우리 조상들의 지혜를 엿볼 수 있습니다.
④ 이 글은 달걀 포장에 담긴 합리적인 기능성, 정보성, 아름다움 등 다양한 의미를 설명해 주고 있습니다.
⑤ 가 문단에서 글쓴이는 깨지기 쉽고, 구르기 쉽고, 썩기 쉬운 달걀의 특성을 제시하여 달걀 포장의 필요성에 대해 말함으로써 이 글에 대한 독자들의 관심을 이끌어 내고 있습니다.

독해 적용 19회

역경을 극복한 작곡가, 베토벤

105쪽

1 연주　2 작곡
3 장애

106~108쪽

1 ③　2 ②　3 ④　4 ③　5 ②
6 (1) 가난 (2) 명성 (3) 생계 (4) 비판 (5) 장애

베토벤(L. v. Beethoven)은 ①가난한 음악가의 아들로 태어났다. (중심 낱말) 베토벤의 아버지는 베토벤을 모차르트와 같은 천재로 만들기 위해 엄하게 훈련시켰다. 연습을 게을리하면 때렸고, 손가락을 움직일 수 없을 때까지 피아노 연주를 시켰다. 결국, 베토벤은 열네 살에 궁정 오르간 연주자가 되어 ㉠명성을 얻었다.

하지만 어머니가 병에 걸려 베토벤은 다시 집으로 돌아왔다. 어머니가 세상을 떠나자 아버지는 날마다 술로 세월을 보냈다. ②베토벤은 어린 두 동생을 돌보기 위해 피아노 선생을 하며 *생계를 책임졌다. → 가난했던 베토벤의 어린 시절

그러다가 아버지가 세상을 떠나고 두 동생도 어느 정도 생활이 안정되자 ③스물두 살에 수도인 빈으로 가서 세계적인 음악가 하이든과 모차르트의 지도를 받았다.

그 뒤 베토벤은 눈부시게 발전해 연주가로서 활발한 활동을 했다. 하지만 ④사교계의 화려한 생활은 베토벤에게 맞지 않았다.

"내가 존재하는 까닭은 위대한 일을 하기 위해서야."

이렇게 생각한 베토벤은 *은둔 생활을 하며 다른 음악가의 음악은 절대로 듣지 않았다.

그러나 사람들은 베토벤을 이상한 사람 취급하며 베토벤이 작곡한 곡을 심하게 비판했다. → 베토벤의 음악적 성장과 활동

그 무렵, ㉡베토벤은 귀가 점점 들리지 않게 되는 장애를 얻게 되었다. 음악가가 귀가 들리지 않는다는 것은 음악을 할 수 없게 되는 것과 마찬가지였다. 그래서 베토벤은 유서를 써 놓고 죽음을 생각하기도 했다. 하지만 다시 마음을 고쳐먹었다.

"나는 음악가다. 들리지 않아도 충분히 음악 활동을 할 수 있어!"

베토벤은 다시 꿈을 가졌다. 병과 싸우면서도 용기를 잃지 않고 음악 활동을 열심히 했다.

그리고 마침내 작곡한 곡을 연주하는 날, 사람들은 베토벤의 음악에 감동하여 *우레와 같은 박수를 보냈다. 하지만 박수 소리를 듣지 못한 베토벤은 지휘를 마치고도 그 자리에서 꼼짝하지 않고 있었다. 한 연주자가 베토벤을 돌려세우자 그제야 베토벤은 사람들의 환호와 박수를 느끼고 눈물을 흘렸다고 한다. → 귀가 들리지 않는 장애를 극복한 베토벤

가난과 질병과 싸우면서 ⑤베토벤은 「운명」, 「전원」, 「합창」 등 아홉 개의 교향곡과 「월광곡」, 「엘리제를 위하여」 등의 피아노곡을 발표했다. (글 전체의 중심 문장) → 베토벤의 작품

– 조영경, 『한 권으로 끝내는 교과서 위인』

주제 베토벤은 가난과 귀가 들리지 않는 장애를 극복하고 사람들에게 감동을 주는 곡을 작곡하는 훌륭한 음악가가 되었다.

1 이 전기문은 가난과 장애를 극복하고 작곡가로서 성공한 베토벤의 삶을 담고 있습니다. 따라서 가장 적절한 제목은 '역경을 극복한 작곡가, 베토벤'입니다.

2 '명성'의 사전적 의미는 '세상에 널리 퍼져 평판 높은 이름'입니다. 따라서 ㉠과 바꾸어 쓸 수 있는 가장 자연스러운 말은 '유명해졌다.'입니다.

3 ㉡으로 인해 귀가 들리지 않게 된 베토벤은 처음엔 좌절하였지만, 용기를 잃지 않고 음악 활동을 열심히 하였습니다. 따라서 ④가 가장 적절합니다.

오답풀이 ①, ② 귀가 들리지 않아 음악 활동을 할 수 없다고 생각하여 죽음까지 생각했지만, 마음을 고쳐먹고 열심히 음악 활동을 하였습니다.
③ 하이든과 모차르트의 지도로 음악 공부를 한 것은 ㉡ 이전의 일입니다.
⑤는 이 글에 나타나 있지 않습니다.

4 베토벤은 세계적인 음악가 하이든과 모차르트의 지도를 받았다고 하였습니다. 따라서 '희준'이의 말은 글의 내용과 맞지 않습니다.

오답풀이 ①, ②, ④, ⑤는 글의 초록색 부분에서 확인할 수 있습니다.

5 베토벤은 어린 두 동생을 돌보기 위해 피아노 선생을 하며 생계를 책임지는 등 가난을 극복하기 위해 노력하였습니다. 또한, 귀가 들리지 않게 되는 장애를 얻게 되었음에도 용기를 잃지 않고 음악 활동을 열심히 했습니다. 이렇듯 베토벤은 가난과 장애를 극복하고 끝까지 꿈을 이루기 위해 노력했기 때문에 우리에게 많은 교훈과 감동을 준다고 할 수 있습니다.

오답풀이 ① 열네 살에 실력을 인정받아 궁정 오르간 연주자가 되었습니다.
③ 베토벤의 아버지는 베토벤을 훌륭한 음악가로 만들기 위해 엄하게 훈련시켰습니다.
④ 사교계의 화려한 생활은 베토벤에게 맞지 않았다고 했습니다.
⑤ 베토벤은 가난과 질병을 극복하여 아홉 개의 교향곡을 발표했습니다.

독해 적용 20회

마지막 수업 _ 알퐁스 도데

109쪽

1 지각 2 엄숙
3 문법

110~112쪽

1 ④ 2 ① 3 ① 4 ④
5 ③ 6 ⑤

“얘야. 그렇게 서두를 것 없다. 어차피 지각은 없을 테니까.”

그러나 나는 할아버지가 나를 놀리는 말이라고 생각하고 학교를 향해 ㉠헐레벌떡 뛰어갔다.

여느 때 같으면 수업이 시작되는 이 시각쯤 교실에서는 길에서도 들릴 정도로 ㉡시끌벅적한 소리가 흘러나오곤 했다. 책상 서랍을 거칠게 여닫는 소리. 남보다 더 잘 외우려고 귀를 틀어막고 큰 소리로 고래고래 책을 읽는 소리.

그 사이사이로 ‘조용히 하지 못해?’ 하는 고함과 함께 교탁을 내리치는 쇠막대기 소리들이 큰길까지 들려 왔던 것이다.

나는 바로 그런 틈을 이용해서 ㉢슬쩍 교실로 들어가 앉을 생각이었다. ➡ 프란츠의 등굣길

그런데 그 날은 웬일인지 마치 일요일 아침처럼 조용했다.

열려 있는 창문을 통해 제 자리에 단정히 앉아 있는 친구들과 무서운 쇠막대기를 든 채 왔다 갔다 하는 아멜 선생님이 보였다.

나는 할 수 없이 조용하기만 한 교실 문을 ㉣살그머니 열고 안으로 들어갔다. 창피하기도 했지만, (가) 겁이 나서 가슴이 쿵쿵 뛰었다. 그런데 뜻밖의 일이 일어났다. 아멜 선생님은 화를 내거나 꾸짖기는커녕 나를 보더니 부드러운 목소리로 이렇게 말했다.

“프란츠야, 어서 네 자리에 가 앉거라. 하마터면 너를 빼놓고 수업을 할 뻔했구나.”

나는 얼른 내 자리로 가 앉았다. 마음이 좀 가라앉자 비로소 평소와는 다른 선생님의 옷차림이 눈에 들어왔다. 장학사가 오는 날이나 상장을 줄 때 입는 멋진 초록색 프록코트에 새하얀 셔츠와 하늘색 넥타이, 그리고 오렌지 색 조끼를 입고 있었던 것이다.

교실 분위기도 평소와는 다르게 뭔가 엄숙하고 무거운 느낌을 주었다. 그러나 무엇보다도 (나) 나를 놀라게 한 것은 교실 뒤쪽에 마을 사람들이 와서 우리들처럼 의자에 나란히 앉아 있는 것이었다. 삼각 모자를 쓴 오제르 영감님, 지금은 물러난 전 면장님과 집배원 아저씨, 그 밖에도 몇 사람들이 긴 의자에 앉아 있었다. 어쩐지 모두들 슬퍼 보였다.

오제르 영감님은 모서리가 다 닳아빠진 프랑스 문법책을 무릎 위에 펴놓고 그 위에 안경을 올려놓고 있었다. 내가 어리둥절하고 있는 사이에 아멜 선생님은 교단 위로 올라가더니 아까처럼 부드러우면서도 가라앉은 목소리로 말을 하기 시작했다. ➡ 평소와 다르게 엄숙하고 고요한 교실 분위기

“여러분, 바로 이 시간이 여러분과 함께 하는 내 마지막 수업(중심 낱말)입니다. 알자스와 로렌 주의 모든 학교에서는 앞으로 독일어만 가르치라는 명령이 베를린으로부터 왔습니다.

내일부터는 새 선생님이 오실 것입니다. 그래서 오늘이 프랑스어로 수업하는 마지막 시간이니까 내 말을 주의 깊게 잘 들어 주기 바랍니다.”

이 몇 마디 말은 나를 온통 ㉤뒤죽박죽으로 만들어 버렸다. 이럴 수가! 면사무소 게시판에 붙어 있었던 게 바로 이것이었구나. 이게 마지막 수업이라니…….

나는 이제 겨우 글자를 쓸 수 있는 수준밖에 안 되는데. 그럼 더 이상 프랑스어를 배울 수가 없단 말인가? 이것으로 끝이란 말인가? 나는 그동안 시간을 헛되게 보냈다. 새 둥지나 뒤지고, 얼어붙은 강에서 스케이트를 타면서 (다) 수업을 빼먹었던 일들이 몹시 후회되었다.

조금 전까지만 해도 지겹게 여겨지던 문법책과 역사책이 이젠 헤어지기 싫은 오랜 친구처럼 생각되었다. ➡ 오늘이 마지막 수업이라는 이야기를 들은 프란츠

줄거리 **독일어만 가르치라는 명령 때문에 더이상 학교에서 프랑스어를 배울 수 없었던 프란츠의 마지막 수업 이야기이다.**

1 이 글은 학교를 향해 뛰어가고 있는 등굣길부터 등교를 한 직후의 이야기를 다루고 있습니다.

2 이야기에서는 오늘이 마지막 수업이라는 것에 대한 ‘나(프란츠)’의 생각과 느낌을 자세히 표현하고 있습니다. 따라서 주된 등장인물은 ‘프란츠’입니다.

3 숨을 가쁘고 거칠게 몰아쉬는 모양을 나타낸 말은 ‘헐레벌떡’입니다.
오답풀이 ② 시끌벅적: 많은 사람들이 어수선하고 시끄럽게 떠드는 모양.
③ 슬쩍: 남의 눈을 피하여 재빠르게.
④ 살그머니: 남이 알아차리지 못하게 살며시.
⑤ 뒤죽박죽: 여럿이 마구 뒤섞여 엉망이 된 모양. 또는 그 상태.

4 이날은 프랑스어를 배울 수 있는 마지막 수업이었기 때문에 평소의 교실 분위기와는 다르게 엄숙하고 무거운 느낌이 들었던 것입니다.

5 글의 초록색 부분에서 확인할 수 있습니다.

6 새로운 선생님이 오시는 까닭은 더 이상 프랑스어를 가르치지 말고 독일어만 가르치라는 명령 때문입니다. 따라서 ‘동엽’이의 반응은 적절하지 않습니다.

독해 적용 21회

언어의 다섯 가지 특성

113쪽

1 언어 2 법칙 3 의사소통

114~116쪽

1 ① 2 ④ 3 석진 4 ⑤ 5 자의성
6 (1) 자의성 (2) 역사성 (3) 규칙성 (4) 창조성 (5) 약속 (6) 규칙

인간은 말을 하지 않고 하루라도 살 수 있을까? 또 문자가 없다면 지금처럼 인류가 발전할 수 있었을까? 이처럼 우리의 생각과 느낌을 소리나 문자로 표현하는 언어가 없었다면 일상에서의 의사 전달뿐만 아니라 인류가 진보하는 데 많은 한계가 있었을 것이다. 그렇다면 언어(중심 낱말)에는 어떤 특성이 있을까? ➡ 언어의 중요성

언어는 대상과 그것을 가리키는 말소리를 정하는 데 정해진 법칙이 없다. ①우리나라 말로 '책'이 영어로는 '북(book)', 프랑스어로는 '리브르(livre)'라고 하는 것처럼 같은 대상이라도 나라마다 나타내는 말이 다르다. 이처럼 대상과 그것을 가리키는 말소리가 우연히 결합된 것을 언어의 자의성이라고 한다.(문단의 중심 문장) ➡ 언어의 특성 ① 언어의 자의성

또한, 언어는 그 언어를 사용하는 사람들끼리 약속한 것으로, 한 사람의 마음대로 바꿀 수 없다. 이것을 언어의 사회성이라고 한다.(문단의 중심 문장) 누군가 '책'이라는 사물을 자기 마음대로 '침대'라고 부르고, "난 침대 보는 것을 좋아해."라고 말하면 사회적 약속에 혼란이 생기며 대화하는 것이 힘들어진다. ➡ 언어의 특성 ② 언어의 사회성

언어는 시간이 지나면서 모양과 의미, 부르는 소리가 조금씩 변하거나 새로 생겨나기도 한다. 이를 언어의 역사성이라고 한다.(문단의 중심 문장) ②조선 시대에 창제된 훈민정음으로 쓰여진 『*용비어천가』에 '불휘 기픈 남군'이라는 구절이 나온다. '뿌리 깊은 나무'라는 뜻이다. 또 여기에 나오는 ③'믈'은 '물'로 부르는 소리가 변하였고, ④'어여쁘다'는 '불쌍하다'에서 '예쁘다'로 뜻이 바뀌었다. ⑤오늘날에는 휴대 전화, 인공위성 같은 새로운 물건들이 생겨나며 그것을 부르는 말도 새롭게 만들어지고 있다. ➡ 언어의 특성 ③ 언어의 역사성

언어를 사용할 때 지켜야 할 일정한 규칙이 있는데, 이를 언어의 규칙성이라고 한다.(문단의 중심 문장 ①) "나는 물을 마신다."라는 말을 "나는 물이 마신다."라고 하면 우리말 규칙에 어긋난다. 또한 한정된 단어로 상황에 따라 새로운 문장을 만들어 쓰는데, 이를 언어의 창조성이라고 한다.(문단의 중심 문장 ②) 앵무새에게 "빨리 오세요."라는 문장을 가르치면 앵무새는 그 말밖에 못 하지만, 사람은 "빨리 왔으면 좋겠다.", "아마 빨리 올걸." 등과 같이 새로운 문장을 만들어 사용한다. ➡ 언어의 특성 ④, ⑤ 언어의 규칙성과 창조성

언어는 많은 사람들이 함께 사용하는 사회적 약속이다.(문단의 중심 문장) 시간이 지나면서 조금씩 그 모양이나 뜻, 소리가 변화하기도 하고, 새로 생겨나기도 한다. 또는 상황에 따라 더 복합하거나 다른 형태의 언어를 만들어내기도 한다. 하지만 언어는 무엇보다 원활한 의사소통을 목적으로 하기 때문에 일정한 규칙을 기본으로 한다. ➡ 요약 및 마무리

주제 언어는 자의성, 사회성, 역사성, 규칙성, 창조성이라는 다섯 가지 특성을 가지고 있다.

1 이 글은 언어의 다섯 가지 특성을 설명한 글로, 1문단에서 '언어에는 어떤 특성이 있을까?'라며 이 글의 설명 대상을 명확히 밝히고 있습니다.

2 '어여쁘다'는 예전에는 '불쌍하다'는 뜻이었으나 오늘날에는 '예쁘다'는 뜻으로 바뀌었다고 설명하고 있습니다. 따라서 ④가 맞지 않습니다.
오답풀이 ①, ②, ③, ⑤는 글의 초록색 부분에서 확인할 수 있습니다.

3 이 글에서 여러 대상을 일정한 기준에 따라 묶어서 정리하는 '분류'의 방법은 사용하지 않았으므로, '석진'이가 잘못 말한 것입니다.
오답풀이 지은: 이 글은 언어의 특성을 자의성, 사회성, 역사성, 규칙성, 창조성의 다섯 가지로 '분석'하여 자세히 설명하고 있습니다.
지민, 치수: 언어의 각 특성을 설명할 때 언어의 각 특성을 '~은 ~이다.'와 같은 '정의'의 방식을 사용하였으며, 각 특성을 이해하기 쉽도록 구체적인 '예'를 들고 있습니다.

4 제시된 대화는 '언어의 창조성'과 관련된 예시입니다. 창조성은 한정된 어휘를 가지고 다양하게 문장을 만들어 낼 수 있는 언어의 특징입니다.

5 제시된 예는 같은 대상을 부르는 말이 언어마다 다른 것입니다. 이는 대상과 그것을 가리키는 말소리를 정할 때 정해진 법칙에 따른 것이 아닌, 우연한 결합으로 이루어지기 때문인데, '언어의 자의성'에 해당합니다.

독해 적용

22회 약 또는 독, 항생제

117쪽

1 세균 2 치료
3 부작용

118~120쪽

1 ④ 2 ④ 3 (1) 독 (2) 질병 (3) 효과 (4) 내성
4 ② 5 ④ 6 해설 참조

우리는 세균에 감염되면 병원에서 진찰을 받고 약을 먹습니다. 하지만 수백 년 전에는 이런 질병을 치료하지 못해 고통받거나 목숨을 잃기도 하였습니다. ①항생제가 개발되기 전까지 세균을 직접 죽이는 방법이 없었기 때문입니다.(중심 낱말) 그렇다면 항생제란 무엇이며, 어떻게 개발되었을까요? → 질병을 치료하는 데 필요한 항생제

②㉠항생제는 *미생물에 의해 만들어진 것으로 다른 미생물의 성장을 막거나 죽이는 물질을 말합니다.(문단의 중심 문장, 항생제의 정의) 1928년 영국 런던의 세균학자였던 알렉산더 플레밍은 상처를 감염시키는 *포도상 구균을 연구하던 중 *배양 접시 한쪽에서 푸른곰팡이를 발견하였습니다. 그런데 포도상 구균이 그 부분에서만 자라지 못하고 있었습니다. 플레밍은 푸른곰팡이가 포도상 구균의 성장을 막는다는 사실을 알아낸 후, ③푸른곰팡이에서 페니실린이라는 인류 최초의 항생제를 발명해 냈습니다. → 항생제의 의미와 발명 과정

항생제가 개발되자 그동안 손쓰지 못했던 수많은 질병을 치료할 수 있게 되었습니다.(문단의 중심 문장) 상처에 감염됐을 때뿐만 아니라 ④폐렴이나 디프테리아와 같은 질병을 치료하는 데에도 항생제가 효과적이라는 것이 알려지며 '마법의 탄환'이라고도 불렸습니다. 이렇듯 항생제는 인류에게 질병을 치료하는 최고의 약이 되었습니다. → 항생제의 효과

그러나 항생제가 여기저기 쓰이면서 또 다른 문제가 생겨났습니다. 사람들은 가벼운 감기나 심하지 않은 질병에도 무분별하게 항생제를 사용하였습니다. 그러면서 ⑤사람 몸에서 항생제에 대한 내성이 생겼습니다.(문단의 중심 문장) 내성이란 특정 약을 반복 사용하여 약의 효과가 떨어지는 것을 말합니다.(내성의 정의) 즉 항생제를 많이 먹으면서 몸속 세균이 항생제에 맞서 살아남기 위해 더 강해진 것입니다. 이 때문에 오히려 질병 치료가 더 어려워졌습니다. → 항생제의 무분별한 사용 시의 문제점

항생제는 약이 되기도 하지만 잘못 사용하면 오히려 독이 될 수도 있습니다. 따라서 세균 감염이 의심되는 경우에만 의사의 진단을 받고 항생제를 복용해야 합니다. 또한, 장기간 항생제를 먹지 않는 것이 좋으며, 한 번에 여러 종류의 항생제를 먹는 것 또한 피해야 합니다. ㉡항생제의 올바른 사용법과 부작용을 알고 복용해야 우리 몸을 더욱 건강하게 보호할 수 있습니다.(글 전체의 중심 문장) → 항생제의 올바른 사용법

주제 항생제는 잘못 사용하면 독이 될 수 있으므로 올바른 사용법과 부작용을 알고 복용해야 한다.

1 이 글은 항생제의 올바른 사용법과 부작용을 알려주는 글로, 항생제의 의미와 발명 과정, 효과, 무분별한 사용을 할 때의 문제점을 다루고 있습니다.

2 '~는 ~이다.'의 형식으로 어떤 말이나 사물의 의미를 밝히는 설명 방식을 '정의'라고 합니다. ㉠에서는 정의의 설명 방식으로 항생제의 의미를 밝히고 있습니다.

오답풀이 ① 예시: 이해를 쉽게 하기 위해 예를 들며 구체적으로 설명하는 방식
② 대조: 둘 이상의 대상을 견주어서 차이점을 중심으로 설명하는 방식
③ 분석: 대상을 작은 요소들로 나누어 설명하는 방식
⑤ 분류: 대상을 일정한 기준에 따라 묶어 설명하는 방식

3 항생제는 약이 되기도 하지만 잘못 사용하면 오히려 독이 될 수 있습니다. 도식에서는 항생제가 약이 되는 경우와 독이 되는 경우로 나누어 정리하고 있습니다.

4 본문에서 항생제는 다른 미생물의 성장을 막거나 죽이는 물질이라고 정의하고 있습니다. 따라서 '항생제는 다른 미생물의 성장을 돕는다.'는 글의 내용과 맞지 않습니다.

오답풀이 ①, ③, ④, ⑤는 글의 초록색 부분에서 확인할 수 있습니다.

5 마지막 문단에서는 항생제의 올바른 사용법에 대해 설명하고 있습니다. ㉡의 앞 문장에서 여러 종류의 항생제를 한 번에 먹어서는 안 된다고 설명하고 있습니다. 따라서 '효과를 높이기 위해 여러 종류의 항생제를 복용한다.'는 항생제의 올바른 사용법이라고 할 수 없습니다.

6 **정답** (1) 항생제 (2) 미생물 (3) 마법 (4) 내성 (5) 약 (6) 독

독해 적용 **23회**

알에서 태어난 주몽

121쪽

1 탄생 2 건국
3 도읍

122~124쪽

1 (1) 탄생 (2) 건국 2 ① 3 ③ 4 영애
5 ①, ③ 6 (1) 알 (2) 활 (3) 강 (4) 하백 (5) 고구려

고구려의 시조는 주몽(朱蒙)이야. 주몽이란 활을 잘 쏘는 사람이라는 뜻이지. 주몽은 기원전 37년 압록강 유역에 있는 졸본에 나라를 세웠는데, 주몽의 탄생과 고구려의 건국에는 특별한 이야기가 있어. (중심 낱말) ➡ 주몽 신화의 개요

어느 날 하늘의 신인 해모수가 땅에 내려왔어. 그는 강물의 신인 하백의 딸 유화를 보고 반해서 아내로 삼았지. 하백은 딸 유화가 몰래 결혼해서 아이를 갖자 멀리 쫓아 버렸어. *부여의 금와왕은 우연히 유화를 보고, 유화의 아름다운 모습에 반해 궁궐로 데려와 함께 살았어. 유화는 얼마 뒤 출산을 했는데, ②아이 대신 커다란 알을 낳았어. 금와왕은 깜짝 놀라 알을 밖에 내다 버렸어. 그런데 짐승들이 그 알을 정성껏 보호해 주었고, 깨뜨리려고 해도 깨지지 않았어. 결국, 금와왕은 알을 유화에게 돌려주었어. 유화가 알을 햇빛이 잘 드는 따뜻한 곳에 두니, 알에서 튼튼한 남자아이가 태어났지. ③아이는 자라며 무척 영특했고, 활을 매우 잘 쏘아서 항상 *백발백중이었지. (원인)

(㉠) 금와왕은 아이에게 주몽이라는 이름을 지어 주었어. (결과) ➡ 주몽의 신비한 탄생과 뛰어난 능력

금와왕의 자식들은 재주가 뛰어난 주몽을 *시기하여 없애려고 했어. 주몽의 어머니인 ④유화는 금와왕의 아들들이 주몽을 죽이려 한다는 것을 알았지. (원인)

(㉡) 주몽에게 부여를 떠나라고 했어. (결과) 주몽은 부여에 남겨둔 아내에게 자식이 태어나면 꼭 자신을 찾아오게 하라고 말한 뒤, 오이, 마리, 협보라는 믿음직한 세 부하들과 함께 부여를 떠났어.

⑤주몽이 도망쳤다는 것을 알고 부여의 군사들이 뒤따라 왔어. 강에 이르러 오도 가도 못하게 되자 주몽이 강을 향해 소리쳤어. "나는 하늘의 신 해모수의 아들이자, 강의 신 하백의 손자인 주몽이다." 그 말에 강의 신 하백은 물고기와 자라들을 모아 다리를 만들어 주었어. 주몽은 그 다리를 이용하여 무사히 강을 건넜지. ➡ 주몽에게 닥친 어려움 극복

졸본에 도착한 주몽은 그곳을 도읍으로 정하고, 나라 이름을 고구려라 하였어. 자신의 성을 '고'씨로 하기로 했지. 고주몽은 고구려의 첫 번째 왕인 동명성왕이 되었지. ➡ 고구려 건국

줄거리 하늘의 신 해모수와 강의 신 하백의 딸 유화의 아들로 태어나 뛰어난 능력을 지닌 주몽은 위기를 극복하고 고구려를 건국하였다.

1 이 글은 주몽의 탄생과 고구려 건국에 대한 신화입니다. 첫 번째 문단의 마지막 문장을 통해 글을 내용을 짐작할 수 있습니다.

2 이 글에는 '주몽 아들'에 대한 이야기는 언급되어 있지 않습니다.
오답풀이 ②, ③, ④, ⑤는 글의 초록색 부분에서 확인할 수 있습니다.

3 ㉠과 ㉡의 앞 문장과 뒤 문장은 서로 원인과 결과의 관계에 있으므로 '그래서', '따라서', '그러므로' 등과 같은 이어 주는 말이 와야 합니다.
오답풀이 ① 만약: 혹시 있을지 모르는 뜻밖의 경우를 가정할 때 쓰는 말
② 그런데, ④ 그러나: 앞의 내용과 반대되는 내용이 이어질 때 쓰는 말
⑤ 왜냐하면: 뒤에 앞 문장에 대한 까닭이나 이유를 제시할 때 쓰는 말

4 '영애'가 말한 주몽이 믿음직한 부하들과 함께 부여를 떠났다는 것은 영웅적인 요소와는 거리가 먼 내용입니다.
오답풀이 소라: 건국 신화 속 주인공들은 하늘의 신 아들, 물의 신의 아들 등 대부분 일반적인 사람들과는 다른 혈통을 가집니다.
현준: 건국 신화 속 주인공들은 알에서 태어나는 등 특이하게 태어나고, 어릴 때부터 뛰어난 능력을 보입니다.
유정: 건국 신화 속 주인공들은 성장하면서 죽을 고비를 넘기기도 하고, 그 가운데 신비로운 현상으로 도움을 받는 경우도 있습니다.

5 고구려 건국 신화에 건국 시조인 주몽이 알에서 태어났고, 주몽이라는 이름을 갖게 된 까닭이 나타나 있으며, 신라 건국 신화에도 건국 시조인 박혁거세가 박처럼 생긴 알에서 태어났고, 박혁거세라는 이름을 갖게 된 까닭이 잘 나타나 있습니다.

독해 적용 24회

고흐의 노란 해바라기

가 정물화에 자신의 열정을 아낌없이 쏟아부은 화가가 있다. 바로 여러분도 잘 알고 있는 전설적인 화가 고흐이다. 고흐는 예술과 삶, 고통과 슬픔을 정물화에 *격정적으로 표현했다. 이글거리는 태양처럼 뜨거웠던 고흐의 정물화에 대해 알아보자. ➡ 고흐의 정물화

나 ①고흐는 해바라기를 무척 좋아했다.(중심 낱말) 그는 *일편단심 태양만을 사랑하는 해바라기가 목숨을 걸고 예술을 추구하는 자신과 같다고 생각했다. 고흐는 지쳐 쓰러질 때까지 *분신과도 같은 해바라기 그림을 그리고 또 그렸다. ➡ 해바라기 그림을 그린 까닭 ①

▲ 고흐의 「해바라기」

다 그런데 특이한 것은 고흐의 해바라기 그림이 온통 노란색이라는 점이다. 배경도, 탁자도, 꽃병도 모두 샛노랗다. 그것은 해바라기를 그릴 때 고흐의 심정이 노랗게 물들었기 때문이다. ②붓질도 대담하고 힘이 넘친다. 얼마나 강한 집중력을 가지고 그림을 그렸으면 색채도 붓질도 저토록 폭발할 것처럼 이글거릴까? 고흐의 해바라기는 현실의 해바라기이면서 화가의 감정을 대변하는 영혼의 꽃이기도 하다. ➡ 화가의 감정을 대변하는 영혼의 꽃인 고흐의 해바라기

라 너무도 고독했던 ③고흐는 태양을 닮은 ㉠노란색 해바라기를 그리면서 위안을 얻고 싶어 했다. 이를 증명하는 고흐의 편지가 있는데, 고흐는 자신의 동생 테오에게 "정신을 집중해 해바라기 그림을 그리고 있다. 황금도 녹여 버릴 것 같은 해바라기의 강렬한 느낌을 다시 얻기 위해서다."라고 쓰고 있다. ➡ 해바라기 그림을 그린 까닭 ②

마 ④고흐의 해바라기 그림은 *런던 내셔널 갤러리의 최고 걸작으로 지금도 많은 사람들의 사랑을 받고 있다.(결과) 관객들이 평범한 정물화에 이처럼 관심을 기울이는 까닭은 무엇일까? ⑤노란색 해바라기는 고흐의 짧고 비극적인 삶과 예술에 대한 열정을 거울처럼 반영하고 있기 때문이다.(원인, 글 전체의 중심 문장) ➡ 고흐의 삶과 열정을 반영한 해바라기 그림

주제 고흐의 해바라기 그림에는 고흐의 짧고 비극적인 삶과 예술에 대한 열정이 반영되어 있다.

125쪽

1 정물화 2 걸작 3 비극적

126~128쪽

1 ② 2 ② 3 ④ 4 ① 5 ②
6 (1) 정물화 (2) 해바라기 (3) 예술 (4) 감정 (5) 위안 (6) 열정

1 이 글은 고흐의 해바라기 그림에 담긴 고흐의 삶과 열정에 대해 설명하고 있는 글로 '고흐의 해바라기 그림'이 중심 내용입니다.

2 다 문단을 보면 고흐의 해바라기 그림은 '대담하고 힘이 넘치는 붓질'이 특징임을 알 수 있으므로 ②는 이 글의 내용과 맞지 않습니다.

오답풀이 ①, ③, ④, ⑤는 글의 초록색 부분에서 확인할 수 있습니다.

3 라 문단에서 고흐가 동생에게 보낸 편지의 내용만으로 형제간의 우애를 알 수는 없습니다.

오답풀이 ① 가 문단은 설명 대상인 '고흐의 정물화'를 제시함으로써 글에 대한 독자의 관심을 유도하고 있습니다.

② 나 문단에는 고흐가 해바라기 그림을 그린 까닭이 제시되고 있는데, 해바라기가 자신과 같다고 생각했기 때문입니다.

③ 다 문단에는 고흐의 해바라기 그림의 색채(노란색), 표현 기법(대담하고 힘이 넘치는 붓질) 등이 설명되고 있습니다.

⑤ 마 문단은 원인(노란색 해바라기 그림에는 고흐의 삶과 열정이 반영되어 있기 때문)과 결과(고흐의 해바라기 그림은 지금도 많은 사람들의 사랑을 받음.)를 밝혀 설명하고 있습니다.

4 ㉠의 의미는 나와 다 문단에 잘 나타나고 있습니다. 나에서 '해바라기'는 고흐에게 분신과도 같은 존재이며, 다에서 '해바라기'는 고흐의 감정을 대변하는 영혼의 꽃이라고 설명하고 있습니다.

5 고흐의 해바라기 그림은 많은 사람들의 사랑을 받고 있는 까닭이 그 그림에 고흐의 삶과 예술에 대한 열정이 반영되어 있기 때문이라고 말하고 있습니다. 따라서 고흐의 그림이 많은 사람들의 사랑을 받고 있는 현상을 글쓴이가 부정적으로 바라보고 있다고 한 '경재'의 말은 알맞지 않습니다.

독해 적용

25회 이른 봄 _ 최춘해

129쪽

1 안개　2 체온
3 젖줄

130~132쪽

1 ①, ②　2 ①　3 ⑤　4 ④
5 ③　6 ④

㉮
암탉이 알을 품듯 (암탉이: 봄을 빗대어 나타낸 대상 / 알: 세상을 빗대어 나타낸 대상)
봄님이
온 세상을 품고 있다.
안개 낀 아침.

㉯
닭의 체온으로 (봄 님의 품 안을 빗대어 나타낸 대상)
보송보송한 예쁜
병아리가 깨이고, (병아리: 새싹을 빗대어 나타낸 대상)

㉰
봄님의 품 안에서
병아리처럼 고렇게 예쁜
연둣빛 새싹들이 깨일 테지.

㉱
조올졸 내리는 비는 (조올졸: 소리를 흉내 내는 말)
새싹의 젖줄.

㉲
새싹이 눈을 감고
강아지처럼 젖줄을 빤다. (강아지: 새싹을 빗대어 나타낸 대상 / 젖줄: 비를 빗대어 나타낸 대상)

작품 해제

- **구성:** 5연 14행
- **제재:** 봄
- **주제:** 이른 봄, 자연의 풍경
- **특징:** 이른 봄의 안개 낀 아침에 볼 수 있는 자연의 풍경을 아름다운 시어들로 표현한 시로, 봄을 암탉에 비유하여 나타냄.

1 이 시의 시간적 배경은 이른 봄, 안개 낀 아침입니다. 따라서 시간적 배경을 알 수 있는 시어는 '봄님'과 '안개 낀 아침'입니다.

2 1연의 내용으로 미루어 짐작할 때, 암탉(닭)이 병아리를 품고 있는 것에 빗대어 봄이 세상을 품고 있음을 표현하였음을 알 수 있습니다.

3 ㉲에서는 새싹이 비를 빨아들이는 모습을 강아지가 젖줄을 빠는 모습에 빗대어 표현한 것이므로 '젖을 빠는 강아지의 모습을 비유적으로 표현했다.'는 설명은 옳지 않습니다.

4 마지막 연의 '강아지처럼 젖줄을 빤다.'는 표현은 새싹이 비를 빨아들이는 모습을 나타낸 것이므로, 강아지는 새싹과 연결해야 합니다.

5 '대회 나갔다 이기고 돌아온 선수인 듯'이라는 행에서 '~듯'의 형태로 바다를 선수에 직접 비유하는 직유법이 사용되었음을 알 수 있습니다.

6 「이른 봄」에서는 자연 현상(봄)을 알을 품은 닭에 비유하였고, 「바다」에서는 자연 현상(바다)을 대회 나갔다 이기고 돌아온 선수에 비유하였습니다.
오답풀이 ① 두 시의 공간적 배경은 자연으로, 현실의 세계입니다.
② 「이른 봄」 3연 3행의 '연둣빛 새싹들'이라는 표현에서는 색을 나타내는 시각적인 표현이 사용되었으나, 「바다」에서는 '우우우 우우우'라는 청각적 표현이 사용되었습니다.
③ 두 시에서는 모두 말하는 이가 직접적으로 드러나 있지 않습니다.
⑤ 「이른 봄」에서 봄이라는 계절이 제시되고 있으나, 「바다」에는 제시되지 않았습니다. 또한 말하는 이의 감정이 나타나고 있지 않습니다.

독해 적용 26회

모두를 위한 착한 여행

133쪽

1 개발 도상국 2 소득 3 교류

134~136쪽

1 ① 2 ③ 3 ① 4 (1) ㉠, ㉢ (2) ㉡, ㉣ 5 ④ 6 (1) 착한 여행 (2) 소득 (3) 환경

가 오늘날 관광 산업은 국가 경제에 영향을 미칠 정도로 크게 성장했습니다. 특히 개발 도상국에서는 경제 성장과 일자리 문제가 걸려 있는 관광 산업을 아주 중요하게 생각합니다. 그러나 ㉠관광객 증가로 생긴 이익 대부분은 선진국의 여행사나 항공사가 차지하고, 현지 주민들은 잡일을 하며 적은 보수만 받습니다. 더 큰 문제는 주민들에게 돌아가는 이익은 극히 일부인데, 그들이 살아가야 하는 자연환경은 마구잡이로 훼손된다는 것입니다. 이러한 문제점을 줄이기 위해 등장한 것이 바로 '착한 여행'(중심 낱말)입니다. → 착한 여행의 등장 배경

나 착한 여행이란, 먼저 관광이 그 지역 주민들의 소득으로 이어질 수 있도록 하는 것입니다.(문단의 중심 문장) 예를 들어 ①② 숙박할 때 호텔이나 리조트보다 지역 주민이 운영하는 숙박 시설이나 전통 가옥을 찾아 머무릅니다. 또한, 대형 쇼핑몰이나 면세점에서 물건을 사기보다 ③ 전통시장이나 지역 상점, 식당을 이용하는 것입니다. 그 지역에서 생산한 물건을 사거나 지역 주민이 만든 음식을 사 먹는 것만으로도 지역 경제 발전에 도움을 줄 수 있습니다. 또한 지역 주민과 직접 교류하는 과정에서 그 나라와 문화를 더 잘 알게 될 수도 있습니다. → 실천 방법 ① 지역 경제 발전에 도움되기

다 또한, ㉡여행하는 동안 환경을 오염시키지 않기 위해 노력하는 것입니다.(문단의 중심 문장) 관광객들이 무심코 버린 쓰레기는 여행지에 심각한 피해를 줍니다. ㉢필리핀의 보라카이는 여행객들이 버린 많은 쓰레기가 문제가 되었습니다. 그래서 최근에는 환경 정화와 보호를 위해 6개월간 섬을 폐쇄하였습니다. 따라서 어느 곳을 여행하든 일회용품 사용을 줄이고 ④ 쓰레기를 함부로 버리지 않아야 합니다. 또한, 탄소 배출량이 적은 대중교통을 이용하거나 도보나 자전거 여행도 좋습니다. → 실천 방법 ② 여행지의 환경이 오염되지 않도록 노력하기

라 ㉣착한 여행은 거창한 것이 아닙니다.(문단의 중심 문장) ⑤ 여행 중 숙박, 음식, 쇼핑 등을 선택할 때, 그 기준을 '어느 것이 더 저렴하고 편리한가'에서 '어느 것이 더 착한가'로 생각해 보는 것입니다. 이런 작은 자세의 변화가 지역 주민들의 경제 성장에 도움이 되고, 나 자신에게도 의미 있는 여행이 될 수 있습니다.(글 전체의 중심 문장) → 착한 여행을 위한 노력 촉구

주제 지역 경제 발전에 도움을 주고 환경을 오염시키지 않는 착한 여행에 관심을 갖고 실천해 보자.

1 이 글에서는 여행자뿐만 아니라 여행지 주민들에게도 이익이 되며 여행지의 환경을 보존하기 위하여 '착한 여행을 하자.'고 주장하고 있습니다.

2 가 문단에서 착한 여행이 등장하게 된 배경으로 관광객 증가로 생긴 이익이 현지 주민에게 돌아가지 않고(ㄴ), 그들이 살아가야 하는 자연환경이 훼손된다(ㄷ)는 문제 상황을 제시하였습니다.

오답풀이 ㄱ은 여행 산업이 개발 도상국 경제에 중요하다는 것이므로 문제 상황과 관련 없는 설명입니다.
ㄹ은 이 글에 문제 상황으로 언급되고 있지 않습니다.

3 관광이 그 지역 주민들의 소득으로 이어질 수 있게 하려면 호텔이나 리조트보다 지역 주민이 운영하는 숙박 시설이나 전통 가옥을 찾아 머무르는 것이 좋다고 제시되어 있습니다. 따라서 호텔을 예약한다는 '용태'는 이 글을 바르게 이해했다고 보기 어렵습니다.

오답풀이 ②, ③, ④, ⑤는 글의 초록색 부분에서 확인할 수 있습니다.

4 ㉠은 착한 여행이 등장하게 된 문제 상황, ㉢은 유명 여행지인 보라카이의 실제 사례이므로 '사실'에 해당하고, ㉡은 착한 여행의 구체적인 내용으로 실천을 촉구하는 내용이므로 '의견'에 해당합니다. ㉣은 착한 여행의 실천이 어렵지 않음을 강조하고 있는 글쓴이의 '의견'입니다.

5 라 문단에서는 착한 여행은 어려운 것이 아니며, 작은 자세의 변화에서부터 출발한다고 이야기하고 있습니다. 따라서 '실천하기 어렵기 때문에 노력해야 한다는 것을 강조한다.'는 내용은 적절하지 않습니다.

오답풀이 ① 가 문단에서는 착한 여행이 등장하게 된 배경을 문제 상황과 함께 설명하고 있습니다.
②, ③ 나~다 문단에서 착한 여행을 하기 위한 실천 방안을 구체적인 예를 들어 설명하고 있습니다.

독해 적용 27회

음식은 적당히, 운동은 열심히

137쪽

1 비만 **2** 열량 **3** 소모

138~140쪽

1 (1) ㄱ (2) ㄹ (3) ㅁ (4) ㄴ (5) ㄷ **2** ④ **3** ② **4** ④ **5** ② **6** (1) 열량 (2) 식습관 (3) 운동 (4) 규칙적

가 비만은 다양한 병을 일으키는 원인이다. 최근에는 비만이 어린이와 청소년들에게 생기면서 더 큰 문제가 되고 있다. 어린아이부터 사춘기 청소년들의 체중이 *표준 체중보다 20퍼센트 이상인 경우를 일컫는 '소아 비만'의 원인과 치료 방법을 알아보자. → 소아 비만의 의미

문단의 중심 문장 / 중심 낱말

나 소아 비만의 가장 큰 원인은 몸으로 들어오는 열량보다 소모하는 열량이 적은 것이다. 오늘날 경제 성장으로 생활이 편리해지며 텔레비전 시청이나 컴퓨터 게임 등 실내 활동이 늘어났다. 당연히 몸을 움직이는 데 필요한 열량이 줄어들었다. 그런데 고지방·고열량 식품 섭취의 증가와 서구화된 식생활로 열량 섭취는 오히려 증가하였다. 여기서 남은 에너지가 지방으로 쌓여 비만을 일으키는 것이다. → 소아 비만의 주된 원인

문단의 중심 문장

다 문제는 ㉠소아 비만이 성인 비만보다 더 심각하다는 것이다. ①어렸을 때 비만은 어른이 될 때까지 이어지기 쉽고, 오래 지속될수록 ②당뇨나 혈관 질환, ③우울증, 사회 부적응 등으로 이어지기 쉽다. 또한, ④몸속 지방이 증가하면 성호르몬이 일찍 분비된다. ⑤성호르몬이 일찍 나올수록 성장 *호르몬을 억제해 성장판이 일찍 닫히고, 그만큼 키가 잘 자라지 않는다. → 소아 비만이 성인 비만보다 심각한 까닭

문단의 중심 문장

라 소아 비만을 치료하는 방법에는 크게 세 가지가 있다. 잘못된 식습관을 ㉡개선하여 열량 섭취를 줄이는 방법, 생활 활동이나 운동으로 열량 소모를 늘리는 방법, 규칙적인 생활 습관으로 적당한 체중을 유지하는 방법이다. 이 세 방법을 함께 한다면 소아 비만을 치료할 수 있다. → 소아 비만의 치료 방법

문단의 중심 문장

마 [㉢] 소아 비만은 짧은 기간 동안 치료하기 어렵다. 어린이는 비만 치료를 위한 끈기와 의지가 부족하여 부모의 도움이 필요할 뿐만 아니라, 평생 건강한 식생활과 활동적인 생활 습관을 계속 유지해야 하기 때문이다. 또한, 체중을 줄이는 데에 성공했다가도, 다시 비만해지거나 이전보다 더 비만해지는 경우도 있다. 따라서 소아 비만은 부모의 관심과 도움 아래 어렸을 때부터 관리하여 어른이 될 때까지 유지할 수 있도록 노력해야 한다. → 소아 비만을 짧은 기간에 치료하기 어려운 까닭

문단의 중심 문장 / 글 전체의 중심 문장

주제 소아 비만은 성인 비만에 비해 심각한 문제로, 치료하기 위해 꾸준히 노력해야 한다.

1 (1) — ㄱ, (2) — ㄹ, (3) — ㅁ, (4) — ㄴ, (5) — ㄷ 글의 문단별 요약 내용에서 확인할 수 있습니다.

2 다 문단에서 '몸속 지방이 증가하면 성호르몬이 일찍 분비된다.'는 내용을 확인할 수 있으므로 ④가 적절하지 않습니다.

오답풀이 ①, ②, ③, ⑤는 글의 초록색 부분에서 확인할 수 있습니다.

3 소아 비만을 치료하기 위해서는 식단을 조절하여 열량 섭취를 줄이고 운동량을 늘려 열량 소모를 늘려야 한다고 말하고 있습니다.

4 ㉡ '개선'은 '잘못된 것이나 부족한 것, 나쁜 것 등을 고쳐 더 좋게 만듦.'을 뜻하는 낱말입니다.

오답풀이 ① 병이나 상처 따위를 잘 다스려 낫게 함.: 치료

② 균형이 맞게 바로잡음. 또는 적당하게 맞추어 나감.: 조절

③ 일을 하거나 길을 가는 등의 행동을 할 때 함께 짝을 함.: 동반

⑤ 어떤 상태나 상황을 그대로 보존하거나 변함없이 계속하여 지탱함.: 유지

5 ㉢의 앞에는 소아 비만을 치료하는 방법을 설명하고 있는 반면, 뒤에는 소아 비만이 짧은 기간 동안 치료하기 어려움을 설명하고 있습니다. 따라서 따라서 앞의 내용과 반대되는 내용을 이어 줄 때 사용하는 '그러나'가 들어가는 것이 알맞습니다.

독해 적용

28회 주목해야 할 해양 에너지

141쪽

1 해양 2 화석 연료 3 온실가스

142~144쪽

1 ③ 2 ② 3 ④ 4 ⑤ 5 (1) ⓐ, ⓑ (2) ⓒ
6 (1) 고갈 (2) 환경 오염 (3) 해양 (4) 영구적 (5) 경제적

가 오늘날 우리가 생활하는 데 에너지는 많은 역할을 한다. 그리고 ㉠그중 대부분의 에너지는 석탄이나 석유, 천연가스 등과 같은 화석 연료에서 얻고 있다. 그러나 환경학자들은 지금과 같은 속도로 화석 연료를 사용할 경우 석탄은 50년, 석유는 150년 정도면 *고갈될 것이라고 말한다.(문제 상황 ①) 또한 화석 연료로 인한 환경 오염 문제도 심각하다. ㉡기후 변화와 *지구 온난화의 주원인인 온실가스가 화석 연료를 사용하는 과정에서 나오기 때문이다.(문제 상황 ②) 바로 이러한 문제점을 해결하기 위한 방법을 신재생 에너지에서 찾고 있다.(문단의 중심 문장) → 화석 연료 사용의 문제점

나 신재생 에너지란 태양열, 지열, 풍력, 수력, 해양 에너지(중심 낱말) 등과 같이 환경을 오염시키지 않으면서도 ①고갈되지 않는 에너지를 말한다. 특히 ㉢우리나라는 삼면이 바다로 둘러싸여 있기 때문에 바다를 이용한 해양 에너지 개발에 매우 유리하다. 따라서 해양 에너지를 화석 연료를 대체할 에너지원으로서의 가능성과 실효성, 경제성 등을 따져 보아야 한다.(문단의 중심 문장) → 해양 에너지 개발의 타당성 제시

다 우선 해양 에너지는 환경친화적이며 영구적으로 쓸 수 있다.(문단의 중심 문장) 밀물과 썰물, 파도의 세기, 바다의 온도 차와 같은 자연조건을 활용하기 때문에 ⓐ온실가스나 ②오염 물질을 거의 배출하지 않으면서 에너지를 생산할 수 있다. 또한 주어진 바다 환경을 활용하기 때문에 화석 연료처럼 고갈되지 않는다. 수력 발전과 비교해 보아도 ㉣해양 에너지는 ③강수량의 영향을 받지 않아 일 년 내내 에너지를 안정적으로 생산해 낼 수 있다. → 해양 에너지의 장점 ① 환경친화적이며 영구히 쓸 수 있음.

라 해양 에너지는 매우 경제적이다.(문단의 중심 문장) ④해양 에너지의 발전 시설을 만드는 초기 비용이 많이 들기는 하지만, 그 이후에는 ⑤에너지 생산에 필요한 별도의 자원이 들어가지 않는다. ⓑ바닷물만 있으면 에너지를 생산할 수 있기 때문에 전체 비용이 많이 들지 않는다. 또한 ㉤해양 에너지는 대규모 발전이 가능하여 한꺼번에 많은 전기를 공급할 수 있다. 예를 들어 2011년 전력 생산을 시작한 시화호 조력 발전소는 세계 최대 규모의 발전량을 자랑하며, 연간 50여만 가구에 전기를 공급할 수 있다고 한다. → 해양 에너지의 장점 ② 경제적임.

마 세계 여러 나라는 화석 연료를 대체할 새로운 에너지 개발에 노력 중이다. 이는 에너지 고갈과 환경 오염을 더 이상 외면할 수 없는 우리의 생존과도 밀접하게 연관된 문제이다. 해양 에너지는 환경을 오염시키지 않으면서도 지속적인 에너지 개발이 가능하다. 또한 우리나라는 해양 에너지 개발에 유리한 자연환경도 갖추고 있다. 따라서 ⓒ우리나라는 해양 에너지를 개발하고 활용할 수 있는 방안을 찾는 데 관심과 노력을 기울여야 할 것이다.(글 전체의 중심 문장) → 해양 에너지 개발에 관심과 노력 당부

주제 화석 연료의 고갈과 환경 오염 문제를 해결하기 위해 신재생 에너지인 해양 에너지의 개발에 관심과 노력을 기울여야 한다.

1 이 글은 신재생 에너지 중 하나인 해양 에너지 개발에 관심을 갖자고 주장하는 글입니다. 삼면이 바다인 우리나라 자연환경을 고려할 때 앞으로 무한한 가능성이 있음을 근거로 제시하고 있습니다.

2 제시된 그래프는 국내 온실가스가 우리 생활 곳곳에서 배출되고 있으며, 이러한 온실가스의 배출원이 주로 석탄, 석유, 가스 등의 화석 연료라는 것을 보여 주고 있습니다. 따라서 '지구 온난화의 주원인인 온실가스가 화석 연료를 사용하는 과정에서 나온다.'고 한 ㉡이 그래프와 가장 관련 있다고 할 수 있습니다.

3 해양 에너지는 발전 시설을 만드는 초기 비용은 많이 들지만, 그 이후 생산에는 별도에 자원이 들어가지 않는다고 설명되어 있습니다. 따라서 '발전 시설을 만드는 초기 비용이 적게 든다.'고 한 설명은 적절하지 않습니다.

오답풀이 ①, ②, ③, ⑤는 글의 초록색 부분에서 확인할 수 있습니다.

4 마 문단은 글의 내용을 전체적으로 요약하면서, 주장을 다시 한번 강조하고 있습니다. 다른 사람의 말을 인용한 내용은 나타나 있지 않습니다.

5 ⓐ와 ⓑ는 해양 에너지의 특징에 관해 설명한 것으로, '사실'에 해당합니다. 그러나 해양 에너지를 개발하고 활용하는 데 노력해야 한다고 주장하고 있는 ⓒ의 경우 글쓴이의 '의견'이 됩니다.

독해 적용

29회 비는 신의 영역? 인공 강우 기술

145쪽

1 인공 2 강우 3 한계

147~148쪽

1 ④ 2 (1) 염화 칼륨 (2) 로켓 (3) 수분 (4) 비 3 ④ 4 ③ 5 ② 6 해설 참조

우리나라는 *농경 국가였기 때문에 비에 대한 관심이 많았다. 단군신화에는 환웅이 인간세계로 내려올 때 우사(비를 맡은 신)를 데리고 왔다는 기록이 있고 고려 시대에는 비를 내리기 위한 궁전 제사와 조상신에 대한 제사가 있었다. 또한, 조선 시대에는 '물의 신'인 용에게 비는 제사가 있었다고 전해진다. 이처럼 옛날에는 비를 내리기 위해 제사를 지냈지만, 오늘날, 인간은 비를 내리기 위해 과학 기술을 이용할 수 있다. 인공적으로 구름의 성질을 변화시켜 비를 내리게 하는 것을 인공 강우 기술이라고 한다.(문단의 중심 문장 / 인공 강우 기술의 정의) ➡ 인공 강우 기술의 의미

인공 강우 기술은 구름에 씨를 뿌려 비를 내리게 하는 원리이다.(문단의 중심 문장 / 중심 낱말) 구름씨는 드라이아이스나 아이오딘화은, 염화 칼륨 등으로 만들어진다. 이 구름씨를 항공기나 지상에서 로켓을 발사하여 구름에 뿌리면 구름씨 알갱이에 매우 작은 수분 알갱이들이 뭉쳐지게 되고, 이것이 무거워지면 비가 내리게 되는 것이다. ➡ 인공 강우 기술의 원리

인공 강우 기술은 오랫동안 비가 오지 않아 ①극심한 가뭄으로 농사짓기가 어려울 때 주로 사용된다. 또한, ②불볕더위를 식혀 주거나, 미세 먼지나 황사가 심한 경우, ③거대한 산불을 진압하기 위해서 사용되기도 한다. 미국과 오스트레일리아에서는 인공 강우 기술을 사용하여 여름철 농사지을 물을 마련하였고, 중국에서는 인공 강우 기술을 사용하여 2008년 베이징 올림픽 당시 ⑤대기 오염으로 뿌연 하늘을 일시적으로 맑게 했다고 한다. ➡ 인공 강우 기술을 사용한 사례

그러나 ㉠인공 강우 기술은 아직 몇 가지 한계점을 가지고 있다.(문단의 중심 문장) 인공 강우 기술을 사용하여 비를 내리게 하기 위해서는 *수증기를 포함한 적절한 구름이 있어야만 한다.(한계 ①) 구름 한 점 없는 ④사막에서는 인공 강우 기술을 사용하더라도 비를 내리게 할 수는 없다. 또한, 현재의 기술로는 인공 강우 기술의 성공률이 높지 않으며(한계 ②) 성공하더라도 강우량의 10~20퍼센트 정도밖에 늘릴 수 없으므로(한계 ③) 인공 강우 기술을 사용하기 위해 드는 비용에 비해 아직 효과가 크지 않다. ➡ 인공 강우 기술의 한계

인공 강우 기술은 가뭄을 극복하고 대기 오염으로 뿌옇게 된 하늘을 맑게 해 주며 불볕더위와 산불을 극복하는 데 도움을 준다. [㉡] 현재의 기술로는 아직 여러 한계점을 가지고 있는 만큼 인공 강우 기술의 발전을 위한 끊임없는 연구가 필요하다고 할 수 있다.(글 전체의 중심 문장) ➡ 인공 강우 기술의 발전을 위한 연구 촉구

주제 인공적으로 구름의 성질을 변화시켜 비를 내리게 하는 인공 강우 기술의 발전을 위한 끊임없는 연구가 필요하다.

1 이 글은 인공 강우 기술을 의미, 원리, 사용된 사례, 한계 등에 대해 분석하여 알려주는 글입니다. 이 글에서 '인공 강우 기술의 발전 과정'은 다루고 있지 않습니다.

2 2문단에서 인공 강우 기술의 원리를 확인할 수 있습니다.

3 3문단에 인공 강우 기술은 수증기를 포함한 적절한 구름이 있어야 하므로 사막에서는 비를 내리게 할 수 없다는 내용이 나와 있습니다. 따라서 '사막에서의 강우량을 늘린다.'는 내용은 인공 강우 기술의 사례로 적절하지 않습니다.

오답풀이 ①, ②, ③, ⑤는 글의 초록색 부분에서 확인할 수 있습니다.

4 4문단에서 현재의 기술로는 강우량의 10~20퍼센트 정도밖에 늘릴 수 없다고 하고 있습니다. 따라서 '강우량을 두 배 정도만큼만 높일 수 있다.'라는 내용은 적절하지 않습니다.

5 ㉡의 앞에는 인공 강우 기술을 사용한 사례가 나와 있는 반면, 뒤에는 여러 한계점에 있다고 말하고 있습니다. 따라서 앞의 내용과 반대되는 내용을 이어줄 때 사용하는 '그러나'가 들어가는 것이 가장 적절합니다.

오답풀이 ① 그래서, ③ 그러므로, ④ 그리하여: 앞의 내용이 뒤의 내용의 까닭이나 원인, 근거가 될 때에 사용

⑤ 예를 들어: 앞의 내용에 대한 예시를 들어 설명할 때 사용

6 정답 (1) 농경 국가 (2) 제사 (3) 구름 (4) 인공 강우 (5) 가뭄

독해 적용 30회

국경을 넘는 아이들 _ 박현숙

149쪽

1 탈북　2 칠흑
3 실랑이

150~152쪽

1 ②　2 (1) 한밤중 (2) 수용소 담장　3 ㄴ→ㄱ→ㅁ→ㄷ→ㄹ
4 ③　5 ④　6 ⑤

앞 줄거리　나(강일이)는 북한에 사는 어린이이다. 어느 날 엄마는 나와 순종이를 데리고 탈북을 하여 남한으로 가려 한다. ①압록강을 건너다 그만 경비 대원에게 발각되어 엄마와 헤어지게 된다. ②나와 순종이는 수용소로 끌려가 갖은 고생을 하다가 탈출하려 한다.

(① 공간적 배경을 알 수 있는 낱말)

칠흑 같은 어둠이었다. 건물 뒤는 더 어두워 바로 앞도 *분간할 수 없었다. ④게다가 굵어진 빗줄기가 자꾸 앞을 막았다. 나는 두 손을 내밀고 앞을 더듬어 나갔다. 몸을 꽁꽁 묶어 놓을 것 같은 어둠도 시간이 지나자 조금씩 익숙해졌다.

(등장 인물 ①)

"저기인 것 같다."

순종이가 속삭였다. 바로 앞에 윗부분이 약간 움푹 파인 담장이 보였다. 하지만 높이는 그리 만만해 보이지 않았다.

(등장 인물 ②)

"봐라, 중간에 벽돌이 빠지고 깨진 곳이 있다. 선덕이 이모 말이 딱 맞다. 여기를 딛고 올라가면 되겠다."

순종이가 엉성한 담장 틈을 찾아냈다. 그곳을 딛고 기어오르면 못 오를 것도 없었다.

"네가 먼저 올라가라. 내가 엉덩이를 받쳐 줄 테니."

⑤나는 순종이를 앞세웠다. 순종이가 담을 기어오르기 시작했다. 하지만 한 발 올라가면 도로 한 발 미끄러졌다. 빗물 때문에 미끄러워 마음먹은 대로 되지 않았다. 나는 내 어깨에 순종이 발을 올렸다.

(중략)

나는 일단 순종이를 안심시켰다. 그리고 담을 기어오르기 시작했다. 벽돌이 깨진 곳을 딛고 한 발 한 발 집중했다. 순종이보다는 쉽게 담장 위에 올라설 수 있었다.

➡ 순종이가 먼저 담을 오르게 한 뒤 '나'가 담을 오름.

"여기에 가만히 있어라. 내가 먼저 내려가서 받아 줄 테니 내 어깨를 딛고 내려오면 된다."

나는 조심스럽게 뒷걸음으로 담을 내려가기 시작했다. 내려가기는 올라오기보다 몇 배는 더 힘들었다. 발이 자꾸 미끄러져 중심을 잡을 수가 없었다.

(중략)

㉠나는 순종이 손을 잡고 뛰기 시작했다. 어느 쪽으로 가야 압록강인지 알 수 없었다. 무조건 이곳에서 멀어지는 것이 중요했다.

('나'와 순종이가 가려고 하는 곳)

➡ '나'의 도움으로 순종이가 담을 내려오고 함께 뛰기 시작함.

줄거리 수용소에 갇혀 있던 '나'와 순종이가 비 오는 한밤중에 수용소 담을 넘어 도망을 갔다.

1 순종이에게 먼저 담에 오를 것을 말한 부분, 겁에 질린 순종이를 안심시키고 침착하게 담을 내려오는 방법을 알려 주는 부분 등에서 '나'가 '침착하고 사려 깊은 성격'을 지녔음을 알 수 있습니다.

2 (1) 시간적 배경을 알려 주는 낱말은 '칠흑 같은 어둠'이며, 이는 한밤중임을 나타냅니다.
(2) 공간적 배경을 알려 주는 낱말은 '북한, 탈북, 경비 대원, 수용소, 담장'입니다.

3 순종이가 먼저 담에 오르게 한 뒤(ㄴ), '나'가 담을 오르고(ㄱ), '나'가 먼저 담에서 내려온 뒤(ㅁ), 순종이가 담에서 내려오고(ㄷ), '나'는 순종이 손을 잡고 뛰기 시작했습니다(ㄹ).

4 '칠흑 같은 어둠'에 담장을 넘었다는 말에서 한밤중에 담장을 넘었음을 알 수 있습니다.

오답풀이 ①, ②, ④, ⑤는 글의 초록색 부분에서 확인할 수 있습니다.

5 ㉠의 앞부분을 보면 온몸에 땀이 흐르고 있다는 내용이 있습니다. 이것은 수용소에서 탈출하는 과정과 앞으로의 상황에 대한 '나'의 '두려움'이 느껴지는 부분입니다.

6 순종이가 주인공을 자꾸 괴롭히는 것이 아니라, 겁을 먹은 순종이를 '나'가 침착하게 달래며 수용소를 탈출하는 상황이 담겨 있기 때문에 '순종이와 주인공이 사이가 좋지 못하다.'는 설명은 적절하지 않습니다.

풍산자 라인업

초등 풍산자로 개념을 적용하고 응용하여 연산, 유형, 서술형을 풀면 실력이 탄탄해집니다

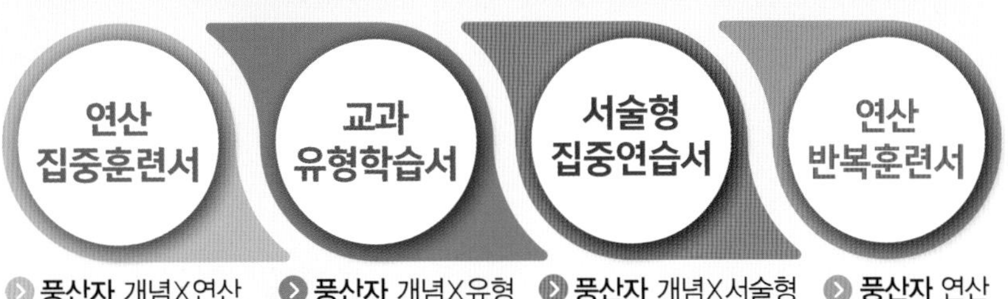

풍산자 개념X연산 / 풍산자 개념X유형 / 풍산자 개념X서술형 / 풍산자 연산

초등 풍산자 교재	하	중하	중	상
연산 집중훈련서 **풍산자 개념X연산**	개념 적용 연산 학습, 기초 실력 완성 (하~중)			
교과 유형학습서 **풍산자 개념X유형**		개념 응용 유형 학습, 기본 실력 완성 (중하~상)		
서술형 집중연습서 **풍산자 개념X서술형**		개념 활용 서술형 연습, 문제 해결력 완성 (중하~상)		
연산 반복훈련서 **풍산자 연산**	연산만 집중적으로 반복 학습 (하~중하)			

학습의 자신감을 키우고

지학사 초등 국어

자신감 시리즈

공부의 기초 체력을 높이는

어휘력 자신감

하루 15분 즐거운 공부 습관

- 속담, 관용어, 한자 성어, 교과 어휘, 한자 어휘가 담긴 재미있는 글을 통한 어휘·어법 공부
- 국어, 사회, 과학 교과서 속 개념 용어를 통한 초등 교과 연계
- 맞춤법, 띄어쓰기, 발음 등 기초 어법 학습 완벽 수록!

독해력 자신감

긴 글은 빠르게! 어려운 글은 쉽게!

- 문학, 독서를 아우르는 흥미로운 주제를 통한 재미있는 독해 연습
- 주요 과목과 예체능 과목의 교과 지식을 통한 전 과목 학습
- 빠르고 쉽게 글을 읽을 수 있는 6개 독해 기술을 통한 독해 비법 전수